DIME DE QUÉ RÍES Y TE DIRÉ QUIÉN ERES

DIME DE QUÉ RÍES Y TE DIRÉ QUIÉN ERES

El humor en la conformación de colectivos

Mara Burkart
Damián Fraticelli
Cristian Palacios
(coordinación)

teseo

Dime de qué ríes y te diré quién eres: el humor en la conformación de colectivos / Mara Burkart... [et al.]; Coordinación general de Mara Burkart; Damián Fraticelli; Cristian Palacios. - 1a ed. - Ciudad Autónoma de Buenos Aires: Teseo, 2025. 404 p.; 20 x 13 cm.
ISBN 978-987-723-466-4
1. Humor. 2. Historia. 3. Política. I. Burkart, Mara II. Burkart, Mara, coord. III. Fraticelli, Damián, coord. IV. Palacios, Cristian, coord.
CDD 320.0982

Buenos Aires, Argentina
Editorial Teseo
Hecho el depósito que previene la ley 11.723
Para sugerencias o comentarios acerca del contenido de esta obra, escríbanos a: **info@editorialteseo.com**
www.editorialteseo.com

DOI: 10.55778/ts877234664

EBOOK

TeseoPress Design (www.teseopress.com)

Índice

Introducción

Mara Burkart, Damián Fraticelli y Cristian Palacios

Desde tiempos remotos, el humor y lo cómico han sido reconocidos como participantes en los procesos de conformación comunitaria e identificación colectiva. Ya Bergson ([1899] 2009), en su clásica obra *La risa*, observa que hay que pertenecer a la parroquia para acceder al placer cómico, dado que lo reidero tiene por condición saberes compartidos, presupuestos, máximas, cuya súbita interrupción o transgresión precipita la risa. Pero lo comunitario no es solamente una condición de posibilidad de lo reidero, sino también un resultado. Lo cómico no solo se constituye sobre determinados horizontes de expectativas, sino que también puede contribuir a crearlos, identificándonos con aquellos que se ríen de los mismos chistes, separándonos de quienes no los entienden o se ofenden.

Reírse de un chiste es acordar, aunque sea por un instante, con los supuestos que formula. Freud ([1905] 2006) señalaba que solemos confirmar el pensamiento de lo que nos agradó en la forma chistosa, aun cuando nos parezca incorrecto en su forma seria. También Gombrich (1997) advierte sobre la cuestión al reflexionar sobre las imágenes cómicas: aun las caricaturas más feroces no tienen como objetivo principal atacar o provocar violencia sino más bien cohesionar y tranquilizar a quienes ya están convencidos, estableciendo conexiones entre lo familiar y no familiar. Dime de qué ríes y te diré quién eres. Esa fórmula, que siempre estuvo presente en la vida social, parece ser una gramática relevante de la conformación identitaria en nuestras sociedades contemporáneas. El rol tradicional que tenían las instituciones de producir identidades colectivas se ha debilitado y en su lugar se fortalecen colectivos de identificación que surgen de las interacciones de individuos hipermediatizados. Individuos que establecen vínculos fluctuantes con esos mismos colectivos de identificación como resultado del proceso de individualismo y personalización mediática.

La vida *online* y *offline* no constituyen *a priori* ámbitos separados, sino que, como señala Carlón (2020), aquello que uno dice ser en las redes tiene una relación de equivalencia con lo que uno dice ser por fuera de ellas. De allí que las cuentas *fakes* se denuncien como enunciadores marcados. En el juego de construcción de una identidad hipermediatizada, lo reidero cumple un rol fundamental porque hace a la pertenencia o no a colectivos de identificación. Y, a su vez, a los colectivos hipermediatizados se les demanda actuar para regular lo reidero. Esa regulación, que siempre ha existido en el humor, aparece hoy en día con una particular configuración que se ha popularizado bajo el nombre de cultura de la cancelación. Esta no es solo propiedad de los colectivos, sino también de internautas individuales que se conforman como colectivos en la misma acción de cancelar. Ello nos obliga a repensar la remanida cuestión de los límites del humor en términos de identidades colectivas.

El libro que presentamos reúne una serie de escritos que nos permiten incrementar el conocimiento sobre este vínculo entre lo reidero y la formación de colectivos. Sus autores, con quienes estamos profundamente agradecidos, lo abordan desde distintas perspectivas y ocupándose de fenómenos muy distantes en el tiempo.

El recorrido que proponemos comienza con dos textos sobre los modos en que el humor negro genera lazos comunitarios que permiten transitar situaciones penosas. Jorge Montealegre Iturra reflexiona acerca de dicho humor como un elemento de convivencia y adaptación en la cotidianidad de la prisión política de los setenta. Bárbara Martínez y Carolina Baranowski registran su desarrollo desde la experiencia etnográfica con enfermos de esclerosis lateral amiotrófica y personal de salud ocupado en la detección de potenciales donantes de órganos.

Luego, proponemos la lectura de tres trabajos dedicados a categorías y enfoques analíticos. Fernando Andacht analiza el conocido canal de YouTube uruguayo *Tiranos Temblad*, con el fin de superar la dicotomía activo/pasivo con la que suele pensarse a las audiencias y comunidades mediáticas, y plantea, en su lugar, un abordaje sociosemiótico que combina la teoría semiótica de Peirce y el análisis de marcos de Goffman. Cristian Palacios, por su lado, analiza las formas en que lo reidero conforma colectivos de identificación en tres diferentes niveles de alcance, de lo más general a lo más particular, lo que demuestra cómo a menudo lo humorístico parece constituirse sin la necesidad de acudir a aquellas operaciones que comúnmente reconocemos como tales. Juan Samaja nos introduce en un tema nodal de los estudios de lo cómico y el humor: la violencia. Samaja analiza el programa radial y obra de teatro *Fútbol o Muerte*, y postula que la violencia no es un elemento espurio de la experiencia reidera, sino que es la misma violencia, pero bajo una configuración simbólica asimilable por el colectivo social.

Planteadas estas propuestas, incorporamos indagaciones que hacen foco en cómo lo cómico degrada colectivos identitarios a la vez que genera comunidad, y cómo la emergencia de un nuevo sujeto productor de risa puede revelar la existencia de un colectivo que se hacía pasar por universal. Jimena Schere propone una nueva lectura de la comedia *Lisístrata* de Aristófanes buscando blancos de la burla que fueron compartidos por el público de aquel entonces, muchos de los cuales integraron luego la tradición literaria de Occidente. Thaís Moreira analiza cómo las feministas de principios del siglo XX fueron ridiculizadas por distintas manifestaciones culturales. Mara Burkart analiza la irrupción de las mujeres como sujetos productores de risa y el consecuente cuestionamiento al supuesto universalismo del humor gráfico realizado por humoristas hombres a partir del análisis de la obra de Maitena publicada en la revista *SexHUM®*. Por su parte, João Paulo Rodrigues expone los modos en que la caricatura política de principios del siglo XX colaboró en la construcción global de un estereotipo de los afrodescendientes.

Desde aquellos tiempos, damos un salto a la década de 1960 con dos trabajos que se concentran en los modos en que lo reidero construye sus públicos. Bernardo Suárez se ocupa de describir cómo las poéticas de lo reidero popular y artístico construyeron colectivos en reconocimientos diferentes. Mientras que Laura Cilento analiza las maneras en que las revistas *La Hipotenusa* y *Satiricón* ofrecían a sus lectores diversas competencias estéticas para constituirse en público de los fluidos diálogos entre los medios de comunicación masiva y el mundo del arte de aquel momento.

Finalizando el recorrido, se presentan tres trabajos que se ocupan de la conformación de colectivos por parte del humor hipermediático. Nicolás Canedo analiza las gramáticas productivas de lo reidero de los libertarios. Andrea Failla y Lucía Eugenia Villalba Cabreira describen cómo se instituye el colectivo identitario *incel* a través de sus memes. Y Damián Fraticelli indaga en cómo lo reidero está operando como un interpretante fundamental en la identificación de individuos y colectivos en el sistema hipermediático.

Mediante esta propuesta, *Dime de qué ríes y te diré quién eres. Humor y conformación de colectivos* pretende abrir un espacio de reflexión e intercambio sobre el rol que ha tenido lo reidero a lo largo de su historia y la manera especial en que se configura hoy en día, porque consideramos que, en un tiempo en el que se reconoce que los modos habituales en que se construían las identidades colectivas están en crisis, el humor y lo cómico están cumpliendo un papel protagónico que vale la pena observar.

Bibliografía

Bergson, H. ([1899] 2009). *La risa. Ensayo sobre el significado de lo cómico*. Buenos Aires: Losada.

Carlón, M. (2020). *Circulación del sentido y construcción de colectivos en una sociedad hipermediatizada*. San Luis: Universidad Nacional de San Luis.

Freud, S. ([1905] 2006). *El chiste y su relación con el inconsciente. Obras completas*. Tomo VIII. Buenos Aires: Amorrortu.

Gombrich, E. H. (1997). Magia, mito y metáfora: reflexiones sobre la sátira pictórica. Ponencia presentada en el *XXIII Congreso Internacional de Historia del Arte*. Estrasburgo, 1989. En *Gombrich Esencial* (pp. 331-353). Madrid: Debate.

I.

Juego social, humor negro y autoironía en la cotidianidad de la prisión política

JORGE MONTEALEGRE ITURRA

> Me reía tanto, que se me abría la herida.
>
> Mauricio Redolés

Al compartir la presente intervención, me gustaría reflexionar sobre elementos de convivencia y adaptación, eventualmente perturbadores, que surgen de la cotidianidad de la prisión política, teniendo como fuentes las anécdotas, los episodios, las acciones colectivas que la testimonian. En la situación común que la prisión política impone a la relación entre las personas, se construye un "realitario" al interior del imaginario del cautiverio, que se expresa en el desarrollo de un juego social –no exento de humor– en el cual se imita la realidad conocida en libertad, mediante mecanismos de mímesis para la adaptación a la situación común o nueva cotidianidad. Las diferentes estrategias de adaptaciones, individuales y colectivas, provocan contradicciones y discusiones internas en la comunidad prisionera.

La cotidianidad de la sobrevivencia, sin embargo, no ha sido suficientemente relatada ni estudiada. Menos aún la parte de aquella cotidianidad que puede connotar cierta alegría al contener, por ejemplo, expresiones lúdicas o artísticas. Es probable que la *culpabilidad por vivir* de los sobrevivientes haya inhibido el énfasis en el relato de experiencias positivas que permitieron enfrentar la adversidad con humor, creatividad y espíritu comunitario.

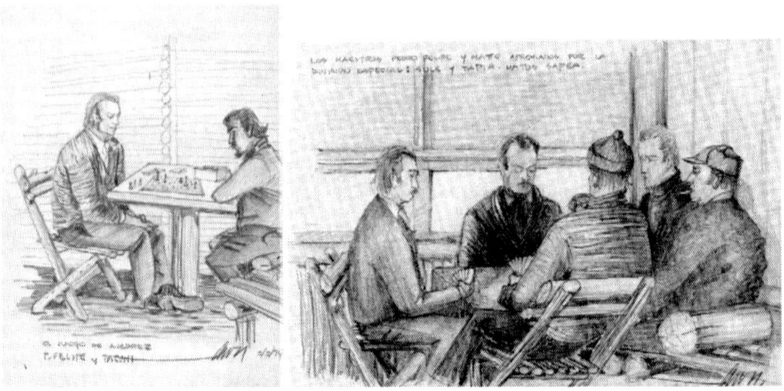

Imagen 1. Ajedrez y naipes en Isla Dawson. Dibujos de Miguel Lawner, 1974 (Fondo Miguel Lawner Steiman. Museo de la Memoria y los Derechos Humanos. Santiago, Chile).

En la reconstrucción de la cotidianidad en la prisión política, el juego aparece desde el primer momento, y en situaciones de gran precariedad, como un elemento de evasión y de creación de vínculos. Dentro del juego se puede hallar la alegría y la libertad que están negadas fuera del juego, en el resto del entorno de la prisión política. La persona juega, cito a Johan Huizinga, "como niño, por gusto y recreo, por debajo del nivel de la vida seria. Pero también puede jugar por encima de este nivel: juegos de belleza y juegos sacros" (Huizinga, [1938] 2001, p. 35). En la prisión política se jugó en ambos planos. En ella muchos de los primeros trabajos de artesanía –con migas de pan o reciclando con ingenio la basura, pedacitos de madera, tapas de botellas, cajetillas de cigarros, semillas o cáscaras de frutas, papeles y cartones– fueron para fabricar piezas de juegos: naipes, dados, dominó, tableros de ajedrez, ludo y damas.

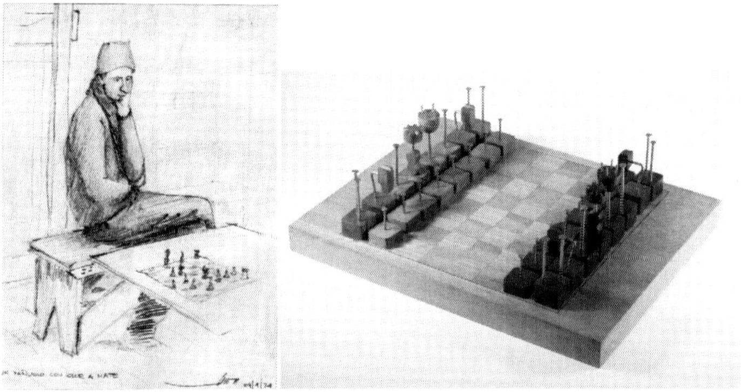

Imagen 2. Prisión política. Dibujo de Chile (Miguel Lawner, Isla Dawson, 1973) y ajedrez artesanal realizado por Elbio Ferrario en Establecimiento Militar de Reclusión N.° 1 – Penal de Libertad (ubicación actual: Museo de la Memoria, MUME, Montevideo, Uruguay).

El juego, importante en sí mismo como entretención, también encubría conversaciones políticas que se desarrollaban discretamente, según Rodrigo Rojas (1974):

> Todas estas discusiones, charlas y foros, había que hacerlas sin despertar las sospechas de nuestros carceleros. No resultaba muy difícil: uno confeccionó un juego de dominó con palitos de helados recogidos de los tarros basureros, el de más allá, se las ingenió para hacer un naipe con restos de cajas de cartón. Creo que nunca el dominó y la brisca tuvieron tan alta significación revolucionaria como en las graderías del estadio Nacional (p. 13).

Durante el tiempo libre en la prisión, que no es libre sino tiempo de incertidumbre, se recurre al juego. Son situaciones en que no hay otras posibilidades para darle sentido a la ocupación vital. Y con escasos recursos. Desde un juego de adivinanzas, cuyo soporte es la memoria y la voz, pasando por un rudimentario tablero hasta un campeonato deportivo o un concurso de poesía, según sean las condiciones, las personas presas se cuidan –se mantienen ocupadas– jugando. Por su parte, Emilio Rojas, locutor y animador de TV que estuvo en Tejas Verdes y Chacabuco, entre otros recintos, comparte un testimonio ilustrativo de los diversos tipos de juegos que, crecientemente, involucraban cada vez más gente y mayor complejidad:

> Cuando nos aburríamos, en esa pequeña corte de los milagros, no podía faltar el característico bufón, papel que a mí se me encomendaba. Allí, mientras un grupo vocalmente tarareaba melodías e imitaciones de jingles comerciales de champú, pasta de dientes o vinos, me invitaban a improvisar transmisiones radiales. Por horas, a veces nos evadíamos improvisando tonteras (Rojas, 1989, p. 97).

Escapadas, películas y humor gráfico

Prisioneras políticas de Chile y Uruguay nos relatan dos experiencias similares de escapadas nocturnas imaginarias. Edda Fabbri, que estuvo 14 años presa, principalmente en Punta de Rieles, en Montevideo me contó que "salían" a pasear en ómnibus. Recordaban los recorridos y sus paradas. A Edda le gustaba tomar el 125 y ver cómo andaba el barrio, reconociendo almacenes, esquinas, vecinos. En el trayecto de ida y vuelta se daban las peripecias jocosas que los pasajeros pueden vivir diariamente "y se reconocían los lugares que nos acercaban o alejaban de la casa. A veces el ómnibus estaba muy lleno, iba muy lento o demasiado rápido". Todas participaban en el juego, completando la ciudad. Por otra parte, en la piscina del Estadio Nacional –nos cuenta Sandra Palestro– hicieron un "curso de manejo de motocicletas" y, ya sabiendo manejar, acordaban ir a dar una vuelta por el barrio o ir a la playa, recuperando en el juego las calles de la ciudad, reconociéndola. Pero siempre, en ómnibus o en moto, volvían a la prisión. Eran *escapadas*, con todo lo temporal que sugiere el término.

La fuga era en grupo, en un proceso de resiliencia comunitaria; contexto en el cual el rol del humor es vital en la experiencia colectiva de enfrentamiento de la adversidad donde se revela –según estudios referidos a campos de concentración– como "un medio de crear emociones positivas; mantener la cohesión y la moral del grupo; preservar un sentido de dominio, esperanza y autorrespeto" (Martin, 2008, p. 48).

Imagen 3. Película de piratas: tiras de "fotogramas" de papel celofán enmarcado con cartón. "Película" hecha en prisión (dibujos de Tato Ayress. Archivo de Jorge Montealegre, publicada en el libro *Memorias eclipsadas*, de J. Montealegre).

En Chacabuco –campo de prisioneros en el desierto chileno–, entre las diversas experiencias de acciones colectivas (obras de teatro, *shows*, grupos musicales) que tuvieron el humor como expresión fundamental, nos interesa mencionar la presencia del humor gráfico a través de una "película" hecha a la manera de la primitiva "linterna mágica", que se hizo y se proyectó en Chacabuco: una "película de piratas" que precedía, a manera de créditos, un *sketch* en vivo que tenía a Peter Pan y al Capitán Garfio entre sus graciosos personajes.

La sola anécdota de cómo fue hecha y proyectada es de gran interés como acción colectiva, "cinematográfica" y humorística. Materialmente, los fotogramas rudimentarios consistían en una serie de viñetas dibujadas por Tato Ayres, un adolescente que estaba prisionero con su padre. Las hizo con tinta china en un papel celofán, transparente, encontrado casualmente. Produjo seis tiras con textos y viñetas, enmarcadas con cartón, a modo de diapositivas largas.

Imagen 4. Película de piratas: tiras de "fotogramas" de papel celofán enmarcado con cartón. "Película" hecha en prisión (dibujos de Tato Ayress. Archivo de Jorge Montealegre, publicada en el libro *Memorias eclipsadas*, de J. Montealegre).

La maquinita proyectora la confeccionó Juan Carlos Sáez con dos tarros originalmente de leche en polvo: leche Nido. En el interior de uno de los tarros se puso una bombilla o ampolleta que alumbraba. Al tarro se le hizo un hoyito para que saliera el haz de luz para la proyección. En el otro tarro se puso otra ampolleta o bombilla a la que se le sacaron la rosca y los filamentos, ya vaciada (o sea: sin el cogote y sus alambritos), la ex ampolleta se llenó de agua para que funcionara como lente de aumento y se instaló en una base. Por entre los dos tarros, por un par de guías para poder deslizarla, se pasaba manualmente la "cinta", en forma vertical delante del haz de luz. El guionista de esta obra –Emilio Cisternas, que también oficiaba de presentador– cuenta que la noche del espectáculo no tuvieron mucho éxito con la proyección. Anduvo fallando "el ajuste focal". No importa. Para mí sigue siendo admirable.

Tal vez sea pertinente explicitar que ninguna de las "proyecciones" –porque también hubo "cine" en Punta de Rieles, prisión de mujeres en Uruguay– fue plenamente lograda. No se realizó la "utopía del cine", pero hubo más satisfacción que frustración entre las y los "productores" porque se había logrado –aunque fuera fugazmente– un espacio de libertad propio distinto al impuesto por los militares.

Imagen 5. "Pamento" de Eleuterio Fernández Huidobro, Uruguay (tomado de *Historia de Garabato y Florazul y de sus amigos pisoteados*, Libros del Astillero, Montevideo, 1985).

Por otro lado, sufriendo el más cruel aislamiento, el rehén uruguayo Eleuterio Fernández Huidobro hizo la "Historia de Garabato y Florazul y de sus amigos pisoteados". Tiras cómicas cuyo proceso de producción es muy significativo, así como su distribución casi reservada al círculo familiar. Digamos, aunque sea obvio, que se trata de una experiencia que está al margen de la industria cultural.[1]

Eleuterio Fernández derivó hacia el dibujo humorístico, haciendo un personaje que –según él mismo– de alguna forma lo representaba.

> Había hecho una larga serie de sesenta a setenta dibujos, todos con una letra de tango, y para cada tango un dibujo. Al personaje siempre lo ubicaba en un rincón. Tomaba mate sentado en un banquito, en alpargatas, y le puse el nombre de Pamento. Él tiene siempre una radio al lado, y como para los soldados nosotros éramos los pichis, Pamento quiere ser un pichi, y sueña con ser el protagonista de los tangos que escucha, así que lo que está dibujado es el tango que escucha Pamento (Fernández Huidobro, 1985, p. 21).

Pamento es un personaje popular, que siempre está vestido. Luego desarrolla las tiras cómicas de Garabato, que, a diferencia de Pamento, actúa significativamente desnudo:

> ... lo desnudé porque tenía la intención de que si salía sirviera para una denuncia. La situación de un tipo que está como Garabato, completamente solo, sin siquiera pilchas que ponerse... todo lo que subyace aquí es la soledad de Garabato, que es muy grande. Él está solo y seguirá estando solo. Lo único que tiene es un lápiz, y una línea que construye todo esto. Yo hice muchos garabatos, pero sin la intención de hacer una historieta (Fernández Huidobro, 1985, p. 22).

---

1 Mercado editorial del cómic y el humor gráfico en el que sí está, por ejemplo, *Maus*, de Art Spiegelman, referida a la experiencia de prisión en Auschwitz.

Resultó, de hecho, un dibujo sobre el dibujo que tira tras tira se desarrolla como historieta: la historia de los pisoteados.

Imagen 6. Garabato, desnudo, de Eleuterio Fernández Huidobro (tomado de *Historia de Garabato y Florazul y de sus amigos pisoteados*, Libros del Astillero, Montevideo, 1985).

Sumemos a la experiencia uruguaya, la presencia del humor gráfico en otra situación extrema que conocemos gracias a Pilar Calveiro, quien relata en su libro sobre los campos de concentración en Argentina que en la Escuela de Mecánica (la ESMA) los presos de capucha llegaron a fabricar pequeños libritos con chistes recortados de periódicos, como regalo de Navidad en diciembre de 1977. "El trabajo, el juego, y con ellos la risa fueron formas de defensa del sujeto amenazado. En efecto –agrega Calveiro (2004)–, la risa aparece en muchos de los relatos y confirma la persistencia, la tozudez de lo humano para protegerse y subsistir" (p. 112).

Lugares simbólicos

En la reducción de una celda o en un campo más abierto surge un juego mayor que incluye todos los juegos. La imitación de la sociedad prohibida: jugar a ser libres es el gran juego –pocas veces declarado– en la prisión política. Hacer del lugar de detención un domicilio propio, con las marcas propias y no de los militares, era construir el gran tablero de este juego. Con la apropiación simbólica del lugar, se puede decir que "la utopía consuela" (Foucault, 1968, p. 3) en la siguiente caminata por Chacabuco recordada por Franklin Quevedo (1991):

> Caminábamos por la avenida Salvador Allende. Habíamos bautizado todas las callejuelas del campo. Lo manteníamos en secreto por temor a los soplones, seguimos por Carlos Marx. Nos alegraba decirlo en voz baja. De alguna manera estábamos burlándonos de los militares y reafirmando nuestra existencia. Doblábamos hacia la calle Lenin, para continuar por Luis Emilio Recabarren (p. 26).

En el mismo sentido, de apropiarse simbólicamente del lugar por la vía de darles a las calles un nombre que las resignifique, en la complicidad de círculos más restringidos, está la construcción de una "plaza" en homenaje al presidente Pedro Aguirre Cerda que se realiza en Isla Dawson. En octubre de 1973, para el aniversario de la victoria del Frente Popular que eligió a Aguirre Cerda en octubre de 1938, Don Edgardo Enríquez –radical y masón como el homenajeado– le propone al grupo inaugurar una "plaza":

> Será simbólica y estará formada por un pastelón de pasto, de esos que ustedes están colocando en los antejardines de las casas de los oficiales en los trabajos forzados. Uno de esos pastelones que ustedes retiran del campo, lo traerán a nuestro patio y aquí lo pondremos en un lugar que nadie pueda pisarlo, al pie del poste de alumbrado que está en el centro de nuestro patio alumbrado y de piedras negras de río, por

> ejemplo. Por supuesto no le pondremos inscripción alguna. Todos sabremos lo que ella simboliza (Enríquez Frödden, 1994, p. 192).

La proposición fue aceptada, el Dr. Guijón llegó con el pasto como un pesado arrollado al hombro. Lo desplegaron y ahí estaba toda la plaza: un pastelón "de unos 60 centímetros por lado". Desmalezaron el entorno del poste, sacaron las piedras y pusieron el pedazo de pasto. La plaza, una metáfora a la vista, se veía hermosa. El juego tenía sentido. Y se prolongaba cada vez que "la plaza" se regaba o se mencionaba para hacer un encuentro.

Imagen 7. Dibujos de Tato Ayres. Chacabuco, Chile (Fondo Familia Ayress Moreno. Museo de la Memoria y los Derechos Humanos. Santiago, Chile). Publicados en el libro *Derecho a fuga*, de J. Montealegre.

Con principio y fin

El juego es funcional a la evasión –al derecho a fuga– porque él demanda una capacidad de abstracción respecto del curso de la vida corriente; abstracción relativa porque en nuestro caso el universo simbólico compartido se instala como parte sustantiva del domicilio real. Se supone que el juego cuenta con un espacio demarcado, separado del ambiente cotidiano; espacio en el cual se desarrolla el juego con sus reglas. En el caso de la prisión política, todo el recinto de detención de por sí es un espacio demarcado, cerrado, un macro-espacio donde se desarrolla el juego social y se "naturalizan" los comportamientos pertinentes a su lógica. El campo de prisioneros está separado del ambiente cotidiano donde se vive en la "normalidad" que se desarrolla "afuera" de la prisión; y en su interior puede haber otros microespacios para juegos específicos (canchas, tableros, escenarios, la página en blanco, etc.).

En este proceso el juego cumple un rol significativo como factor cultural, respondiendo en buena parte a la definición de Huizinga, en *Homo Ludens*, entendiéndolo como

> una acción u ocupación libre, que se desarrolla dentro de unos límites temporales y espaciales determinados, según reglas absolutamente obligatorias, aunque libremente aceptadas, acción que tiene su fin en sí misma y va acompañada de un sentimiento de tensión y alegría y de la conciencia de "ser de otro modo" que en la vida corriente (Huizinga, [1938] 2001, pp. 45-46).

Si bien una acción aislada puede tener un fin en sí misma, en el contexto de la prisión política y de la construcción social de la resiliencia comunitaria,[2] la pluralidad de acciones de juego constituye una forma lúdica colectiva de enfrentar la adversidad. Es decir, son acciones que, más

---

2 Sobre resiliencia comunitaria, véase: Jorge Montealegre Iturra (2013).

allá de la espontaneidad o planificación específica e incluso de su intención, estratégicamente cumplen propósitos que las trascienden.

En la prisión política, entonces, coexiste la diversión –la evasión, el escape– y el placer del juego –su emoción y espontaneidad– con la gran jugada estratégica que entiende cada juego como una acción que adquiere connotaciones de resistencia, en el sentido de que hay conciencia de un propósito y de una intencionalidad. El juego, en dicho contexto de duelo, es una acción política que tiene *principio* y *fin*, en las dos connotaciones que tienen ambas palabras, que enfatiza la reflexión que hace Humberto Giannini sobre la acción humana en el espacio civil:

> Como cualquier otro género de movimiento finito, la unidad y sentido de la acción quedan fijados por sus límites: por su principio y su fin; dónde empieza y dónde va a terminar el movimiento. Pero ahora no estamos entendiendo por "principio" el punto de partida espacio-temporal del móvil, sino el porqué de su movimiento: el fundamento. Y por "fin" tampoco estamos entendiendo su término espacio-temporal sino un "bien" que el agente alcanza o quiere alcanzar: el para qué, el motivo que lo mueve. Fin es el sentido que va orientando el movimiento y lo mantiene tenso hasta su logro (Giannini, 2007, p. 87).

En su acto el juego se goza, pero hay una promoción intencionada de este que lo convierte en una diversidad de formas resilientes que tienen sentido y se contextualizan en un gran juego social; de adultos, viven un juego que imita "la realidad" supuestamente conocida, teniendo como referente la realidad que habría "rejas afuera" (o que hubo antes de la situación represiva) u otra en la que se prefigure, por ejemplo, una relación democrática y comunitaria ideal; en todo caso una realidad evasiva de la tortura y la amenaza cotidiana. Se juega a una vida que, en el juego, termina viviéndose. Como en todo juego, se juega en serio respetando las reglas no escritas de la simulación y los simulacros.

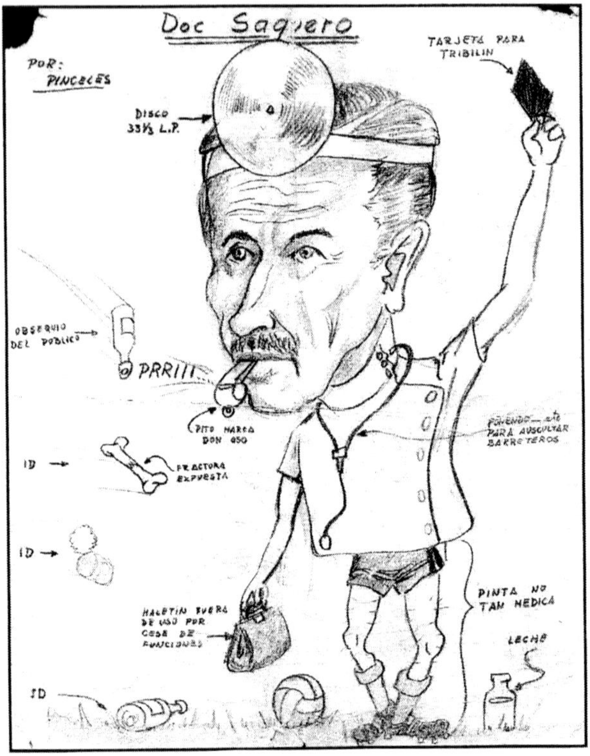

Caricatura alusiva a un juego de fútbol arbitrado por el doctor Rodríguez, autoría de Héctor Avilés.

Imagen 8. Caricaturas de Héctor Avilés. Saquero y tallador. Isla Dawson, Chile (Fondo Héctor Avilés Venegas. Museo de la Memoria y los Derechos Humanos. Santiago, Chile).

Imitación de la realidad

El juego auténtico –escribe Johan Huizinga–, independientemente de sus características formales y de su alegría, "lleva, indisolublemente unido, otro rasgo esencial: la conciencia, por muy al fondo que se halle, de ser '*como si*'" (Huizinga [1938] 2001, p. 38). Así, se revela una función sucedánea del juego; es decir, como escribe el siquiatra Eric Berne (1966), "los pasatiempos y juegos son sustitutos de la vida real o de la verdadera intimidad" (p. 22).

En efecto, las acciones lúdicas de las personas privadas de libertad se ejecutan *como si*, contando con la complicidad tácita del resto de la comunidad compuesta finalmente por jugadores/as que cumplen con sus roles espontáneamente, sin necesidad de programación, en una situación excepcional; en la prisión política, a pesar de todas las carencias, las personas eluden la privación emocional que significaría el no poder jugar; o no poder reírse: ambas exhibiciones emocionales legítimas. Quien juega no sucumbe a la apatía, al *encuchetarse* o tomar caldo de *cabeza*. El reconocimiento del otro, en la invitación o consentimiento para jugar, socializa y solidariza. Un ejemplo alucinante lo brinda el testimonio de Adolfo Cozzi, al recordar el caso de un preso de Chacabuco que estaba convencido de que hablaba con su madre desde una cabina telefónica imaginaria. Ocupaba mucho rato en ello, lo que demoraba la formación, y la ausencia podía significar un castigo. Inventaron, entonces, una forma de sacarlo de la cabina telefónica imaginaria.

Un compañero tuvo una divertida idea. Con un tubo doblado improvisó un manubrio, un chongo de palo de escoba sirvió de palanca de cambios y un cartón con la leyenda JEEP y el número CH-1973, que se colocó en la espalda, hizo de patente. Entonces lo pasaron a buscar en jeep. Hicieron ruido de frenos, levantaron polvareda, imitaron bocinazos. Interrumpieron la conversación telefónica. Le dijeron que el comandante les había prestado su jeep para llevarlo a la retreta. Le ofrecieron que se acomodara en el asiento de atrás. Al pasajero le gustó la idea, pero puso como condición ¡que manejara él el vehículo! –"Vrooommm, vroooommm, vrooooommmm– imitó el ruido de un motor y salió bruscamente haciendo rechinar con los dientes los neumáticos y corriendo con el cuerpo echado hacia atrás" (Cozzi, 2001, pp. 83-84).

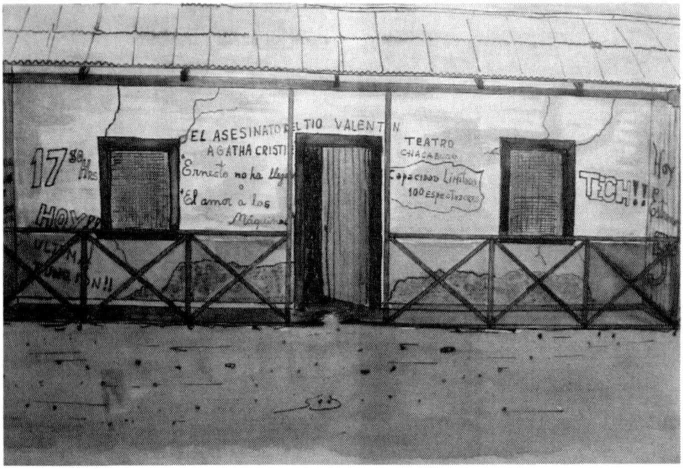

Imagen 9. Casa-teatro. Dibujo de Toscano Sáez. Chacabuco, 1973.

En un plano más normal, o menos loco, en la construcción de esta nueva cotidianidad compartida, las presas y presos –como se verá– pueden jugar a tener "radio", "televisión", "cine", "universidad", "correo", "cuerpo de bomberos", "editoriales", "olimpiadas" sin tener aquello como se podría poseer en la vida corriente; pero en la imitación de esas realidades, el público espectador-auditor-cómplice nomina cada parodia como si estuviera ante la realidad-real "rejas afuera". En la imitación de la vida corriente se juega, con mucho compromiso y desinteresadamente, una vida extraordinaria que tiene sentido. Se despliega así una dinámica de mímesis[3] positiva, implícita y generalizada, en que los roles individuales al interior del colectivo se asumen como una complicidad sobreentendida. Continuando con el ilustrativo testimonio de Emilio Rojas, resulta que en el juego el animador se imita a sí mismo; el locutor hace una parodia de sí mismo en un programa que tenía fieles auditores:

> Señoras y señores, aquí comienza el bloque matinal [...] de Radio La Teja, para presentar el show más importante de la radiotelefonía nacional. Con el popular Tata (aplausos). Es un gran honor presentar a nuestro showman para que él ya los salude. Bienvenidos a Tateando la mañana con el Tata (aplausos) y él saludaba y contaba sus chascarros [...] Cuando terminaban los "Tateos", se producía un gran silencio. Era como regresar a nuestra realidad. Era volver a enfrentar la pesadilla (Rojas, 1989, pp. 98-99).

La transmisión radial en vivo, animada por un locutor profesional y un público cautivo participante, era evidentemente un juego tragicómico; un escape lúdico que construía la asistencia a un programa "como si" se estuviera en un auditórium de una radio de verdad. Sin embargo, esta *Radio La Teja,* de Tejas Verdes, también era la verdad. De hecho, el programa de radio informaba: "Todos los días comprábamos el diario, revendido por los guardianes, y de ahí sacábamos las noticias", cuenta Emilio Rojas, aseverando su testimonio anterior.

En el espacio simbólico compartido, la metáfora lograba una materialidad, una objetivación, pasando a una situación común aceptada. En ella las dimensiones de *lo real imaginario* y *lo imaginario real* se naturalizan en un *realitario,* neologismo propuesto por Sergio González para designar este constructo –percibido, pero innominado– con una nueva unidad léxica. En este "realitario" el momento del

[3] Sobre el proceso de mímesis en la prisión política, véase: Cristián Mallol Comandari (2009).

juego se constituye en un elemento vicario, sustituto de una realidad, pero que constituye otra realidad. En la complicidad del juego y la abstracción de la realidad modelada, este elemento de sustitución es reconocido y apropiado por el grupo, que lo naturaliza como un signo de identidad.

Imagen 10. Teatro. Dibujo de Miguel Lawner. Ritoque, Chile, 1975.

La función que cumplían estas actividades de evasión, en las circunstancias dadas de prisión política, desmiente o hace inadecuada la relación habitual que vincula el juego con la frivolidad, con el ocio estigmatizado como pereza y con la diversión inútil, así como la oposición juego-seriedad: "Lo serio trata de excluir el juego, mientras que el juego puede muy bien incluir en sí lo serio" (Huizinga, [1938] 2001, p. 66). El juego social –con sus componentes de humor y alegría– tiene sentido, es serio, como función social y forma de actividad que contribuye al proceso de resiliencia comunitaria. Es serio también en el sentido de que el juego puede absorber por completo al participante que, en la división del trabajo al interior del grupo, acepta su rol disciplinadamente; sin que tras la tarea haya algún interés material u otra forma de provecho, salvo la satisfacción del entretenimiento propio y el cumplimiento con su comunidad en la realización de objetivos comunes. En el juego se cumplen tiempos y se respetan espacios, con reglas determinadas. Así, el ser "periodista del diario mural" o "locutor de la radio" o "contadora de películas" o "presidente del Consejo de Ancianos" se juega profesionalmente y con la máxima calidad posible. También con la tensión, el entusiasmo y a veces la solemnidad que son parte del juego. Estropearlo, en este caso, tiene consecuencias; porque, a fin de cuentas, el juego representa una lucha por algo y en el caso de las presas y los presos hay un conflicto: tienen en juego una reivindicación identitaria porque, a fin de cuentas, se trata de una contienda política.

Imagen 11. Libritos editados en prisión. Libro *Décimas del Recuerdo*, de Rafael Salas. Edición manuscrita, Ediciones Jores Monsal, 1974, con un tiraje de 2 ejemplares (manuscrito de Rafael Salas Cabrera. Archivo J. Montealegre).

En esta situación, entonces, el juego se separa de la frivolidad. En el contexto del juego social, este no siempre es diversionismo ni una evasión. Puede ser muy serio; tanto que puede resultar fatal. Las formas de las evasiones imaginarias, las fugas y escapadas, las concreciones de utopías precarias, el discurso oculto son parte de la cotidianidad que se enmarca en el absurdo de los campos de prisioneros.

Humor negro y autoironía

El sentido del humor es una virtud que permite reconocer la propia precariedad y reírse de ella más como un gesto saludable, placentero emocionalmente, cuando no deriva en una reacción autodestructiva o autodegradante. La persona que se ve envuelta en una situación absurda se burla de ella y cuando esta se relaciona con la muerte y sus amenazas, la enfrenta con el llamado humor negro. Para una persona de espíritu libertario la prisión política es un absurdo. Es digna de burla. Y enfrentarla con un ánimo positivo es una forma de protección, que tiene antecedentes en situaciones tan extremas como aquellas del Holocausto. En estos contextos también surge la posibilidad de reírse junto a los carceleros.

Al respecto, valga la distinción entre lo que podemos llamar humor negro autoirónico "entre nos" y el humor macabro sádico "contra nos"; diferencia que, obviamente, está en la línea de la ya vulgarizada distinción entre "reírse con" y "reírse de". En nuestro caso, el humor negro autoirónico entre las personas privadas de libertad en general es compartido y celebrado en el grupo; hay un reírse *con* los pares sobre la desgracia propia. En cambio, el humor macabro sádico "contra nos" está basado en la burla, la crueldad, la humillación y el escarnio; en el reírse *de* otra persona se aporta a la construcción de esa desgracia ajena, haciendo del humor un elemento funcional a la tortura: la broma cruel es parte del castigo. Viktor Frankl (1955) recuerda que en su experiencia de Auschwitz lo más doloroso de los golpes es "la mofa que los acompaña" (p. 45). En el contexto de la prisión política en el Cono Sur se dan las diversas gamas de estas dos perspectivas del humor negro o macabro.

En el enfrentamiento de la adversidad, el humor se desarrolla en el contexto social. Lo habitual es que las personas se rían y hagan chistes sobre sus desgracias en compañía, junto a otras personas. En ese marco surgen liderazgos y afloran competencias que facilitan la distensión y las "salidas" humorísticas, sea por su ingenio, personalidad, optimismo; su repertorio de anécdotas, claridad sobre la importancia de crear una atmósfera positiva, habilidad humorística u otras cualidades.

Las personas privadas de libertad, como en otras situaciones adversas o amenazantes, al hacer bromas sobre la vivencia compartida son capaces de desdramatizar el caso y cambiar su estado emocional; esto puede llevar a reforzar positivamente la relación al interior del grupo. En las anécdotas de prisión surgen dos mecanismos aparentemente contradictorios. Por una parte, la recurrencia a la autoironía basada en imágenes ligeramente autodespectivas, autodesvalorizadoras, por falsa o verdadera modestia (por ejemplo, en el Estadio Nacional se cantaba en coro "Yo soy un pobre diablo"). Y, por otra, una grandilocuencia cómica, que connota una elevada autoestima colectiva que responde a una visión irónica, verdadera o delirante. Esto se expresa en la valoración de lugares y acciones. Por ejemplo, en Isla Dawson, los prisioneros bautizaron cada zona con nombres de hoteles conocidos, de distintas categorías y prestigios: uno de ellos era el "Sheraton". Las actividades colectivas constituían un orgullo, lo que llevaba a valorarlas con cierta desmesura o de acuerdo con la autoestima del grupo y la "objetividad" otorgada por el contexto; es decir, una subjetividad validada socialmente. La humorada informativa que animaba Emilio Rojas era un "programa de Radio La Teja", que además era "el show más importante de la radiotelefonía nacional".

En Chacabuco la velada dominical era llamada "*show*-festival" y "gran *show*", y los artistas andaban en "gira artística". Un integrante del conjunto musical *Los de Chacabuco* destaca positivamente la valoración exagerada de lo que ellos hacían: "nos decían que el conjunto musical era el mejor grupo musical que habían escuchado en sus vidas, superior a Quilapayún e Inti-Illimani. Obviamente estas opiniones eran casi delirantes, pero se hicieron con un ánimo constructivo". Esta autocomplacencia refleja una autoestima pública que connotaba satisfacción y cierto orgullo por la respuesta con que se enfrenta la adversidad.

Realidad y realismo

Esta exageración tragicómica que verbaliza positivamente las condiciones adversas establece un código interno que, para los efectos de la recepción de la información en el exterior de la prisión, puede provocar desconcierto, equívocos y –ante el riesgo de "entregar armas al enemigo"– un silenciamiento conveniente. La seriedad del juego tenía el riesgo de la incomprensión entre quienes no manejaran los códigos del juego social que se daba al interior de la prisión. Si un preso de Chacabuco, por ejemplo, menciona la "piscina", es probable que no se entienda que se refiere a un fondo de fierro que servía para bañarse. En las transferencias, el "estanque insalubre", que según nos cuenta el Dr. Mariano Requena, llevó a los médicos a solicitar vacunas antitíficas, se usó como "piscina" y se le llamó así. Más adelante lo vemos descrito en un testimonio como "una piscina espectacular", lo que, sin considerar el contexto, nos podría sugerir la imagen de una piscina olímpica. Esta complacencia resultaba incómoda para algunos, como lo manifiesta Mario Benavente (2003):

> ¿Qué era la piscina? En verdad no existía. No había piscina. Como el lenguaje militar es tan rico en matices y metáforas,

> tan apegado a la verdad y pleno de ironía, llamaba piscina a un fondo de fierro oxidado de un metro y medio o dos de diámetro por uno de profundidad, mudo testigo de viejas salitreras. Los primeros la llenaban con agua para refrescar sus cuerpos. Los mandos castrenses se aprovecharon de esta circunstancia para hablar de la piscina de Chacabuco (p. 34).

En el juego social los prisioneros le llamaban "piscina", sin complejos, y se le daba ese uso. Era una denominación interna, familiarizada. Los militares no tenían derecho a reivindicar como una dádiva o una concesión nacida de ellos la realización de un hábitat construido por los prisioneros. Ciertamente había concesiones de los oficiales, que debían autorizar las actividades más visibles; no obstante, era pertinente desconfiar y sospechar de una posible utilización del "bienestar" de los prisioneros en la propaganda de la dictadura que buscaba desmentir las atrocidades que esos mismos prisioneros habían sufrido, los que además seguían siendo víctimas de las violaciones de sus derechos más elementales.

En el juego social la ensoñación se ancla en objetos sustitutos. Y las nominaciones –como se desprende del testimonio de Benavente sobre "la piscina"– son adoptadas también por los militares, en algunos casos interesadamente por el equívoco que podía crear fuera de la prisión. Refiriéndose a la inhóspita Isla Dawson, la revista *Vea* –citando al oficial a cargo– comenta con mordacidad la "vida al aire libre" de los prisioneros, atribuyéndoles incluso cambios de carácter, descanso intelectual y la desaparición de todas sus tensiones: "El aspecto físico de los detenidos no es bueno, sino excelente. La vida al aire libre que llevan los ha hecho cambiar de aspecto y de carácter. Tienen el semblante de quien vuelve de unas prolongadas vacaciones; los rostros tostados y el intelecto descansado. Todas las tensiones con que llegaron a la isla –según aseguró el comandante de la Base– desaparecieron" (*Vea*, oct. 1973).

En los códigos de "al otro lado de la reja", una piscina era una piscina y no un fondo de fierro oxidado. Lo que la ilusión hacía en la precariedad era sustituir; es decir, conseguir algo que está debajo de aquello que reemplaza. En este caso, un fondo de fierro oxidado "como si" fuese una piscina real, como lo eran otras construcciones de realidades de sustitución respecto del referente original, como la "radio", el "diario", el "policlínico" y otros sucedáneos que no dejaban de ser reales, pero al nivel de la precariedad y los sueños de las personas privadas de libertad. Por otro lado, en la cultura militante de la época la austeridad y el estoicismo orientaban el comportamiento para enfrentar la adversidad.

Desde esa perspectiva, una parte de los prisioneros era renuente a celebrar comportamientos que podían interpretarse como frívolos, inconsecuentes o vergonzantes.

Además de la sanción social que la impudicia podía concitar fuera o dentro de la prisión, el criterio político aconsejaba más la templanza que la osadía o la colaboración. En el *deber ser* militante había una tendencia al martirologio que estaba arraigado en buena parte de la militancia revolucionaria de la época, una conducta política –quizás flagelante o penitente– que no diera pábulo para que se disminuyera la responsabilidad de la dictadura por el maltrato y la humillación; ni que diera margen a una "mala interpretación": nada que pudiera desacreditar a los presos políticos ni que pudiera prestigiar a la dictadura o desmentir las denuncias por violación a los derechos humanos. En cierta ocasión la Televisión Española fue autorizada a filmar en las dependencias de Tres Álamos. Patricia Glave, que estuvo presa en ese y otros lugares, recuerda cómo decidieron ocultar la digna belleza que habían alcanzado en su entorno inmediato para evitar que ello fuera funcional a la propaganda de la dictadura:

> En forma automática e instintiva reaccionamos acomodando el ambiente lo más realista y lúgubre posible, sacamos los

> adornos de colores, nos vestimos de colores oscuros, pusimos colchones en el suelo, salimos todas al patio con los dos niños encarcelados: Amanda y Miguelito. Nuestra actitud era digna, era un Campo de Concentración y tenía que lucir como tal (Glave del Villar, 2014, p. 40).

Las representaciones sociales de un campo de concentración y de la víctima resultaban más fuertes que la imagen que podía transmitir la cotidianidad de la prisión política, que ya era suficientemente precaria e injusta sin necesidad de negar los espacios propios construidos en comunidad. Un "bienestar", en situación de duelo, que no debía ser atribuido a la dictadura; se trataba en último caso de conquistas, en esta lógica, difíciles de ser reivindicadas públicamente.

Las prisioneras tenían derecho a disfrutar de lo construido por ellas, producto del heroísmo posible; pero no estaban dispuestas a que ello sirviera a la dictadura en una operación de propaganda que les arrebatara la situación de víctimas que también vivían.

> Esa prensa no podía captar la vergüenza que sentíamos y esa impotencia que era otro modo de vivir la derrota. Ciertamente en la intimidad del encierro nos permitíamos reírnos de nosotros mismos. Podíamos ser ridículos y hasta patéticos, pero entre nosotros y para nosotros. No para los milicos ni la televisión. La dignidad se convirtió en nuestro único patrimonio y nos dolía cuando nos quitaban o perdíamos un pedacito (Montealegre Iturra, 2003, pp. 76-78).

El historiador argentino Luis Vitale, luego de experimentar la prisión política en Chile, reflexiona sobre la existencia de mecanismos de "auto-represión" de los presos políticos. Así, para evitar represalias o la pérdida de conquistas adquiridas, la auto-represión se manifestaba en actitudes como "prohibirse a sí mismos cosas que los militares no habían prohibido"; "prohibir veladamente al resto de los presos esas mismas cosas, llamándole la atención a un compañero"; o "reprender a un compañero que cantaba en voz alta con el pretexto de que los militares nos podían quitar la 'garantía' de hacer 'show' los domingos" (citado en Montealegre, 2013, p. 108).

La eventual difusión descontextualizada de su risa provoca en las víctimas el legítimo temor a que se banalice su experiencia y se proyecte una imagen de que la prisión era un "cautiverio feliz", donde se estaba "bien". Edda Fabbri, exprisionera uruguaya, me respondió: "no estábamos de joda, pero nos reíamos mucho". Quien está fuera del juego social debe aprender a leer el humor que se desarrolla entre los y las participantes. En el requerimiento y la reivindicación de memoria, "la extraña felicidad compartida"[4] provoca un desasosiego a veces culposo y hasta vergonzante, especialmente en aquellas personas que han guardado, cultivado o proyectado una autoimagen más cercana a la del héroe o el mártir. Una cosa es la ironía, que en el fondo está diciendo lo contrario; y otra es el relato cuya referencia es algo que sí aconteció realmente, pero que resulta paradójico o autoirónico. La vergüenza y la culpa son sentimientos sociales que están asociados a la convivencia y vinculados a los valores compartidos. Por ello los "gestos reprobatorios" que inhiben los comportamientos socialmente considerados inadecuados –la conducta inapropiada, la norma militante– que supuestamente afectan la supervivencia "digna" del colectivo. Estos enemigos internos –la vergüenza, el miedo, la culpa– son ruidos que afectan la construcción de los relatos que responden tanto al requerimiento como a la reivindicación de memoria; *responden* en la doble connotación y valencia del término; es decir, en el sentido de *dar respuesta*

4 Expresión utilizada en el Manifiesto del Teatro de la Memoria "Villa Grimaldi Social Club", leído en enero de 2009 en la excasa de tortura Villa Grimaldi, por el actor y director Oscar Castro, expreso político e hijo de una detenida desaparecida: "En el Campo de Concentración compartimos momentos inolvidables de una extraña felicidad compartida. Porque reímos tanto como lloramos. Imagínense entonces cuánto reímos porque sufrimos tanto como amamos así que imagínense otra vez cuánto amamos".

y de *responsabilidad*.[5] En ese contexto de la construcción del relato, los elementos que podrían ser vergonzantes de la "extraña felicidad compartida" son relegados a la esfera de las memorias eclipsadas, invisibilizadas o (auto)silenciadas. Las omisiones perturbadoras.

Imagen 12. Despedida. Dibujo de Tato Ayress. Chacabuco, 1974.

Al abordarse las experiencias referidas a las violaciones de los derechos humanos, es comprensible dicho olvido porque el pequeño gesto, aislado, no llama la atención. Tampoco esas expresiones –como la pantomima, la poesía y el humor– que muchas veces son consideradas "poco serias". Aquello no tiene utilidad o ganancia en el momento de la denuncia legal ni en la promoción de la solidaridad internacional. Tampoco atrae el interés del sensacionalismo

---

5 Al respecto, véase: Leonor Arfuch (2013, p. 67) y su nota que remite a la concepción bajtiniana sobre la doble valencia de respuesta y responsabilidad en un plano ético.

periodístico o editorial en la industria cultural, como sí lo concitaron ciertas denuncias.

Por ello este énfasis en las experiencias de la cotidianidad y el ejercicio de aquello que Todorov llama las "virtudes cotidianas" que se expresan en acciones que, generalmente, no se declaran ni son objeto de preguntas porque son aparentemente banales; incluso "enjuiciables" por los propios supervivientes que sitúan la experiencia preferentemente en el ámbito de la memoria del horror. Sin olvidar por un segundo el contexto de prisión política, es dable reconocer que los momentos de contemplación gozosa de la naturaleza, de creatividad y humor compartidos pueden ser no solo reivindicados sino que también producen –como lo han dicho exprisioneros– esa "extraña felicidad compartida",[6] "nostalgias contradictorias",[7] nostalgias escondidas y –a fin de cuentas– culposas: los sobrevivientes no solo no murieron sino que además tuvieron momentos de "cautiverio feliz" o de "felicidad insensata" que perturba, porque el ser testigo implica hablar por los que no están y representar, por tanto, el horror que motiva la ausencia postergando el relato de la cotidianidad que contiene sin aspavientos pilares de resiliencia para una memoria de la sobrevivencia.

Bibliografía

Arfuch, L. (2013). *Memoria y autobiografía. Exploraciones en los límites*. Buenos Aires: Fondo de Cultura Económica.

Benavente, M. (2003). *Contar para saber. Chacabuco – Puchuncaví – Tres Álamos, 1973-1975*. Santiago de Chile: autoedición.

---

6 Oscar Castro, actor, director y dramaturgo, en manifiesto del Teatro de la Memoria, presentado en Villa Grimaldi en 2009.

7 Luis Alvarado, exprisionero, que fue ministro de Bienes Nacionales en el gobierno del presidente Patricio Aylwin.

Berne, E. (1966). *Los juegos en que participamos. Psicología de las relaciones humanas*. Buenos Aires: Editorial Diana y Javier Vergara Editor.

Calveiro, P. (2004). *Poder y desaparición: los campos de concentración en Argentina*. Buenos Aires: Ediciones Colihue.

Cozzi, A. (2001). *Chacabuco, Pabellón 18, casa 89*. Santiago de Chile: Sudamericana.

Enríquez Frödden, E. (1994). *En el nombre de una vida*. Tomo III. México D.F.: Universidad Autónoma Metropolitana.

Fernández Huidobro, E. (1985). *Historia de Garabato y Florazul y de sus amigos pisoteados*. Montevideo: Impreso en Tradinco S.A.

Foucault, M. (1968). *Las palabras y las cosas, una arqueología de las ciencias humanas*. México D.F.: Siglo XXI.

Frankl, V. (1955). *Un psicólogo en el campo de concentración*. Buenos Aires: Editorial Plantin.

Giannini, H. (2007). *La metafísica eres tú. Una reflexión sobre la intersubjetividad*. Santiago de Chile: Catalonia.

Glave del Villar, P. (2014). "Al niño no se le saca de nuestro lado...". En *Nosotras también estuvimos en 3 y 4 Álamos y otros relatos*. Libro 3. Santiago de Chile: Corporación 3 y 4 Álamos.

Huizinga, J. [1938] (2001). *Homo Ludens*. Madrid: Alianza Editorial.

Martin, R. A. (2008): *La psicología del humor. Un enfoque integrador*. Madrid: Orión Ediciones y Fundación General de la Universidad de Alcalá.

Mallol Comandari, C. (2009). Renacer en la agonía: de la sobrevida a la vida. *Estudios públicos*, 115, 31-48.

Montealegre Iturra, J. (2013). *Memorias eclipsadas. Duelo y resiliencia comunitaria en la prisión política*. Santiago de Chile: Ediciones Asterión.

Montealegre Iturra, J. (2003). *Frazadas del estadio Nacional*. Santiago de Chile: Lom.

Quevedo, F. (1991), La fabulosa costumbre del cielo. *Exprisioneros políticos Chacabuco. Órgano oficial de la Agrupación de prisioneros de Chacabuco*, n.° 1. Santiago de Chile.

Rojas, E. (1989). *Tejas verdes. Mis primeros tres minutos*. Santiago de Chile: Editora Seminario 90.

Rojas, R. (1974). *Jamás de rodillas. Acusación de un prisionero de la Junta Fascista de Chile*. Moscú: Agencia de prensa Novosti.

Humor negro, conformación comunitaria e identificación colectiva

Un estudio cualitativo en contextos de ELA y de muerte encefálica

Bárbara Martínez y Carolina Baranowski

El humor negro (o humor cínico), noción que precisó André Breton en el año 1939, se caracteriza por abordar temas tabúes, trágicos y macabros. De acuerdo con Tomás Várnagy (2022), el humor negro produce una articulación de sentimientos como el pudor, la alegría, el disgusto y la conmoción. Si bien este ha sido foco de estudio a partir de una variedad de disciplinas sociales, aquí proponemos como objetivo analizar, desde una perspectiva antropológica, cómo se desarrolla el humor relativo a la muerte próxima, en dos contextos disímiles: el deterioro corporal que conduce al deceso en las personas con esclerosis lateral amiotrófica (ELA) en la Argentina, y el trabajo de la detección de potenciales donantes de órganos en el Área Metropolitana de Buenos Aires (AMBA).[1] En particular, nos interesa focalizar en el modo en que el humor negro participa de una conformación comunitaria y de una identificación colectiva en ambos contextos. El contenido de estas páginas es parte de una investigación etnográfica más amplia acerca de la experiencia del deterioro del propio cuerpo a causa de una enfermedad progresiva e incurable como la ELA,

1 Área geográfica conformada por los distritos de la Ciudad de Buenos Aires y cuarenta municipios de la provincia de Buenos Aires.

desarrollada entre 2022 y 2024,[2] y una indagación sobre las prácticas y representaciones del personal sanitario en torno a la muerte encefálica llevada a cabo en una institución centrada en la procuración de órganos entre 2019 y 2023.

Sigmund Freud (2006, 1979) define el humor como una de las operaciones psíquicas más emancipadoras del ser humano. En este sentido, la especificidad del humor radica en su carácter liberador y opositor frente a una realidad desfavorable y apremiante. La literatura acerca del empleo del humor negro ligado a situaciones penosas sugiere que, en variados contextos laborales vinculados a la emergencia, el humor negro está presente como forma de afrontar actividades de gran complejidad emocional. En el ámbito sanitario, existen investigaciones cualitativas sobre el rol del humor para reducir el estrés en el trabajo relacionado con la muerte súbita (Scott, 2007). Asimismo, el humor durante tratamientos médicos invasivos también ha sido explorado etnográficamente en relación con las enfermedades pediátricas graves. Candela Heredia (2017) da cuenta del humor como un acto comunicativo propio del campo paliativo-pediátrico que facilita la interacción regular con la muerte infantil por enfermedades. Rafael Wainer (2022), por su parte, sugiere que el humor, en ocasiones, es utilizado por los niños y niñas con el fin de afrontar prácticas invasivas y dolorosas, lo que subvierte la diferencia de poder entre el médico y la persona que padece la enfermedad. En el terreno policial el humor negro también ha sido explorado como modo de abordar el horror de los asesinatos, los suicidios, los accidentes múltiples (Pogrebin y Poole, 1988), o los eventos macabros y repugnantes (Young, 1995).

Los análisis acerca del despliegue del humor exceden los ámbitos laborales. Nos encontramos con estudios que abordan el humor en el duelo conyugal (Lund *et al.*, 2008) o en la comunicación interpersonal sobre la muerte y el

---

2 La pesquisa se realizó junto a Sofía Bunge, Graciela Dran, Verónica Giordano y Adriana Stagnaro.

morir (Lamberth South, 2020). El campo de la psicoterapia se ha valido de los aportes del humor para tratar la ansiedad, la depresión, el envejecimiento y los deseos de muerte (Richman, 1995, 2007). Los beneficios del humor en el sistema inmunitario son difundidos ampliamente por estudios recientes de medicina (Sanz Ortiz, 2002; Astudillo Alarcón y Mendinueta Aguirre, 2009; Ochoa, 2009). Nuestra indagación se aleja de lo cómico negro, temática que es analizada en otros estudios (Fraticelli, 2020, 2023).[3]

El resultado de estas líneas surge del diálogo entre los datos obtenidos en el trabajo de campo, las entrevistas abiertas de sesiones múltiples y el análisis etnográfico. Hemos optado por modificar los nombres de las instituciones analizadas y de nuestras/os interlocutoras/es con el interés de resguardar su identidad.

Humor negro y ELA

La ELA[4] es una enfermedad que implica una pérdida paulatina de las capacidades físicas, mientras que, en paralelo, otras competencias como la observación y la reflexión continúan virtualmente indemnes. Por ello, la persona con ELA presencia de forma consciente el progresivo deterioro de su cuerpo. Los síntomas suelen variar en cada caso (lo que dificulta su detección, diagnóstico y tratamiento). En términos generales, inicialmente suele presentarse debilidad

---

3 Lo cómico negro se diferencia del humor negro ya que la acción reidera tiene un blanco de burla sin ningún tipo de identificación y compasión por parte de quien la realiza (Fraticelli, 2020). De este modo, mientras que en el humor negro la risa sobre la situación penosa propia o de otro/a genera un placer compartido, lo cómico negro se manifiesta sobre una relación asimétrica entre quien se ríe y quien es objeto de ridiculización.

4 Existen dos tipos de ELA: bulbar y espinal. El primero de ellos se refiere a los casos en que en inicios de la enfermedad se ve afectada la capacidad de hablar o tragar, y luego avanza hacia las extremidades. El segundo comienza con la debilidad y la pérdida de fuerza en las extremidades.

muscular (que se manifiesta en tropezones, caídas o torpeza al utilizar los miembros superiores), calambres o inconvenientes para hablar o tragar. En momentos ulteriores surge la merma de las capacidades motrices, el deterioro cognitivo leve, la incapacidad de hablar y, por último, la pérdida de la facultad respiratoria. Algunas personas presentan también otras manifestaciones, como risas espontáneas e incontrolables. Si bien existen pocos trabajos que desde una perspectiva etnográfica analicen la dinámica de la ELA, se han realizado algunos avances que describen, a través de un enfoque autoetnográfico, el progreso de las patologías neurodegenerativas en el propio cuerpo (Murphy, 1990). En los últimos años la ELA ha cobrado relevancia en la arena social argentina debido a la visibilidad que le han otorgado personajes públicos afectados por esta patología (v. gr. Esteban Bullrich).[5] También, por la presentación en el Congreso de la Nación Argentina de seis proyectos de ley que solicitan la legalización de la eutanasia y el suicidio asistido, algunos de los cuales han sido impulsados por personas con esta enfermedad.[6]

A lo largo de la indagación, muchos interlocutores con ELA nos contaban que cuando se encontraban con otros, comentaban su enfermedad y una posible e inminente muerte, la gente solía quedar impávida, cambiar el tema de conversación o restar importancia a la narración. En los casos de quienes deseaban morir utilizando métodos como la eutanasia y el suicidio asistido, sus interlocutores se mostraban incómodos y echaban mano a enunciados del tipo "Ya vas a mejorar", "Va a aparecer una cura", "Tenés que tener paciencia" o "Rezá mucho a Dios para que te sane". Dialogando sobre el tema en marzo de 2023, una mujer llamada Paula contó que

---

5 Esteban Bullrich es un político argentino que desarrolló tareas como senador y diputado nacional, entre otros cargos. En la actualidad padece ELA.

6 https://museoantropologia.unc.edu.ar/2023/10/morir-en-paz/.

> Eso te deja en una profunda soledad. La gente escapa a lo que le querés decir. Como si no existiera. No tenés con quién hablar. No quieren saber nada de escucharte sobre los síntomas y mucho menos sobre la eutanasia. Estás muy sola.

En este sentido, frecuentemente la gente que acompaña a los pacientes, y que forman parte tanto del sistema médico como del grupo afectivo, permanece turbada, sin saber cómo reaccionar ante estas lamentaciones, neutralizándolas con enunciados que pretenden ser esperanzadores (Várnagy, 2022). Muchos interlocutores enunciaron que, ante estos contextos, optaron por echar mano a acciones como estar solos, evitar a las personas que no comprenden su pena o bien emplear el humor para enfrentar esos eventos. En este contexto, recurren a lo reidero con el objeto de promover nuevas formas de favorecer su socialización y, de esta manera, impulsar otros modos de experiencia comunitaria. Es decir, optaron por continuar los lazos establecidos con anterioridad, incorporando en ese colectivo (Verón, 2009) elementos del humor negro.

En diciembre de 2023 realizamos la primera de varias entrevistas a Juan, que se encontraba en compañía de su esposa. El hombre comenzó a bostezar. La mujer se dirigió a nosotras, indicándonos que esta acción se había manifestado hace días como un nuevo síntoma. Entonces Juan dijo: "No me estoy cansando ni me aburren. Cada vez me gusta más bostezar (risas)". Su reciente síntoma fue integrado por él a un horizonte de significaciones ligadas a la risa, en un contexto de hostil avance de la enfermedad.

El humor negro era para Juan un eje central en el proceso comunicativo, en particular en relación con el avance de los síntomas a través del tiempo y con el carácter irrevocable de la enfermedad. Este tipo de humor suele centrarse en situaciones definitivas (Várnagy, 2022). Es decir, los muertos no pueden volver a la vida, las amputaciones no se retrotraen, las catástrofes aéreas dan como resultado tragedias. Además, como sugiere Várnagy (2022):

> Al discutir estos temas de manera humorística, los enfermos logran empoderarse en el sentido de que, si bien no dominan los cambios físicos, sí pueden ejercer cierto control sobre el impacto psicológico que estos tienen sobre ellos [...]. Las enfermedades se convierten en objetos de juego, reduciendo así su impacto psicológico (pp.16-17).

Durante nuestros encuentros, cada nuevo indicio de ELA era puntualizado en clave humorística, de gozo compartido (Lund *et al.*, 2008), como resultado del lazo de cercanía que fuimos cimentando. Desde nuestro rol de investigadoras, comprendimos que lo reidero era el modo escogido por Juan para comunicarse con nosotras, y comenzamos también a realizar aportes que llevaban a risas. Las nuestras, sin embargo, remitían a tópicos ligados al clima y al plano político nacional, entre otros temas. Es que, aunque el evento hilarante se cocrea, el uso del humor negro entre las personas con ELA está ligado a la distancia sociológica entre las partes involucradas (Evans-Pritchard, 1977). En esta línea, nuestros encuentros mostraron que para Juan era posible reírse de sí mismo, pero no era lícito que su esposa o nosotras lo hiciéramos, lo que expresa las líneas de lo socialmente permitido y lo vedado. El humor como evento comunicativo, además, contribuyó a que paulatinamente Juan, su esposa, los cuidadores que ocasionalmente los acompañaban y nosotras conformáramos procesos de socialización comunitaria que articulaban presupuestos y saberes compartidos, y precipitaban escenas reideras.

Situaciones similares ocurrían con otras personas mientras realizábamos nuestra etnografía. La cuestión de la unidireccionalidad de la enfermedad constituye un tópico frecuentemente abordado mediante el humor negro. Los síntomas que presentan las personas con ELA suelen ser irreversibles.[7] La enfermedad es progresiva, degenerativa

---

7 Este enunciado debe matizarse. Algunos síntomas pueden detenerse o aliviarse de forma temporal, pero la enfermedad, en un corto período que suele ser de días o meses, retoma su avance.

y el deceso puede ser inminente, provocado por la asfixia durante la ingesta de algún alimento o bebida, o por la dificultad para respirar, entre otras causas. En esta línea, la confrontación entre las actividades que las personas con ELA podían realizar antes de estar inmovilizadas y las restricciones actuales eran un tópico central para el ejercicio del humor negro. Durante una entrevista realizada en 2022 a Rosa, una mujer de mediana edad que había perdido la capacidad para caminar, comentó:

> Antes de la enfermedad andaba bastante por la ciudad. No paseaba demasiado. Iba a mi trabajo, volvía y ahí me ponía a leer, pero no caminaba nada. Eso sí, siempre iba a un club de lectura. Siempre. Pero ahora con la silla[8] voy de un lugar a otro, aunque sólo cerca de mi casa. Es muy difícil trasladar este armatoste en un taxi, y mucho menos en un colectivo. Imposible. Pero, aunque sea a la mañana desayuno en un bar, almuerzo en otro. Me canso, pero lo hago. Esta silla además es muy rápida (risas). Es una máquina buenísima. Viéndolo bien, ando más que antes, y cuando agarro velocidad, corro mucho más que antes, porque antes no corría nada, no hacía deporte ni corría cuando podía mover las piernas. La verdad es que si pienso la velocidad que tengo hoy cuando ando en la silla, y la comparo con mi velocidad anterior, el cambio me benefició (risas) (Rosa, diciembre de 2022).

Un ejemplo similar ocurrió en noviembre de 2023, cuando nos encontrábamos intercambiando audios de WhatsApp con Ignacio, una persona con ELA que padece disartria (es decir, la debilidad en los músculos que se utilizan para expresarse oralmente, lo que deviene en una lentificación del habla y en dificultades para articular palabras). En uno de ellos, el hombre indicó "Antes hablaba como loro. Pero ahora escuchame con el acelerador de audio que estoy más lento que patada de astronauta (risas)" (Ignacio, noviembre de 2023). Como hemos venido desarrollando, los ejemplos

---

8 Se refiere a una silla motorizada que utiliza para desplazarse.

anteriores ilustran que el humor negro es un recurso utilizado por la persona que padece ELA para referirse a sí misma, ante una audiencia que responde a esos enunciados. Con el correr del trabajo de campo fuimos identificando que el humor contribuía a nuestra socialización, manteniendo un lazo donde las temáticas permitidas para enunciar lo reidero, como mencionamos, se limitaban a la distancia sociológica entre las partes involucradas. También en estos dos casos, nuestras contribuciones solían retomar tópicos de carácter general, ligados a temáticas políticas, climatológicas o musicales, alejadas del humor negro.

Adicionalmente, en los dos últimos casos, llamó nuestro interés una cuestión que no se había presentado con anterioridad en nuestras entrevistas: el humor negro tomando como materia prima sucesos actuales, en clave comparativa con el pasado. Así, como mencionamos, para Rosa el foco de humor podía ser la movilidad contemporánea versus la pasada. Ignacio, a su vez, desplegaba un humor negro nutrido de su disartria frente a su locuacidad previa. Desde nuestra perspectiva, Rosa e Ignacio no solo retoman los tópicos humorísticos ligados a la enfermedad para enfrentar la progresión de sus cambios corporales. También, sugerimos, estos les permiten desarrollar un duelo (Wilson *et al.*, 2024) que versa no solo sobre la pérdida de movilidad que paulatinamente van adquiriendo sus cuerpos, sino acerca de una vida anterior plagada de acciones que ya no pueden ejercer con soltura.

Retomando las cuestiones ligadas a la conformación comunitaria y la identificación colectiva, el humor negro también interviene en las dinámicas conformadas por conjuntos de personas más numerosos. En el año 2022 Julio, un paciente con ELA interesado en promover el diálogo con gente de diferentes sitios de la Argentina que poseían la enfermedad (y también con su entorno afectivo), creó un grupo de diálogo mediante la aplicación WhatsApp. Desde entonces, fue ingresando en este ámbito virtual un número cada vez más significativo de pacientes y de su entorno afectivo, lo cual promovió una expansión del colectivo (Fraticelli, 2019). En él comparten información de distinto tipo, como noticias sobre trámites administrativos vinculados con el sistema de salud, el acceso a fármacos y las novedades sobre tratamientos especializados. En abril de 2024 Esteban, una de las personas con ELA que participa en el grupo, nos contó que

> Aunque hablamos un montón de cosas distintas, casi todos participan cuando escriben Julián y María, que siempre nos hacen matar de risa. Ellos mandan memes sobre ELA (o sea sobre gente que ya no se puede mover o hablar y esas cosas), pero siempre a eso reaccionamos casi todos con un 'jajaja' o con emojis de risa. Ahí sí intervenimos más. A veces también algún otro manda otras cosas graciosas. Por ejemplo, en el verano uno había mandado un video de una silla que habían armado con la familia para que él pudiera meterse a la pileta. Entonces puso cara ridícula en el video y decía "Lo logré, entré a la pileta" (haciéndose el gracioso), y bueno, ahí todos de nuevo ponemos risas en el grupo. O sea, yo creo que el grupo funciona porque vamos poniendo información importante. Pero también nos reímos mucho, y así nos sentimos más acompañados en la enfermedad (Esteban, abril de 2024).

Como sugiere Esteban en esta entrevista, al interior de este grupo se comparten saberes y estrategias sobre la patología. Pero en ocasiones, también se difunde información que precipita la risa. En este contexto, el conjunto de participantes se identifica colectivamente como afectado de distintos modos por la enfermedad (sea como pacientes o entorno afectivo), y comparten un horizonte de sentidos que posibilita lo reidero. Pero como en los casos mencionados con anterioridad, si bien los núcleos de acompañamiento afectivo ríen con los envíos, son los pacientes con ELA los que ponen en un juego el humor negro. Nuevamente, y aunque compartido, el humor negro posee como límite la distancia sociológica que se establece entre quienes tienen afectado su cuerpo por la enfermedad y aquellos que los asisten. Adicionalmente, como lo explicita Tomás, la acción de remitir los memes o los videos reideros que realizan cimenta los vínculos mutuos (representados mediante respuestas con onomatopeyas de risas). Esta distribución contribuye a sustentar el horizonte de expectativas sobre el accionar ante la aparición de nuevos síntomas, a través de herramientas prácticas para enfrentarlos (como la invención de una silla que permite acceder a una piscina). Así, paulatinamente, nuevos lazos emergen y los antiguos se sustentan. En esta línea, el grupo no solo es una condición de posibilidad de lo reidero, sino también su consecuencia.

Humor negro y procuración de órganos

Los organismos jurisdiccionales de procuración de órganos y tejidos de la Argentina funcionan a través de guardias operativas en las que trabajan interdisciplinariamente personal técnico-administrativo y profesionales de la salud (médicos/as clínicos/as, neurólogos/as, enfermeros/as, psicólogos/as, instrumentadores/as quirúrgicos/as) para la atención de los procesos de donación y trasplante. El organismo analizado en este apartado garantiza la accesibilidad, equidad y transparencia de la ejecución de los pasos operativos[9] que van desde la detección de los potenciales donantes hasta el trasplante de órganos y tejidos. La tarea de certificación de muerte bajo criterios neurológicos[10] se inicia una vez que los hospitales denuncian ante la institución de procuración un caso de muerte encefálica.

9 Los pasos operativos son: detección, criterios de selección, certificación de muerte, tratamiento del donante, intervención judicial, distribución y asignación, ablación y trasplante. Fuente: https://www.argentina.gob.ar/salud/incucai/comunidad-hospitalaria/pasos-operativos.

10 De acuerdo con los artículos 36 y 37 de la Ley Nacional 27.447 y con el Protocolo Nacional para la determinación del cese irreversible de las funciones encefálicas.

El estado de muerte encefálica se refiere al cese irreversible de las funciones de todo el encéfalo, es decir, los hemisferios cerebrales, el tallo encefálico y el cerebelo. Existe actividad cardíaca, pero con pérdida permanente de la función neurológica. Cuando la muerte encefálica es detectada a tiempo, se procede al sostenimiento de los órganos vitales, a través de tecnología especializada, para comenzar el proceso de donación de órganos y tejidos. La labor de procurar órganos entraña un gran esfuerzo físico, emocional y psíquico de quienes participan en ella. Trabajar con potenciales donantes (en general, personas jóvenes que sufrieron un fallecimiento repentino), con las familias y con las personas en lista de espera de un órgano también genera agotamiento laboral e inestabilidad emocional. En este sentido, el humor actúa como instrumento de contrapeso frente al dolor. También, como veremos, contribuye a forjar nuevos lazos sociales y a fortalecer los existentes.

El humor negro de carácter espontáneo está presente entre el personal de procuración de órganos y tejidos. La praxis humorística se inserta en situaciones de las rutinas laborales frecuentemente definidas por el personal sanitario como "insólitas" o "absurdas" (Monro, 1951). En una entrevista realizada a Lorena, durante una tarde de noviembre de 2023, ella narró el siguiente evento:

> En un operativo estábamos con el paciente con muerte [encefálica]. Les dije a mis compañeros que tenía hambre. Renata fue a comprar panchos. Estábamos con el paciente muerto y nosotros ahí, comiendo un panchito calentado en el microondas del hospital. Y bueno, era tan raro que se nos saltaron las carcajadas (Lorena, noviembre de 2023).

Puesto que la acción de alimentarse junto al cuerpo de personas muertas resulta un acto poco frecuente en el contexto urbano del AMBA,[11] para Lorena y sus compañeros

---

11 Sin embargo, los banquetes rituales fúnebres son frecuentes en otros grupos sociales. Cfr. Martínez (2014).

el evento se tornó risible en ese contexto laboral. Muchos hospitales y clínicas de la Argentina cuentan con una infraestructura elemental. De igual manera, los insumos para la atención primaria e intensiva suelen ser, cuando menos, escasos, lo que obstaculiza la tarea del personal de salud. La ausencia de elementos básicos para el trabajo en ocasiones deviene en eventos humorísticos. En diciembre de 2023 Lorena habló acerca de ese tópico:

> Una vez nos habían pedido que calentemos los sueros (para mantener el cuerpo a temperatura óptima). Y estaba mi compañera calentándolos con una olla de guiso bien grande a baño María.[12] Dijimos "Solo faltan los fideos". Nosotros nos moríamos de la risa. Otra vez, voy a calentar sueros, pongo en el microondas, los pongo cinco minutos y cuando los saco parecía que habían estado en el freezer. Estaban helados. Cosas bien bizarras, siempre, bien bizarras, para mí el humor súper rescata [...] Imagínate si nosotros estuviésemos serios todo el día. O sea, hay que convivir con la muerte también, ¿no? Entonces buscamos una especie de salida (Lorena, diciembre de 2023).

Renata nos ha relatado, también, que en otra oportunidad el evento reidero (Traversa, 2009) fue suscitado por la falta de oxígeno, un insumo primordial para la conservación de los órganos a ablacionar:

> Nos reímos de situaciones. Nos ha pasado subir con el paciente al quirófano y quedarnos sin oxígeno. ¿Y qué hacés en esa situación? ¿Te ponés a llorar? No. Nos reímos y salimos adelante como podemos. Siempre buscamos la solución. Salimos adelante (Renata, diciembre de 2023).

En numerosas ocasiones Renata nos relató que lo reidero fue surgiendo entre ellos a medida que compartían

---

12 El baño María o baño de María es un método de calentamiento indirecto por el cual se introduce el objeto en un recipiente que, a su vez, se sumerge en un pote mayor con agua en estado de ebullición.

guardias de forma progresiva, y su relación se cimentaba. Con el correr del tiempo, sus compañeros del personal de salud fueron constituyéndose como colectivo forjando un conjunto de significados y prácticas, y definiendo lo aceptable de ser risible dentro de un contexto laboral ligado a la muerte y al morir. Aquí, el ejercicio del humor contribuyó a profundizar sus vínculos. Iván, miembro del equipo de salud mental ligado a la procuración de órganos, sugirió que el humor en este ámbito laboral resulta: "un dispositivo que excede a las personas. Si hay una persona que entra [al equipo] que no tiene mucho humor, el mismo trabajo y los compañeros lo llevan hacia ahí" (Iván, diciembre de 2023). Así, como sugiere Wainer (2009): "Afrontar situaciones, a veces muy tensas, con el 'aire' que otorga el sentido del humor ayuda a los profesionales a desarrollar su trabajo, y a generar contextos terapéuticos más habitables" (p. 436).

El humor entre el personal de procuración resulta colectivo y situacional, y está condicionado por el colectivo de identificación (Verón, 1987). No se dirige a los pacientes ni a sus familias[13] pues, según el personal de salud, ello puede ser interpretado como una afrenta a su dolor. Tampoco de los casos pediátricos emergen situaciones risibles (Sudnow, 1971).

Conclusiones

En este texto nos centramos en las formas en que la muerte próxima se vincula con el humor en dos grupos sociales diferentes: las personas con ELA en la Argentina y su

13 Las acciones del personal de la salud denotan la relevancia del fallecido/a y de los miembros de su familia en cuanto personas afectadas por la pérdida de un ser querido. Por ejemplo, en variadas ocasiones las psicólogas del equipo de procuración acompañan a las familias luego de sus turnos laborales. Ello contrasta con la idea de que el personal sanitario objetiva y despersonaliza a los donantes o posibles donantes (Sharp, 1995).

entorno afectivo, y los miembros del equipo de salud de una institución abocada a la procuración de órganos y tejidos en AMBA. En especial, nos centramos en las articulaciones entre el humor negro, la conformación comunitaria y la identificación colectiva.

En el caso de las personas con ELA, puntualizamos que el ejercicio del humor negro actúa como modo de favorecer la comunicación, incluso en los momentos en que los interlocutores se muestran reacios a aquello que la persona desea mencionar (como la eutanasia o el suicidio asistido). También sugerimos que el humor negro contribuye a fomentar la socialización a través de la cimentación de relaciones previas (como en el caso de Paula y su entorno afectivo anterior), mientras fomenta otras nuevas (tal como mencionamos para el caso de los vínculos que nosotras paulatinamente establecimos con Juan, Rosa e Ignacio). En los últimos casos, además, sostuvimos que la puesta en escena del humor negro favorece la elaboración del duelo sobre acciones de una vida previa que no podrán volver a realizar, en virtud de la progresión de la patología. El caso de Esteban, por su parte, ilustra cómo el humor favorece la creación de nuevos vínculos en el contexto de identificaciones colectivas (los pacientes y el contexto afectivo). En esta línea, la identificación colectiva también ilustra los límites del humor, puesto que este se encuentra socialmente permitido entre las personas con una menor distancia sociológica (Evans-Pritchard, 1975).

Por otra parte, en el contexto de los trabajadores de la salud abocados a la procuración de órganos y tejidos para trasplantes, planteamos que el humor negro promueve una sociabilidad encarnada en la complicidad, con límites contextuales bien definidos (es decir que no se dirige a potenciales donantes ni a su círculo afectivo). Además, se construye entre los interlocutores en situaciones emergentes, arbitrarias y espontáneas (como los relatados por Renata y Lorena). El caso de Iván también ilustra cómo el humor configura una dinámica laboral sustentada en la complicidad que genera el colectivo de identificación. Así, el código humorístico compartido por los trabajadores de la salud no solo contribuye a la socialización, sino que también forma parte de su identidad grupal.

En ambos casos, las nociones de equipo de trabajo y de grupo de WhatsApp operan como herramienta de socialización que construye un tipo de identidad basada en el humor como estrategia de afrontamiento frente a situaciones penosas propias (ELA) o ajenas (procuración).

Los resultados obtenidos ameritan un estudio más prolongado sobre otros modos en que el humor negro discurre en contextos cercanos al deceso. En nuestras próximas indagaciones profundizaremos en estos tópicos, con miras a realizar análisis comparativos de alcance más amplio.

Bibliografía

Astudillo Alarcón, W. y Mendinueta Aguirre, C. (2009). El efecto terapéutico del buen humor en los cuidados paliativos: a propósito de *Patch Adams* (1998) y *Planta 4ª* (2003). *Revista de Medicina y Cine* (5), 30-38.

Breton, A. (1991). *Antología del humor negro*. Barcelona: Anagrama.

Evans-Pritchard, E. E. (1977). *Los Nuer* (trad. Carlos Manzano). Barcelona: Anagrama.

Fraticelli, D. (2019). Los colectivos mediáticos de las redes. Algunas observaciones desde el humor ¿y más allá? *InMediaciones de la Comunicación, 14* (1), 47-63. https://doi.org/10.18861/ic.2019.14.1.2885.

Fraticelli, D. (2020). Sátira política y humor negro en la hipermediatización. El caso Maldonado. *Intus – Legere Historia, 14* (1), 142-167. DOI: https://doi.org/10.15691/%x.

Fraticelli, D. (2023). *El humor hipermediático: una nueva era de la mediatización reidera*. Buenos Aires: Teseo.

Freud, S. (1979 [1927]). El humor. En *El porvenir de una ilusión. El malestar de la cultura. Obras completas*. Tomo XXI (pp. 153-158). Buenos Aires: Amorrortu.

Freud, S. (2006 [1905]). *El chiste y su relación con el inconsciente. Obras completas*. Tomo VIII. Buenos Aires: Amorrortu.

Heredia, C. (2017). Entre la risa y la muerte. Texturas comunicacionales en la atención paliativa pediátrica. *Avá*, 30, 37-59. https://www.ava.unam.edu.ar/images/30/pdf/n30a03.pdf.

INCUCAI – Instituto Nacional Central Único Coordinador de Ablación e Implante (s.f.). Sistema Nacional de Procuración. Pasos operativos. Ministerio de Salud. https://tinyurl.com/4569bjaa.

Lambert South, A., Elton, J. y Lietzenmayer, A. M. (2020). Communicating death with humor: Humor types and functions in death over dinner conversations. *Death Studies, 46* (4), 851-860, DOI: 10.1080/07481187.2020.1716883.

Ley 27.447 de 2018. Ley de trasplante de órganos, tejidos y células. 26 de julio de 2018. B.O. N.° 33919.

Lund, D., Utz, R., Caserta, M. y De Vries, B. (2008). Humor, Laughter, and Happiness in the Daily Lives of Recently Bereaved Spouses. *Omega, 58* (2), 87-105. https://doi.org/10.2190/OM.58.2.a.

Martínez, B. (2014) La liminalidad revisitada: ciclos y sucesiones en El Cajón (Catamarca, Argentina). *Sociedad y Religión, 24* (42), 12-33.

Ministerio de Salud, Argentina (29 de abril de 2019). Resolución 716/2019 de 2019. Protocolo nacional para la determinación del cese irreversible de las funciones encefálicas. https://www.argentina.gob.ar/normativa/nacional/resoluci%C3%B3n-716-2019-322558.

Monro, D. H. (1951). *Argument of Laughter*. Melbourne: Melbourne University Press.

Murphy, R. (1990). *The Body Silent*. New York (NY): W.W. Norton & Company.

Museo de Antropologías (17 de octubre de 2023). *Morir en paz*. IDACOR. https://museoantropologia.unc.edu.ar/2023/10/morir-en-paz/.

Ochoa, M. I. (2009). Humor terapéutico. El Humor Risa y Sonrisa (HRS) y su aplicación en las urgencias, emergencias y cuidados críticos. *Revista de Enfermería de Urgencias, 1* (4).

Pogrebin, M., y Poole, E. (1988). Humor in the briefing room: A study of the strategic uses of humor among police. *Journal of Contemporary Ethnography*, 17, 183-210. https://doi.org/10.1177/089124188017002003.

Richman, J. (1995). The lifesaving function of humor with the depressed and suicidal elderly. *Gerontologist*, 35, 271-273. DOI: 10.1093/geront/35.2.271.

Richman, J. (2007). The Role of Psychotherapy and Humor for Death Anxiety, Death Wishes, and Aging. *Omega*, 54, 41-51. DOI: 10.2190/d0nx-7v03-w1h0-4614.

Sanz Ortiz, J. (2002). El humor como valor terapéutico. *Medicina Clínica, 119* (19), 734-737.

Scott, T. (2007). Expression of humour by emergency personnel involved in sudden deathwork. *Mortalidad, 12* (4), 350-364. DOI: 10.1080/13576270701609766.

Sharp, L. (1995). Organ Transplantation as a Transformative Experience: Anthropological Insights into the Restructuring of the Self. *Medical Anthropology Quarterly, 9* (3), 357-389. https://www.jstor.org/stable/i226501.

Sudnow, D. (1971). *La organización social de la muerte* (trad. de Giovanna Von Winckhler. Revisión técnica de Eduardo Luis Menéndez). Buenos Aires: Editorial Tiempo Contemporáneo. (Trabajo original publicado en 1967).

Traversa, O. (2009). Notas acerca de lo reidero en las tapas de revistas. *Figuraciones. Teoría y Crítica de Artes*, 5, 49-63.

Várnagy, T. (2022). *Humor y tumor: morir de risa o de cáncer*. Buenos Aires: Nuevos Tiempos.

Verón, E. (1987). La palabra adversativa. Observaciones sobre la enunciación política. En Arfuch, L. *et al.*, *El discurso político. Lenguajes y acontecimientos* (pp. 19-26). Buenos Aires: Hachette.

Verón, E. (2013). *La semiosis social, 2. Ideas, momentos, interpretantes*. Buenos Aires: Paidós.

Wainer, R. (2009). Sobre acciones, silencios y un sentido de humor particular en un equipo de cuidados paliativos. *AIBR. Revista de Antropología Iberoamericana*, 4 (3),409-442. DOI: 10.11156/aibr.040309.

Wainer, R. (2022). 'I will grab a rifle and I will kill that bug!': The role of children's humour in navigating painful treatments in a pediatric hospital in Argentina. *Children & Society, 37* (3), 979-992. https://doi.org/10.1111/chso.12642.

Wilson, D. M., Knox, M., Banamwana, G., Brown, C. A. & Errasti-Ibarrondo, B. (2024). Humor: A Grief Trigger and Also a Way to Manage or Live with Your Grief. *Omega, 89* (2), 514-529. https://doi.org/10.1177/00302228221075276.

Young, M. (1995). Black humour: making light of death. *Policing and Society, 5* (2), 151-167, DOI: 10.1080/10439463.1995.9964719.

II.

La identidad de la comunidad de *Tiranos Temblad* como el trasiego de convergentes y divergentes interpretantes dinámicos

FERNANDO ANDACHT

> Lo cómico se sitúa totalmente del lado del objeto, de la situación, del carácter de lo que tenemos ante nosotros (a lo cual pertenezco yo mismo, si me parezco cómico a mí mismo). Es una cualidad de la apariencia de lo dado. Es cierto que apela no sólo a nuestros sentidos, sino también a nuestra captación y comprensión de la conducta, la expresión facial, el porte, el lenguaje, el atuendo, etc., pero tampoco se desprende nunca por completo de nuestros sentidos.
>
> Plessner (1970)

Un modo de definir en qué radica la comicidad, si en alguna cualidad de lo que nuestros sentidos perciben, o en nuestra interpretación del mundo, según la disyuntiva que planteó H. Plessner en una obra pionera publicada en 1940 sobre la risa (y el llanto), sigue siendo relevante como contribución al tradicional debate sobre actividad/pasividad de la audiencia. Con ese fin, recurro a la semiótica de Peirce y al análisis del marco de Goffman. La semiótica es el proceso por el cual representamos e interpretamos el mundo con diversos signos (palabras, imágenes, emociones, gestos). El análisis del marco (*frame analysis*) aborda los modos en que nos dedicamos a definir la situación que vivimos mediante marcos (*frames*), que funcionan "según principios de organización que regulan los acontecimientos [...] y nuestro involucramiento subjetivo en ellos" (Goffman, 1986, p. 10). Planteo que hay afinidad entre ambos modelos teóricos: la acción sígnica y el enmarcar (*framing*) generan significados que suponen cambios en la alineación del actor social; entrañan una actividad inseparable de la percepción que redefine el comportamiento de la audiencia mediática.

La semiótica peirceana postula un modelo triádico del signo que consiste en una relación de tres elementos: algo representado (*objeto*), un medio de representación (*representamen*) y otro signo más desarrollado encargado de revelar el significado (*interpretante*). Para demostrar la pertinencia de una teoría sociosemiótica basada en Peirce y Goffman analizo la audiencia de la serie web *Tiranos Temblad. Resumen Semanal de Acontecimientos Uruguayos* (de aquí en más *TT*). Si Plessner tiene razón, y creo que la tiene, lo reidero se sitúa en la unión de lo sensorial y del sentido o interpretación. La semiótica sostiene que "el significado de cualquier signo para cualquier persona consiste en el modo que esta reacciona al signo" (CP 8.315).[1] Cada reacción del público en el canal de YouTube de *TT* es un *interpretante* o efecto semiótico del episodio. A su vez, según el análisis del marco, el contenido de *TT* es el resultado de la transposición en clave (*keying*) de la estructura primaria, de fragmentos de videos domésticos que integran una narrativa divertida. La actividad lúdica transforma los marcos primarios de la actividad seria en la vida real; la ficción reorganiza creativamente situaciones de la vida en las artes performativas.

El explorador semiótico se encuentra con el explorador de marcos vulnerables

> Soy, hasta donde yo sé, un pionero, o mejor un explorador, en el trabajo de desbrozar y abrir el camino de lo que llamo semiótica, es decir, la doctrina de la naturaleza esencial y las variedades fundamentales de semiosis posibles.
>
> Peirce (1906)

1 Según la convención, las citas de Peirce que provienen de *The Collected Papers of C. S. Peirce* (1931-1958) remiten al volumen y al párrafo: x. xxx.

> Este libro es sobre la organización de la experiencia – algo que un actor individual puede tener en mente – y no la organización de la sociedad.
>
> Goffman (1986)

¿Cómo podría contribuir la teoría semiótica del lógico C. S. Peirce (1839-1914), elaborada hace más de un siglo, al estudio de una serie web reidera del siglo XXI? Su modelo triádico de generación de sentido describe el proceso por el cual los espectadores de este programa lo interpretan, lo que es inseparable de su percepción.[2] No solo incluye conceptos, también involucra emociones y acciones. Otro pionero en su campo es el sociólogo E. Goffman (1922-1982). De su legado teórico, empleo su análisis del modo en que organizamos la experiencia cotidiana, una estrategia inseparable de nuestro continuo esfuerzo por definir las situaciones que vivimos. Confiamos en la operación de "enmarcar" para entender y lidiar con lo que se espera de nosotros en cada contexto, sea este mediatizado o no. Para reunir ambas teorías, utilizo una noción central de la semiótica: la estructura triádica del signo, y en esta el "signo interpretante", que es el resultado del proceso para entender nuestro entorno. El acto de enmarcar, inseparable de la acción sígnica, revela el significado de cualquier situación y también la alineación humana que mejor se adecua a ella.

La serie web *TT* comenzó en 2012, y podría describirse como un duradero y complejo efecto de sentido o interpretante del apasionamiento de su creador por los contenidos de YouTube. Para producir cada episodio de *TT*, Agustín Ferrando hurga en busca de videos variados cuyo tema se vincula a Uruguay. Es un conjunto muy dispar (¿disparatado?) de situaciones cotidianas extraídas de videos caseros: provienen de visitantes al país o que hacen

---

2 "El juicio perceptual como un signo genera cadenas de interpretantes, la primera clase de los cuales se llama 'interpretantes inmediatos'" (de Tienne, 2015, p. 37).

viajes imaginarios, de observaciones nimias de residentes locales, de la preparación de clases de alumnos de secundaria extranjeros sobre Uruguay. Ese material heterogéneo es editado para crear un *collage* extravagante que es invariablemente narrado por la inconfundible e inexpresiva voz del curador Ferrando. Con estos insólitos signos, *TT* representa sus inusuales "acontecimientos" de la nación uruguaya como su único objeto semiótico. Los episodios generan miles de comentarios (palabras, emoticones, emojis, etc.); son los interpretantes de *TT* de miles de visitantes a su canal de YouTube.

Un enfoque sociosemiótico combinado de Peirce y Goffman puede superar la dualidad pasivo/activo que obstaculiza la investigación de la audiencia mediática. Si aceptamos que estamos equipados para navegar por el flujo de la acción de los signos o *semiosis* y en la orientación de los marcos, que cambian permanentemente por el proceso recursivo que Goffman llama "transposición de clave" (*keying*), surge una concepción no psicologista del comportamiento del público mediático. Para emprender este camino teórico, debemos reconocer el funcionamiento autónomo y dirigido hacia un fin de los signos así como la actividad autogobernada del enmarcar (*framing*). Ambos procesos funcionan para definir cada situación y determinar nuestra posición más adecuada. Esa competencia sociosemiótica nos vuelve eficaces espectadores de los medios que nos atraen. En términos de Goffman y desde una perspectiva semiótica, este texto trata sobre la organización de la experiencia del público de una serie de internet y de los signos que la hacen posible.

En un universo repleto de semiosis, actuamos como signos para conversar con ellos

La siguiente definición del signo triádico es del período de madurez de Peirce:

> Yo defino un Signo como cualquier cosa que por un lado es determinada por un Objeto de modo que por el otro determina una idea en la mente de una persona, esta última determinación, que llamo el Interpretante del signo, es por ende mediatamente determinada por ese Objeto (CP 8.343, 1908).

Una innovación de la semiótica triádica es postular un signo, el *interpretante*, y no la persona que interpreta, como constitutiva de la acción sígnica. Esa innovación presupone la existencia de signos autónomos, que tienden hacia un fin. La acción sígnica o *semiosis* funciona teleológicamente para generar significado. Ransdell (1989, para. 2) explica que la semiótica no ignora la importancia de los intérpretes, pero i) "la semiosis se refiere primariamente a la acción de un signo al producir un interpretante de sí mismo"; ii) "la generación del interpretante (es) siempre debida primariamente a la acción (*agency*) del signo mismo antes que a la acción del intérprete"; iii) "una interpretación de un intérprete debe considerarse como siendo primariamente una percepción u observación del significado que exhibe el signo mismo".

La generación sígnica traduce la realidad, y se diferencia de la "acción dinámica o fuerza bruta" (CP 5.484).[3] La 'semiosis' es "una acción, o influencia, que es, o involucra, una cooperación de tres sujetos, tales como un signo, su objeto, y su interpretante" (CP 5.484). El término "cooperación" se refiere a que los cambios del objeto semiótico se transmiten del signo el interpretante. Registramos las

---

[3] Hay una descripción similar de la acción física/diádica en contraste con la operación de sucesivas transposiciones en clave (*keying*) en la descripción de Goffman (1986) de "un acto instrumental no transformado" (p. 157).

variaciones mediante la "observación colateral" (CP 8.178): nuestra experiencia directa del mundo sustenta la semiosis, y produce nuevos signos interpretantes, que enriquecen nuestra comprensión. Este mecanismo se asemeja al proceso de enmarcar de Goffman (1986), que consiste en la continua "transformación de transformaciones" de lo que percibimos como la "realidad no transformada" (p. 156).

Cabe ahora introducir los tipos de signos interpretantes, los diversos efectos que el objeto semiótico genera por la mediación del signo: "Asimismo, es necesario distinguir el Interpretante Inmediato, i. e., el Interpretante representado o significado en el Signo, del Interpretante Dinámico, o efecto realmente producido en la mente por el Signo" (CP 8.343).

En el estudio de los públicos mediáticos, el *interpretante inmediato* constituye un horizonte hermenéutico. No es un significado singular, sino un conjunto de significados plausibles determinados por lo que funciona como medio o signo y mediatamente por el objeto del signo. La interpretabilidad del signo resultante depende de la naturaleza del signo que percibimos: "Está constituido por el rango de posibles interpretantes de un signo dado en un tiempo dado" (Ransdell 1986, p. 682). El *interpretante inmediato*, sostengo, se asimila al marco primario de Goffman (1986); por ejemplo, una pelea es pasible de recibir innumerables transposiciones de clave: una pelea en una película de acción, o un ensayo para esa película, una parodia de dicha película, etc.

Aunque hace ya tiempo que la serie web *TT* goza de popularidad en Uruguay y en la región, podría ocurrir que antes de haber visto un episodio, tras solo observar su isotipo en internet, alguien pensara que se trata de i) un informativo del gobierno uruguayo; ii) el anuncio de un acto patriótico; iii) el festejo de alguna victoria deportiva nacional. Cada uno de esos significados, todos ellos malentendidos, son efectos semióticos concretos o *interpretantes dinámicos*. Ellos no son antojadizos y bien podrían ocurrir, pues la presentación gráfica de *TT* está presidida por la imagen hierática del sol que aparece en la bandera nacional; una frase del estribillo del himno nacional escrita en grandes caracteres ocupa el centro de la composición; otra de menor tamaño anuncia un "resumen semanal de acontecimientos uruguayos", por último, una corona triunfal de laureles de la victoria encuadra las frases y el sol patrio sobre un fondo celeste cielo. Sin haber tenido la "experiencia colateral" (CP 8.183) que surge del encuentro previo con esa creación en YouTube, todos esos sentidos puntuales erróneos son plausibles, pero están fuera del rango de interpretabilidad de *TT*, es decir, no son parte de su *interpretante inmediato*. Sin embargo, la realidad espectatorial es más compleja. Entre los miles de comentarios, emojis, emoticones del canal de *TT*, hay muchos que provienen de fans de la serie web creada por Agustín Ferrando en 2012, pero manifiestan un ferviente patriotismo o una honda nostalgia, a pesar de la manifiesta postura ajena al nacionalismo y a la nostalgia de cada episodio. "Serie reidera que invariablemente exhibe la auto-ironía sobre el orgullo nacionalista" o "celebración humorística de lo banal cotidiano uruguayo", en cambio, indudablemente pertenecen a la interpretabilidad, que se deriva de la estructura inmanente de los signos audiovisuales de *TT*.

Imagen 1

La naturaleza autónoma de los signos triádicos nos vuelve viajeros perpetuos de ese proceso lógico. Por formar parte de un público, nuestra *performance* es afín a la de signos. La teoría lógica, no psicologista, de Peirce es análoga a la de Goffman sobre el enmarcar, que también es un proceso autogobernado. Ambas subyacen a nuestra experiencia del mundo de la vida. Para explicar "que la mente es un signo que se desarrolla según las leyes de la inferencia" (CP 5.313), Peirce formula una pregunta insólita: "¿Qué distingue a un hombre de una palabra?" (CP 5.313). Tras descartar algunas respuestas plausibles, como nuestro "[ser] conscientes" o poseer "cualidades materiales", afirma que "estas diferencias son sólo relativas". El vivir gracias a la interpretación y al aprendizaje hace que no seamos muy diferentes de los símbolos que utilizamos para esas actividades:

> El hombre-signo adquiere información, y llega a significar más de lo que significaba antes [...] puesto que el hombre sólo puede pensar por medio de palabras u otros símbolos externos, éstos podrían volverse y decir: "No significas nada que no te hayamos enseñado" [...] los hombres y las palabras se educan recíprocamente (CP 5.313).

Sobre la equivalencia entre seres humanos y sus signos, Peirce afirma que la lección que estos nos enseñan es que podemos comunicarnos "sólo en la medida en que nos dirijamos a alguna palabra como el interpretante de (nuestro) pensamiento" (CP 5.313). Así como los marcos se transponen en clave sin cesar y producen nuevas laminaciones, que conllevan diferentes significados, nuestros signos se traducen en *interpretantes* más desarrollados, siempre que el objeto semiótico cambia y transmite esas alteraciones a través del signo.

Una vez que nos sumergimos en el flujo de signos, por ejemplo, al observar la imagen que presenta *TT*, nuestra naturaleza animal también debe intervenir, pues hay que buscar su canal de YouTube para luego situarnos frente a una pantalla y ver la serie. La actividad definitoria de convertirse en una audiencia implica manejar con pericia signos audiovisuales, narrativa, banda sonora, variadas representaciones mediáticas que generan múltiples interpretantes. Cuando esta tarea tiene éxito, las personas se convierten en público absorto de un espectáculo. Por extraña que parezca la noción de semiosis autónoma que tiende a un fin, este es el proceso que nos habilita a ser un público capaz de disfrutar de una serie web como *Tiranos Temblad*. También debemos ser competentes en el manejo de la operación de enmarcar, que hace que una situación que resulta de notorias alteraciones del sentido original se vuelva inteligible para nosotros. De eso trata el análisis del marco de Goffman.

¿Qué hay en un marco que con cualquier otro nombre no sería la misma experiencia?

La definición del concepto de marco incluye un término inesperado: la mención de "vulnerabilidades" del proceso que nos permite adaptarnos a nuestro entorno social. Tal comportamiento no es muy diferente de cómo se crea un espectáculo o se es parte de su público: "Mi objetivo es tratar de aislar algunos de los marcos básicos de comprensión disponibles en nuestra sociedad para dar sentido a los acontecimientos y analizar las vulnerabilidades especiales a las que están sujetos estos marcos de referencia" (Goffman, 1986, p. 10).

Persson (2022) destaca el carácter colectivo del enmarcar: "un marco es, por tanto, la definición situacional o la percepción de la realidad que compartimos con otras personas" (p. 126). En otra definición de marco, Goffman (1986) postula su vínculo causal con la "definición de la situación", y la naturaleza autónoma y autorregulada del proceso: "Asumo que las definiciones de una situación se construyen de acuerdo con los principios de organización que rigen los acontecimientos –al menos los sociales– y nuestra implicación subjetiva en ellos" (pp. 10-11).

Lunt (2022) piensa que es un error "considerar los marcos mediáticos como relativamente fijos y las audiencias como relativamente pasivas", pues este enfoque omite un elemento central de la definición de Goffman (1986): "la vulnerabilidad de los marcos a la transformación, el contramarco y la apertura a la lectura a contrapelo o disruptiva" (p. 197). Precisamente, esa es la estrategia que emplea la serie web *TT* para transformar videos caseros triviales en un entretenimiento popular, cuyo público no se molestaría en mirar el material en bruto, a saber, los videos amateurs antes de ser editados y narrados por Agustín Ferrando, su curador y el creador del collage que vemos en YouTube.

La operación recursiva de 'transponer la clave' (*keying*) es inseparable del enmarcar:

> [L]a transformación sistemática que introduce una clave concreta puede alterar sólo ligeramente la actividad así transformada, pero cambia por completo lo que un participante diría que está ocurriendo. [...] Por tanto, una transposición de la clave (*rekeying*), cuando hay una, tiene un rol crucial a la hora de determinar lo que pensamos que está ocurriendo realmente (Goffman, 1986, p. 45).

La transposición de la clave revela las "vulnerabilidades" de los marcos; también justifica su afinidad con la semiosis: "un signo no es un signo a menos que se traduzca en otro signo en el que esté más plenamente desarrollado [...] sin ese desarrollo no es nada" (CP 5.594). Para definir una situación, debemos apoyarnos en signos; mediante ellos nos damos cuenta de que lo que parecía una pelea resulta ser el rodaje de una escena, o el ensayo de una, tras percatarnos de la presencia de una ulterior "laminación" de ese marco. 'Laminación' es el término de Goffman para describir los nuevos significados de un marco que resultan del proceso de transposición de clave:

> Cuando tratamos con una persona incompetente y nos cuesta no sonreír, o tratamos con un loco y nos cuesta no mostrar miedo [...] lo que tendemos a revelar no es a una persona, a nosotros mismos, sino un marco, el que habíamos estado manteniendo. Estos afectos y respuestas son sólo incidentalmente de personas; *son principalmente acerca de marcos, y es sólo en términos del marco que se vuelve comprensible la preocupación mostrada con respecto a ellos* (Goffman, 1986, p. 487, énfasis añadido).

Cómo respondemos a cada situación cotidiana o nos volvemos audiencia de los medios depende de nuestro manejo de los marcos, cuya alteración produce cambios en nuestra alineación. Ese es el modo en que nos relacionamos con el *interpretante inmediato*. Para referirse a las "transposiciones" de los marcos, Goffman usa el término *'(re)keying'*, que se refiere a la naturaleza cambiante de actividades en las que nos enfrascamos, como ocurre al transitar en la acción sígnica:

> Las transposiciones de clave son ellas mismas obviamente vulnerables a retransposiciones. Por eso, debemos ocuparnos tanto de retransformaciones como de transformaciones. Tampoco puede suponerse algún límite obvio al número de retransposiciones a los que puede estar sometida una determinada secuencia de actividad; claramente múltiples retransposiciones son posibles (Goffman 1986, pp. 79-80).

El análisis goffmaniano se aplica a las alteraciones hechas a los videos caseros que el creador de *TT* hurga en YouTube, edita y narra con su inconfundible e impávida voz en *off*. La semiótica peirceana posee un principio similar que es el aumento de complejidad de los signos: "Los símbolos crecen. Surgen por el desarrollo a partir de otros signos, en particular de íconos, o de signos mixtos que participan de la naturaleza de íconos y símbolos. Solo podemos pensar en signos" (CP 2.302).

De modo semejante, la transposición de un marco básico ocurre mediante "una transformación sistemática [...] a través de materiales ya significativos según un esquema de interpretación" (Goffman, 1986, p. 45). Su ejemplo proviene de Gregory Bateson, quien utilizó por primera vez la noción de "marco" para describir el juego de los monos en un zoológico: su comportamiento parece una lucha, pero no lo es. Lo que los guía en la interpretación correcta son signos icónicos, visuales, que se parecen pero no son signos de un ataque real. Mientras que el análisis del marco postula una "transposición" de una estructura más simple, la semiótica triádica afirma que hay una "traducción" de signos que genera un aumento en la información transmitida, pues revela cambios del objeto representado: "El signo, al representar su objeto, experimenta una especie de evolución y transformación en la que el carácter significativo del objeto se desarrolla y determina mediante la traducción del signo" (Liszka, 1990, p. 27). Luego de una mención elogiosa de *TT* del actor Ricardo Darín en un programa de televisión abierta, no solo la audiencia de *TT* aumentó considerablemente sino también su significado: hubo una salida de la catacumba de internet hacia el gran público.

La serie web *TT* es el resultado de múltiples operaciones de transposición de su materia prima; en términos semióticos eso entraña cambios del objeto semiótico y de los signos que ofician como medios para sus signos interpretantes. La afinidad teórica entre Peirce y Goffman se manifiesta en las nociones de 'traducción' y 'transposición': "me parece que la palabra traducir contiene una profunda verdad encerrada en ella" (Peirce, 1906, citado por Liszka, 1990, p. 17).

Otro elemento común de la acción autónoma de los signos y del enmarcar/transponer en clave aparece en la descripción de Goffman (1981) del "formato de producción de un enunciado":

> Obsérvese que en este caso uno trata no tanto con un cuerpo o una mente sino con una persona activa en alguna identidad social particular o rol, alguna capacidad especial como miembro de un grupo, cargo, categoría, relación, asociación

> o lo que sea, alguna fuente de autoidentificación basada socialmente. [...] Hasta cierto punto, entonces, seleccionar la capacidad en la que vamos a estar activos es seleccionar (o intentar seleccionar) la capacidad en la que están presentes los destinatarios de nuestra acción (p. 145).

El término "capacidad" de Goffman puede entenderse como una disponibilidad (*affordance*) social que determina simultáneamente los signos de quien actúa y de su público. Este proceso se asemeja al análisis peirceano de la comunicación:

> Los signos requieren al menos dos cuasi-mentes: un cuasi-enunciador y un cuasi-intérprete; y aunque estos dos están de acuerdo (es decir, son una mente) en el propio signo, no obstante deben ser distintos. En el Signo están, por así decirlo, soldados. Por consiguiente, no es meramente un hecho de la Psicología humana, sino una necesidad de la Lógica, que toda evolución lógica del pensamiento debe ser dialógica (CP 4.551).

Podemos leer "enunciador" e "intérprete" en la cita de Peirce.[4] La "capacidad" de manejar marcos en Goffman equivale al modo en que Peirce interpreta nuestra actividad como signos para navegar la semiosis. Se relaciona con lo que Scheff (2005) denomina la naturaleza "inevitablemente social" de la transposición de clave, que implica "lo que Goffman llamó el enfoque mutuo de la atención o consciencia mutua. Otros se han referido a este tipo de reciprocidad como intersubjetividad, consciencia compartida o sintonía" (p. 371). A eso se refiere Peirce cuando afirma que el enunciador y el intérprete están "soldados en el signo", el proceso semiótico que nos convierte en la audiencia de determinado medio.

4 El uso que Peirce hace del prefijo 'cuasi' se relaciona con un significado más amplio, no antropocéntrico de la semiosis. La cuasi-mente opera no solo en el reino animal, sino también en el mundo orgánico.

Conducta comunicacional en un canal de YouTube: la serie web *Tiranos Temblad* y su audiencia

> Incluso la ocasión más trivial basta para que encontremos algo gracioso y divertido. Cuanto menos pretenciosa sea una ocasión social, mayor será su apertura a este tipo de humor.
>
> Plessner, 1970

En *Las ciudades invisibles,* de Italo Calvino (1978), el viajero Marco Polo explica a un inquisitivo Gran Khan por qué en los detallados informes de sus expediciones él nunca menciona su propia ciudad. Su respuesta es desconcertante pero semióticamente exacta: el *interpretante inmediato* inicial que le permite interpretar otras ciudades procede de la suya: "Cada vez que describo una ciudad, estoy diciendo algo sobre Venecia. [...] Para distinguir las cualidades de las demás ciudades, yo debo hablar de una primera ciudad que permanece implícita. Para mí es Venecia" (p. 86). Agustín Ferrando, el creador de *Tiranos Temblad. Resumen Semanal de Acontecimientos Uruguayos,* adopta la actitud contraria: como un obsesivo y monotemático curador, hurga en YouTube para acopiar una colección incongruente de videos *amateur* con un rasgo en común: todos remiten a Uruguay. La nación de Ferrando no "permanece implícita". Sin embargo, a través de su curaduría, cada episodio de *TT* habla de muchas naciones y de personas extranjeras. No obstante la apariencia patriótica del criterio de selección, no hay una ideología nacionalista en *TT*.

Debo plantear una pregunta de difícil respuesta: ¿cuál es el género de *TT*? Esa duda suscita otra: ¿por qué *TT* atrae a cientos de miles de suscriptores/espectadores a su canal de YouTube? A pesar de numerosos cambios, pues al principio era "un resumen semanal de eventos uruguayos", pero ahora es anual, la serie mantiene su popularidad. Una forma de definir *TT* es decir lo que *no* es: a) documental; b) corto etnográfico; c) diario de viaje de una sola nación; d) publicidad de Uruguay; e) colección de *bloopers*; f) resumen de noticias relevantes. Ciertamente no presenta los "*acontecimientos*" que anuncia su título; no se ocupa de lo que Dayan y Katz estudian en *La historia en directo: La retransmisión televisiva de los acontecimientos* (1992).

En la era de los medios sociales, Hogan (2010) sustituye la "performance" de Goffman en un escenario por las "asíncronas exhibiciones de artefactos", que requieren el trabajo del "curador virtual que gestiona y redistribuye este contenido digital" (p. 377). En el caso de *TT*, cabría hablar de un artefacto de *metaexhibición*: la serie exhibe una versión transformada de lo que gente común, sin expectativa alguna de ser foco de interés fuera de un reducido círculo de amigos o familiares, subieron a un canal de YouTube. Desde 2012, A. Ferrando no ha dejado de escarbar en la vasta bóveda de videos de esa plataforma en procura de los que fueron filmados en Uruguay o que lo mencionan, los ha editado de un modo singular y divertido, ni irónico ni sarcástico, y ha compuesto un *collage* semanal, luego mensual y ahora anual como un episodio que él mismo narra.[5] Goffman (1981) usa el término jurídico 'mandante' (*principal*) de la enunciación para referirse a "alguien que cree personalmente en lo que se está diciendo y toma la posición implícita en las afirmaciones" (p. 167). El *mandante* de *TT* es un ser modesto, no nacionalista que se burla de sí mismo, que contempla el mundo de modo empático, sin juzgarlo, a tal punto que evoca una aceptación budista de todo lo que simplemente existe, y solo por ese hecho merece ser parte de cada montaje narrativo.

Para que el lector se haga una idea del contenido anárquico típico de *TT*, transcribo a continuación un fragmento de la edición y narración en *off* de Ferrando del Episodio #70 (una quincena de 2015):

---

5 Para otros análisis de esta serie web, véase Andacht (2021; 2018).

> dos hermanos leyeron un libro de dinosaurios; un perro soñó; una niña tejió con su abuela; una tía recitó (un poema de la escritora uruguaya) Juana de Ibarbourou; un grupo de quinceañeras enmascaradas bailó en Salto; un grupo de hombres transportó ladrillos.[6]

Este otro fragmento proviene de 2020.[7] Solo veinte segundos después de que la voz en *off* menciona con impasibilidad que "comenzó una pandemia", al comentar las calles desiertas de la capital uruguaya, vemos a un niño que estornuda cuando camina por una pasarela para ingresar al aeropuerto, mientras la voz en *off* dice: "Simón estornudó". El fragmento de esta ocasión banal viene con un subtítulo que es obra probable del adulto que filmó al niño y subió el video a YouTube: "Tu primer estornudo en Uruguay". La repetición es una estrategia típica del humor: después de que el relator de *TT* anuncia este no-acontecimiento, escuchamos al autor original, animador y *mandante*, la persona responsable de la creación de esos signos audiovisuales, enunciar con orgullo la misma frase: "¡Tu primer estornudo en Uruguay!".

La serie web encarna el "Paradigma del espectáculo y la performance" de Abercrombie & Longhurst (1998), que emergió porque "la distinción entre arte y vida cotidiana se disuelve y el foco de la performance se centra tanto en el 'espectáculo' como en el 'texto'. Son las características de la performance para lo que llamaremos 'audiencias difusas'" (p. 57). En el inicio de cada episodio, miembros del público habitual saludan eufóricos al curador: "¡Hola *Tiranos Temblad*!". Como plantean Abercrombie & Longhurst (1998), "las personas son simultáneamente actores y miembros del público, consumidores culturales se convierten en productores culturales y viceversa" (p. 75).

6 https://www.youtube.com/ watch?v=riU7JzkQhAc.
7 https://www.youtube.com/watch?v=bXO3qD-3qvU.

A excepción de la pandemia, que sí constituye un acontecimiento, a cada video escarbado, editado y catalogado en secciones jocosas de *TT* como "Aprobado por un uruguayo" o "Crack del año" –un concurso cuyo caprichoso juez es el propio narrador– propongo llamarlo '*normalema*'. El fonema es la unidad mínima de sonido con significado; un *normalema* es la mínima secuencia filmada de una actividad cotidiana nimia, desdeñable para visitantes de YouTube. Algunas son recuerdos para familiares, otras son crónicas de actividades triviales, olvidables, el equivalente en video a una *selfie* con temática uruguaya. Cada escena banal no transformada es "el *borde* (*rim*) de los marcos, que nos informa qué clase de estatus posee la actividad en el mundo real" (Goffman, 1986, p. 82). A estos materiales de video transpuestos, el curador de *TT* les aplica la re-transposición de clave para convertirlos en piezas del *collage* idiosincrático con que construye cada episodio de la popular serie. Hay una gran diferencia entre el *mandante* original –en la secuencia de Simón estornudando, el familiar que filmó este recuerdo de su viaje– y el narrador de *TT* en ese rol discursivo, porque exhibe ese fragmento ante una vasta audiencia como una de muchas acciones insignificantes, y además como un contraste flagrante con la noticia de la pandemia. Lo que hace el relator es una especie de cita, en términos de Goffman (1986, p. 504), una "nueva versión narrativa" (*retelling*) o una "reiteración" (*replaying*), aunque no se trate de una "experiencia personal", sino de escenas anodinas de actividad filmada que el narrador de *TT* encuentra cautivadoras, una vez que las edita y narra como parte de un conjunto risible de normalemas con una duración total de veinte minutos.

En la transcripción de los siguientes interpretantes dinámicos,[8] es decir, de efectos de sentido concretos que

[8] En estos comentarios, hay tres tipos de *interpretantes dinámicos*: i) *emocional*, "el primer efecto significante propio del signo (que) puede equivaler a no mucho más que el sentimiento de reconocimiento" (CP 5.475); ii) *energético*,

fueron suscitados por episodios de *TT*, conservé puntuación, tipografía, ortografía/gramática idiosincrática y neologismos:[9]

> -gracias Uruguay, sos un capo
> -Felices 10 años con resúmenes de la vida y mostrar lo grande que es este pais chiquito. Gracias!!!!
> -Sos un crack! Hacés que me sienta orgulloso de ser uruguayo🙂
> -URUGUAY ES EL MEJOR PAÍS.
> Siiii! En mayúsculas. Porque lo estoy gritando!
> ¡URUGUAY PA' TODO EL MUNDO!
> -Ya me tiré la primera lloradita de la mañana. Cómo extraño la tierra de mis padres. Te extraño, Uruguay.
> -El mejor canal del Uruguay!!!
> Hasta las lágrimas... orgulloso de ser uruguayo y si no lo fuera... pagaría por serlo!
> -Siempre, todos los años, se me pianta un lagrimón. Gracias Tiranos!
> -Siiiiii gracias por el video!!!.. Antes de empezar a verlo, quería agradecerte por haber subido un nuevo video!!!.. Loco, hace falta esto!.. Quiero decir, el enfoque desde el que planteas las cosas, tan noble, sano, puro, tierno, sencillo.,al verlo te transforma en patriota!!. No hay que dejarse contaminar... Esto es lo que vale!

Comprobamos cómo la irrefutable falta de nacionalismo o de melancolía del *mandante* de *TT* no impide que los fans se manifiesten de modo inequívocamente chovinista o nostálgico: en los comentarios citados arriba hay abundantes *interpretantes dinámicos* que están completamente fuera del rango de significados posibles, del *interpretante inmediato*

---

que "implica un esfuerzo" (CP 5.476); iii) *lógico*, un signo "de tipo intelectual" (id.), a saber, un concepto. Encontramos el efecto emocional: alegría, gratitud y admiración; el acto material de producir signos verbales e icónicos en este canal de YouTube, y el significado genérico de la serie web para sus fans.

[9] Estos comentarios del canal de YouTube de *TT* fueron hechos sobre episodios de 2012, 2021 y 2022.

de los signos de esta serie, si nos atenemos a su estructura. La exaltación del propio país y las manifestaciones de nostalgia corren por cuenta de estos miembros del público. En casos como la última extensa muestra de agradecimiento, hay una mezcla de comprensión de la serie (ej. "noble, tierno, sencillo") con un desmesurado patriotismo, un sentimiento del todo incompatible con la naturaleza reidera de *TT*.

Si reparamos en los comentarios embelesados que producen los episodios de *TT*, no hay duda sobre la condición "inevitablemente social" (Scheff, 2005) de la transposición de clave, de las laminaciones de los marcos primarios –"leer un libro", "estornudar", "quinceañeras bailaron"– cuya transformación por el curador en un episodio de *TT* en YouTube es celebrada como un feriado o una conquista deportiva nacional:

> -Gracias gracias Uruguay como no amarte si tenes al mejor embajador: Tiranos temblad
> -Por ley cuando tiranos temblad sube un video debe ser feriado no laborable
> -¡la felicidad de un nuevo video de Don Tiranos Temblad es equivalente a la copa del mundo ¡saludos desde Argentolandia!
> -Gracias por todo lo que nos das! Nos salvaste en la pandemia y nos seguís haciendo reír y emocionando con tus videos. Gracias vecino!
> -Todavía no lo vi y ya soy feliz
> -Te quiero, sin importar quien seas, gracias por marcar mi infancia con esos 10 minutos de tu programa, muchas gracias, espero que estés bien, tengas una linda vida y estés feliz, muchas gracias, cuidate:'333 te quiero señor uruguayo

Fragmentos de video y ciertas personas reaparecen en varios episodios, y sirven como insignia de la serie para fans de *TT*: un hombre que proclama solemne "¡Gracias YouTube por todo lo que nos das!". Otra seña de identidad de este colectivo es la reiterada pregunta sobre la ausencia de una anciana conocida como "la Mamama", cuyos exabruptos siempre al borde de la cólera son una secuencia favorita de la serie:

> -felices 10 años!!! estoy estupefactado!!!!
> -necesito saber si la mamama después de todos estos años está bien
> -La mammammaaaa!!!
> -Muchísimas gracias por otro vídeo más, siempre es una alegría encontrar uno nuevo y me lo he pasado en grande viéndolo. Sólo un detalle... ME FALTÓ LA MAMAMA!!!!!!!! En todo un año no hay ni un videíto? Está bien la mamama? Por favor, necesito saber!
> -Me encantó todo pero estoy estupefactada de que no haya video nuevo de la Mamama!!

En un episodio de años atrás, la "mamama" efectivamente dijo "estupefactada", para decir 'estupefacta'. Citar con regocijo el lapsus de la anciana es un modo eficaz, en sintonía con la modalidad reidera, ni sarcástica ni irónica de *TT*, de declarar su pertenencia a esta comunidad espectatorial. La siguiente intervención es atípica por su extensión y por la elocuente y acertada valoración de la serie expresada de modo elocuente, pero, como todos los demás tributos dirigidos al creador de la serie, no recibe respuesta alguna de su curador:

> -Gracias Agustín y compañía!!! Gracias por divertirnos siempre con la chance de dejarnos pensando que somos algo muy chiquito en el universo y que siempre hay belleza y alegría en tantas cosas simples que nos perdemos. Hola mundooooo!!!

En este *interpretante dinámico* observamos los tres tipos de interpretantes: *emocional* (sentimiento de gratitud, signos de exclamación), *energético* (elaboración del texto) y *lógico* (los símbolos/conceptos usados para traducir la experiencia del fan). Podemos usar este signo complejo para describir el *interpretante inmediato* de *TT*: el texto destaca la innegable falta de relevancia geopolítica del exiguo Uruguay –si se lo compara con sus vecinos Argentina y Brasil– y elogia la relevancia de lo irrelevante, de los normalemas, los bloques audiovisuales con los que se construye lo reidero en *TT*. Si no fuera por la cuidadosa edición del manojo de fragmentos de video relatados por Ferrando, las "cosas simples" se perderían, su "belleza y alegría" no serían disfrutadas justamente por tratarse de secuencias normales, totalmente comunes y por ende desprovistas del monto mínimo de narrabilidad.

Sin la estrategia semiótica de laminación que produce la transposición de escenas de estos videos, los originales no habrían sido siquiera notados, y menos aún disfrutados por la audiencia de *TT*. Ferrando es el inusual animador de *TT*; su rol es mostrarle al público cuál es el mejor modo de navegar por estos signos ya no más triviales. Un rasgo central de esta operación de curaduría/transposición es la inusitada, impávida voz del narrador, que lo vuelve una "figura" (Goffman 1981, p. 231) protagónica de la serie. Este rasgo estilístico es alabado incluso cuando hay un atisbo de escepticismo, como sucede en el primer comentario, que contrasta con la hipérbole del último, que incurre en un sacrilegio al comparar al creador de *TT* con la divinidad, en un país fervorosamente laico:

> -che pero algunas cosas son re comunes en otros lados... parecen especiales pero sólo por cómo las cuenta el narrador del canal. No será mucho [el elogio]?
> -Nada que me dé más paz que la voz de Agustin
> -Me fascina el relator , es único y original su voz y manera de relatar
> -Solo estoy aqui para escuchar la voz de otra semana en cartoon
> -Ya extrañaba esta voz siempre lo voy a recordar 😀
> -Veo todos tus videos, agradezco tu dedicacion a estos resumenes, pero no se si es el tono de tu voz, pero noto un tinte triston general. Vamo arriba, metele onda!!!
> -esa vos siempre me trae nostalgia 😀
> -Yo encontré este canal, porque quería ver quién estaba detrás de la voz del programa "Otra semana en Cartoon", de CN. Recuerdo fue el día en el que el programa terminó, entonces me puse a buscar información sobre quién hacía la voz del programa, y llegué aquí, desde ese momento me he visto

todas las ediciones de "Tiranos tembald". Esta voz no sólo me alegró parte de la niñez, sino que también me ayuda a amar más mi paísUYUY 🇺🇾🇺🇾 ¡Un genio!
-Sos Dios. Te amo con todo mi corazón, Uruguay es el mejor país entre otras cosas gracias a gente como vos, gracias por tanto, no te merecemos, no te vayas nunca. Gracias, gracias, gracias, 10/10 una vez más.

Las muestras de aprecio por la voz impertérrita del relator aquí citadas son una pequeña muestra de los cientos de elogios que aclaman el trabajo narrativo y curatorial de Ferrando en *Otra Semana en Cartoon*, un video introductor del menú de una semana de programas del canal de cable *Cartoon Network* (2015-2021). El título cita la frase inicial de cada episodio de *TT*: "Otra semana/año en Uruguay". Estas intervenciones provienen de espectadores que "descubrieron" *TT* solo después de ser fans del único *spin-off* comercial de la obra no lucrativa de Ferrando. El extenso texto de quien cuenta haberlo descubierto en su otra creación reúne la fascinación con el tono humorístico del relato y el encendido patriotismo, que ilustra con un doble emoji de la bandera uruguaya. Este *interpretante dinámico* no pertenece al rango de interpretabilidad de la serie: nada de la ironía y reflexividad sobre la escasa relevancia del propio país ni del injustificado amor a la patria subsisten en esta ferviente declaración del afecto por el imaginado valor patriótico de la serie.

Para dilucidar la pregunta sobre el género de la serie web, elijo dos comentarios:

-FELICITACIONES...EL ÚNICO INFORTIVO QUE VEO...gracias por compartirlo
-Siiiiii gracias por el video!!!.. Antes de empezar a verlo, quería agradecerte por haber subido un nuevo video!!!.. Loco, hace falta esto!.. Quiero decir, el enfoque desde el que planteas las cosas, tan noble, sano, puro, tierno, sencillo.,al verlo te transforma en patriota!!. No hay que dejarse contaminar... Esto es lo que vale!..

Mientras que el primer *interpretante dinámico* hace caso omiso de la postura humorística explícita de este medio *no* informativo, el segundo exalta la poética de *TT*, pero finaliza con una expresión disonante de fervoroso nacionalismo ajeno a su *interpretante inmediato*. Ser audiencia es un elemento constitutivo de la condición humana, y como tal es una actividad siempre pasible de falibilismo, porque "nunca podemos esperar alcanzar mediante el razonamiento [...] la certeza absoluta, la exactitud absoluta, la universalidad absoluta" (CP 1.141). No es preciso recaer en el dualismo reduccionista de la oposición pasivo/activo sobre el público de internet, cuando hay una explicación más potente: puede crearse una comunidad identitaria de la serie web *TT* a pesar de esas inevitables divergencias o equívocos interpretativos.

El enmarcar como el Interpretante Inmediato de las Audiencias Mediáticas

Como resultado de revisitar la semiótica peirceana y el análisis del marco de Goffman, surge una perspectiva teórica sociosemiótica que es útil para no quedar atrapados en la jaula de hierro dualista que concibe las audiencias de los medios como pasivas o activas. En lugar de ese enfoque reduccionista, hay una alternativa analítica realista y rigurosa. Cuando interactuamos con una creación mediática como la serie web *TT*, nos apoyamos en nuestra capacidad de utilizar marcos, a la hora de considerar los posibles efectos de significado de acuerdo con su composición, es decir, los *interpretantes inmediatos* de esos signos.

Nos volvemos parte de una audiencia mediática cuando nos embarcamos en la navegación del continuo lógico entre percepción e interpretación que exige esta clase de experiencia. Esto no significa que no haya interpretaciones erróneas – hay profusas pruebas en los comentarios antes citados del canal de YouTube de *TT*. Lo que esto significa es que, independientemente de lo (im)precisas o equivocadas que sean nuestras interpretaciones del proceso de enmarcar-transponer/semiosis que configura nuestra experiencia de los medios, si nos sumergimos en ellos, nuestra naturaleza material y humana pasa a un segundo plano, en la medida en que nos convertimos en ávidos exploradores del enmarcado/transposición y la semiosis en constante cambio, una característica inherente a todo artefacto mediático que reclame nuestra atención y en el que podemos enfrascarnos. El enfoque teórico de Peirce y Goffman parece restar importancia a los intérpretes, a las personas, pues acentúa la relevancia sistémica del proceso autónomo de la acción de los signos y del marco. Sin embargo, su abordaje analítico revela un aspecto crucial del proceso que nos hace humanos: nuestra capacidad para comprender y disfrutar del modo creativo, reidero, gozoso en que crecen los símbolos y, junto con ellos, el alcance de nuestra experiencia del mundo de la vida, de nuestras vidas como parte de la audiencia de los medios.

Bibliografía

Abercrombie, N. & Longhurst, B. (1998). *Audiences. A Sociological Theory of Performance and Imagination*. London: Sage.

Andacht, F. (2021). Una leve travesía semiótica por el humor, el "musement", la revolución inesperada. *ACTIO NOVA: Revista de Teoría de la Literatura y Literatura Comparada* (5), 206-226.

Andacht, F. (2018). The imagined community revisited through a mock-nationalistic YouTube web series. *Digital Age in Semiotics & Communication*, 1 (1): 35-50.

Calvino, I. (2021). *Las ciudades invisibles*. Madrid: Siruela.

De Tienne, A. (2015). The Flow of Time and the Flow of Signs: A Basis for Peirce's Cosmosemiotics. *The American Journal of Semiotics* 31 (1-2), 29-53.

Goffman, E. (1981). *Forms of talk*. Philadelphia: Pennsylvania University Press.

Goffman, E. (1974/1986). *Frame analysis. An essay on the organization of experience*. Boston: Northeastern University Press.

Goffman, E. (1967). *Interaction Ritual: Essays in Face-to-Face Behavior*. New York: Pantheon Books.

Hogan, B. (2010). The Presentation of Self in the Age of Social Media: Distinguishing Performances and Exhibitions Online. *Bulletin of Science, Technology & Society* 30 (6), 377-386.

Liszka, J. J. (1990). Peirce's interpretant. *Transactions of the C.S. Peirce Society*, 26 (1), 17-62.

Lunt, P. (2022). The reception of Goffman's work in media studies. En M. Hviid Jacobsen and G. Smith (eds.). *The Routledge International Handbook of Goffman studies* (pp. 195-206). London & New York: Routledge.

Peirce, C.S. (1931-1958). *The Collected Papers of C. S. Peirce*. C. Hartshorne, P. Weiss & A. W. Burks (eds.). Cambridge, MA: Harvard University Press.

Persson, A. (2022). Frame analysis. En M. Hviid Jacobsen and G. Smith (eds.). *The Routledge International Handbook of Goffman studies* (pp. 119-130). London & New York: Routledge.

Plessner, H. (1970). *Laughing and crying. A study of the limits of human behavior*. Evanston: Northwestern University Press.

Ransdell, J. (1989). Teleology and the Autonomy of the Semiosis Process. *Arisbe. The Peirce Gateway*. https://arisbe.sitehost.iu.edu/menu/library/aboutcsp/ransdell/AUTONO MY.HTM.

Ransdell, J. (1986). Charles Sanders Peirce (1839-1914). Entry on Peirce in the *Encyclopedic Dictionary of Semiotics* (pp. 673-695) edited by Thomas Sebeok (with U. Eco). The Hague: Mouton de Gruyter.

Scheff, T. (2005) The Structure of Context: Deciphering *Frame Analysis*. *Sociological Theory*. 23 (4), pp. 368-385.

La risa sutil

Hacia una teoría de la subjetivación humorística

Cristian Palacios

Este trabajo se propone pensar las condiciones de posibilidad de una teoría general de la subjetivación humorística, esto es, una teoría que busque dar cuenta de los modos en que los discursos irrisorios se erigen como dispositivos de constitución de individuos que hacen reír o que son capaces de reír de aquellas bromas, chistes y juegos de palabras que se ponen a su alcance; independientemente de la materialidad discursiva que adopten. En trabajos anteriores he puntualizado por qué considero que la imagen de sí que el enunciador crea en su discurso resulta fundamental para entender aquello que dichos discursos tienen de más específico, esto es, su capacidad de causar gracia, más allá de los procedimientos que utilicen para lograrlo (por ejemplo, en Palacios, 2021). En el locus ya clásico que divide en tres tipos diferentes las teorías por las que se busca explicar el placer humorístico: teorías de incongruencia, de sublimación o de superioridad, me inclino por dar prioridad a esta última, paradójicamente la más cuestionada por los expertos, dado que permite englobar las dos precedentes, explicando también aquellos casos en que la risa se consigue a través de operaciones de desviación muy mínimas respecto de lo que se considera serio: la risa sutil que da nombre a estas páginas (Palacios, 2024).

Dicha imagen de sí, sin embargo, no puede explicarse sin aquella contraparte a la que se dirige. El co-enunciador al otro lado.[1] A la hora de hacer reír, el humorista no solo debe procurar constituirse como tal (parafraseando a Michel Pêcheux: ¿quién soy yo para hacerte reír así?) sino también constituir en el mismo gesto a su auditorio (¿quiénes son ustedes para que yo los haga reír así?, Pêcheux, 1978). Dada la condición fuertemente perlocutiva de la risa, es necesario que esta esté direccionada hacia un colectivo específico, una comunidad capaz de comprender la humorada sin necesidad de explicaciones suplementarias. Aunque existen excepciones (muchas de las cuales solo terminan por confirmar la regla), lo irrisorio, en términos generales, se sustenta sobre lo no-dicho, lo presupuesto, lo que no necesita ser explicitado, aquello que el lector o espectador repone por su propia cuenta, de manera instantánea y más o menos inconsciente.

En las páginas que siguen intentaré explorar los alcances de esta afirmación en lo que concierne a la capacidad de los discursos irrisorios para constituir colectivos de identificación, en por lo menos tres niveles: 1. a partir de una norma más o menos pública de la que dichos discursos se desvían; 2. a partir de una serie de presupuestos que se deben reponer para acceder a su contenido risible; 3. a partir de una serie de gestos risibles no enunciados cuyo reconocimiento por parte de un hipotético auditorio requiere de este la atribución al sujeto de enunciación de un cierto estado de gracia (¿quién piensan ustedes que soy yo para hacerlos reír así?). Como veremos, estos niveles alcanzan grados de complejidad variable y fidelizan de una manera tanto más efectiva a aquellas grupalidades a las que se dirigen. Explican,

---

1 Frente al de "enunciatario", término acuñado en principio por Emile Benveniste (1997 y 2002), prefiero el de "co-enunciador", vinculado a la lingüística de la enunciación de Antoine Culioli (véase, por ejemplo, 2010). Aunque el desarrollo teórico posterior de ambos conceptos haya tendido a asimilarlos, creo que el segundo permite capitalizar mejor la idea de que se trata de un "otro" subjetivo constituido por el propio discurso y no de la persona o las personas que se encuentran efectivamente más allá de este.

en última instancia, el poder de la risa a la hora de legitimar la pertenencia a una determinada comunidad de sujetos (¿quiénes somos nosotros que estamos riendo así?), no solo por aquello de lo que se ríen, sino más bien por la forma y la frecuencia con la que lo hacen.

Primer círculo: lo cómico inmediato. Es evidente que nosotros, todos, no actuaríamos así

El primer nivel aplica, en general, para lo cómico más inmediato y evidente: el payaso que cae en un pozo, el que recibe un tortazo en la cara, el sacerdote que se tira un pedo, la ruptura de la isotopía estilística o de los cánones generales de belleza, los cambios abruptos de ritmo, la transgresión de las leyes de fondo y forma o en general de cualquier ley o regla públicamente reconocida y aceptada. A grandes rasgos podemos definir lo irrisorio, desde el punto de vista de la producción, como algún desvío intencional de aquello que se tiene por serio en un determinado momento social. Desde el punto de vista del reconocimiento la gracia radica en el acto de identificar un determinado fenómeno como incongruente, anormal o socialmente inaceptable, a condición, en uno y otro caso, de que sus efectos no sean presentados como dolorosos. Es un punto ya señalado primero por Aristóteles y luego por Quintiliano y Cicerón cuando afirman que lo propio de lo cómico es una fealdad moral o deformidad física que no comporta dolor alguno para los espectadores, que es en esencia lo que lo diferencia de la tragedia (Aristóteles, 1974; Quintiliano, 1881; Cicerón, 2002. Hay análisis abundantes de este temprano amanecer de la teoría humorística en Attardo, 1994; Burucúa, 2001 o Palacios, 2018, entre muchos otros).

Invirtiendo la ecuación se puede decir que lo irrisorio radica en la facultad del enunciador para extraer placer (o quitar el displacer) de una transgresión que en cualquier otra circunstancia podría resultarnos sumamente desagradable. La violencia física propia del *slapstick*, presente en el teatro, la literatura, la historieta, el cine y la televisión de por lo menos los últimos dos mil quinientos años, nos causa gracia, entre otras cosas, por esta capacidad de los personajes de ser aporreados una y otra vez sin que se provoquen daños físicos irreversibles. Su posibilidad de volver una y otra vez a la vida, de recuperar su salud, de salir indemnes, sea cual sea la circunstancia: el humor violento y salvaje de las comedias del siglo de oro español, los siempre apaleados señores de la Comedia del Arte, las caricaturas clásicas de la Warner Brothers; los *comics* de Mortadelo y Filemón de Francisco Ibáñez, etc., etc. (ver por ejemplo Schere, 2023).

En general este es el caso de identificación que menos implica a los interlocutores, dado que incluye a la sociedad como un todo: de allí la supuesta universalidad de esta clase de gracia. El efecto de realidad que este tipo de comicidad tiende a constituir es justamente el de que existe una realidad fuera de la cual todo desvío es ridículo.[2] Eso de lo que nosotros, todos, nos reímos, justamente por ser quienes somos, no es normal, está mal hecho, y en nuestra competencia por reconocer ese extravío es que nos reconocemos como parte de un colectivo que se postula como "natural" o "humano". Frente a nosotros, todos nosotros, el héroe cómico (este tipo de héroe cómico) está solo, de pie ante la multitud, como Malvolio, al final de *Noche de Reyes* o Tartufo, cuando sus planes son desbaratados. Aunque en ambos casos lo que los condena no es tanto su maldad, sino la constatación de que en el fondo sus pasiones son tan bajas como las del resto de los personajes. No es esta la clase de

2 Habrá que insistir aún más en el hecho de que uno de los rasgos distintivos de lo irrisorio radica justamente en la capacidad para extraer placer de este paseo por lo inquietante. De allí el parentesco entre el humor, lo cómico y el terror. No solo esa particular forma del terror que Freud caracterizó como lo ominoso, sino cualquier clase de terror, toda vez que este realiza la operación estrictamente contraria: extremar las consecuencias dolorosas de un determinado fenómeno.

identificación que subyace al enfrentamiento de uno y otro grupo, sino más bien la de la sociedad frente a sus otros más oscuros: estúpidos, niños, muertos, locos.

A partir de aquí, todas las escalas de grises serán válidas: resulta habitual que las maneras de vestir, costumbres, estilos y formas de una época, edad o clase social diferente de la nuestra nos provoquen no solo extrañeza sino también risa. El teatro de los años noventa de la ciudad de Buenos Aires, por ejemplo, solía tomar como causa de burla actitudes o formas de hablar de las clases populares o de los conurbanos. Ello establece una risa de superioridad en la que es la comunidad la que se ríe del diferente y por vía de esa risa se identifica a sí misma y al diferente. Lo mismo puede decirse del humor heteronormado del cine picaresco de México y la Argentina, en los años setenta y ochenta, y en general toda forma de risa que utilice como mecanismo comportamientos comúnmente atribuidos a las mujeres o a los colectivos LGBT, el caso reconocido como humor machista, cuya contraparte es el humor feminista, etc. Aquello que como norma social debería de resultar evidente para una determinada época: el recato sexual, por ejemplo, el respeto por las reglas de la etiqueta, por la ortografía, por la gramática, por el sentido de la ubicuidad, por los límites sociales entre lo público y lo privado.

Ahora bien, como es habitual, muchas operaciones irrisorias, lejos de comportar un rasgo de novedad, suelen, con el tiempo, ser identificadas como tales, sin que ello implique necesariamente una reducción de su poder perlocutivo. Esto es, ciertos procedimientos son directamente reconocibles por el auditorio como inherentes al dominio de la risa, incluso en aquellas ocasiones en las que no queda del todo claro por qué uno debería reír al respecto. No importa ya si el auditorio reconoce en la nariz roja del payaso su alusión, en forma paródica, a uno de los síntomas característicos del consumo de ingesta alcohólica. Ha pasado a formar parte del acervo popular de recursos por los cuales se sabe, de antemano, que mucho de lo que sigue no debe ser tomado en serio. Este fenómeno será importante un poco más adelante. Por ahora, basta con decir que es un rasgo que suele ser olvidado cuando se intenta dar cuenta de los procedimientos de constitución de lo cómico. No todo radica en la operación que se lleva a cabo o en su efectividad. La historia de un recurso suele pesar tanto como su novedad. Así, el tortazo en la cara, la cáscara de banana, la icónica bomba negra y redonda de las historietas son tan inactuales como los chistes sobre ascensoristas o sobre náufragos en una isla desierta, lo cual no disminuye un ápice su capacidad de causar gracia.

Más importante para nuestro propósito es el hecho de que ciertas características que se adjudican a un determinado colectivo pueden ser incluso tomadas por ese mismo colectivo como un motivo de identificación propio, como un rasgo más de orgullo que de vergüenza. Así por ejemplo el camp, muy especialmente en su vertiente performática y teatral, utiliza como procedimiento el afeminamiento y el apetito sexual voraz que las comunidades heteronormadas atribuyen a los hombres homosexuales. No se trata de autoburla ni de ironía por exageración sino de un tipo de afirmación por el que los burlados se transforman en burladores, a menudo extremando esas actitudes con el objeto de escandalizar al adversario. Pueden encontrarse ejemplos a montones de este movimiento: la cumbia villera, por ejemplo, hace lo propio respecto de las conductas que las clases medias y altas atribuyen a las más bajas: el calificativo "chorro" pasa a ser un denominador del que se jactan aquellos que son vilipendiados como tales.

En general los nacionalismos se autodefinen en el humor mucho más por sus pretendidos defectos que por sus virtudes. El ciclo de chistes conocido como *The Three Nations Joke* (chistes de tres nacionalidades), del cual es posible hallar ejemplos a lo largo y ancho de toda Europa y América Latina (del tipo: "van un alemán, un inglés y un argentino") adjudican a menudo a los connacionales una conducta deshonesta y tramposa respecto de sus pares extranjeros, cuando no se ríen de aquello de lo que carecen. No es ni por asomo exclusivo del llamado humor judío el burlarse de la propia comunidad en la que se adscribe, sino que, al revés, este parece ser el rasgo común de todo chiste que por alguna circunstancia tome como blanco al propio sujeto colectivo que lo enuncia. Otro célebre ejemplo de este fenómeno es también el retrato de la clase media norteamericana llevado a cabo en series como *The Simpsons, American Dad, Family Guy* o *Futurama*.

Segundo círculo: lo cómico de reconocimiento.[3] Solo para entendidos: eso que tú sabes y yo sé, que ellos no saben o no deberían saber

El segundo nivel requiere de una complicidad mayor entre el enunciador y su contraparte, dado que implica reponer una información que el productor supone que este segundo conoce. Ya no se da por obvia, como en el caso precedente. En su trabajo, Freud (1990) radica una de las causas del placer cómico en la capacidad que tienen algunos de sus mecanismos para hacer comprender muchas cosas, al mismo tiempo, de forma casi inmediata. Así, por ejemplo, existen un sinnúmero de presupuestos que se deben restituir para entender el meme de Eameo publicado en febrero de 2020, con ocasión de la detención de los presuntos asesinos de Fernando Báez Sosa [imagen 1] en Villa Gesell. Para entenderlo no solo hay que conocer el caso, se necesita además haber acopiado un imaginario social específico. La violación masculina como castigo carcelario. El chiste primario

[3] Lo cómico de reconocimiento al que aquí se alude y que se intentará explicar en las siguientes páginas es, como la gran mayoría de los fenómenos irrisorios desarrollados en este trabajo, una operación que se verifica en la instancia de producción. Si lo llamamos así es porque el productor del discurso presupone que el co-enunciador "reconocerá" las referencias implícitas en su discurso.

y algo anticuado del jabón caído en la ducha. El color de la piel del hombre que va a ejecutar el castigo.

Imagen 1

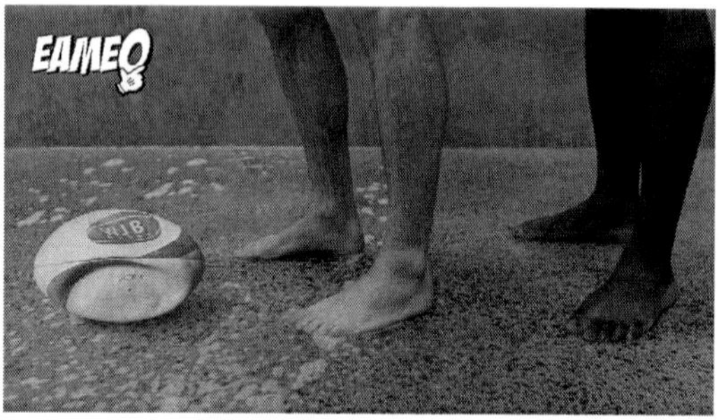

Aquí, como en todo chiste, lo que causa gracia es la instantaneidad, todo lo que entendemos sin que se encuentre expresado. Sabemos que es una cárcel, por ejemplo, sin que haya una sola reja. Incluso la instantaneidad del chiste del jabón, sustituido en la imagen por una pelota de rugby, un chiste dentro de un chiste, que encuentra su efectividad en el hecho de que deja entrever, sin mostrarla, toda una línea de procedimientos (el prisionero se agacharía para recoger el jabón y en el acto sería violentamente sodomizado). Aquí el efecto se ve reforzado por el plus de placer que surge del sentimiento cierto de venganza que operaría en la sociedad del momento en virtud del tratamiento mediático de la noticia. Los rugbiers, mediáticamente caracterizados como pertenecientes a una elite económica, asesinando en manada a un joven solitario imbuido de virtudes: estudioso, buen compañero, novio, hijo de un portero y una cuidadora de ancianos.

Es importante reconocer, sin embargo, que el meme, lejos de ser propositivo, se limita a hacer una observación irónica sobre el clamor punitivista que sucedió al crimen, reforzado por algunos comentarios de carácter sexual, en

Crónica TV o en Twitter, que iban justamente en ese sentido (véase, por ejemplo, Crivaro, 2023). De allí la ambigüedad que caracteriza su recepción: podrán reír quienes, en efecto, simpaticen con el resarcimiento simbólico que implica la tortura sexual de los victimarios, malentendiendo, supuestamente, el meme; como quienes reconozcan en él una crítica explícita al modo en que los medios abordaron el asunto. El análisis contenidista no alcanzaría a elucidar cuál de las dos actitudes es la correcta (si es que hay una; en términos estrictos, no debería haberla) y es necesario pasar entonces a la lectura de los comentarios, como suele ser lo habitual en este sitio.

Es sobremanera común en Eameo que el significado de sus textos resulte oscuro para una gran mayoría de usuarios. La ausencia absoluta de material lingüístico, la frenética actualidad de sus contenidos y una sutileza que bordea los límites de los ejemplos que veremos en la sección siguiente así lo aseguran. Dicho hermetismo es compensado por los comentaristas, donde es frecuente que se reclame la reposición del contexto y apenas hay memes que no sean explicados por alguno de sus seguidores. Lo que en otras circunstancias constituiría casi un pecado, dado que las propias reglas comunitarias exigen que no se explique un chiste, a riesgo de destruirlo, o de hacer ingresar a un no-digno en el círculo de los iniciados, es en este caso un procedimiento bastante corriente por el que paradójicamente los internautas terminan informándose del contenido a través del chiste, y no a la inversa. Esta capacidad del humor para producir efectos de agenda dista de ser novedosa, pero nunca de un modo tan explícito como el que se da en esta página. Algo similar sucede con la revista *Barcelona*, bastante más clara respecto de sus referencias políticas, hecho que le permite destacarlo en sus campañas de financiamiento: "si te informás con Barcelona y te reís con los diarios serios, danos tu aguante".[4]

---

4 https://www.instagram.com/revistabarcelona/.

En todo caso, lo que se encuentra en juego es un saber compartido que alcanza, en el caso de chistes y alusiones sexuales, el grado de confabulación que solo se tiene frente a lo prohibido. Cuando Tato Bores, en plena dictadura militar, fingía hablar con el presidente de facto a través de un teléfono rosa, no era el desvío particular de alguna regla lo que constituía la gracia, sino el hecho de que los televidentes podían advertir la alusión al mote de Pantera Rosa con el que famosamente se lo reconocía (Palacios, 2010). Se impone recordar aquí una vez más la caracterización que hace Freud del chiste como aquella sentencia que nos permite expresar pensamientos y opiniones que de otro modo deberían haber permanecido reprimidos. Ya no tanto en términos del placer que se encuentra en el ahorro de ese gasto, sino en el modo en que por esa circunstancia nos transformamos en cómplices de otros y otras a los que sorprendemos pensando como nosotros.

No es necesario, sin embargo, llegar hasta ese punto. Lo cómico de reconocimiento puede a menudo reducirse a las referencias más inofensivas e inocuas. Así es el caso, por ejemplo, del famoso gag, intraducible, que se encuentra al comienzo del *film* de Stanley Kramer *It's a Mad, Mad, Mad, Mad World* (1963), por el cual "Smiler" Grogan, interpretado por Jimmy Durante, patea un cubo de metal en el momento mismo de su muerte. Cualquier angloparlante puede reconocer aquí la representación audiovisual de la expresión "*kick the bucket*", esto es, "estirar la pata" o "morir", y la identificación se produce, en todo caso, por la capacidad de los espectadores para decodificar la referencia. Algo similar ocurre con los frecuentes cameos de Stan Lee en las películas del Universo Marvel o en la insuperable participación de Marcel Marceau en *Silent Movie* de Mel Brooks (1976). A diferencia de lo cómico inmediato, que repasamos en la sección precedente, la identificación aquí es positiva: me reconozco no en lo que me distingue sino en aquello que me hace semejante, un acervo cultural propio, por el cual entiendo que determinado discurso me está siendo dirigido.

Todavía se puede hacer aquí una salvedad. También es habitual que se identifique antes el procedimiento que la referencia. El receptor puede entonces decidir aún no quedarse afuera. A menudo es posible observar en niños pequeños cómo se lanzan a producir chistes que imitan los rasgos del género, pero que carecen absolutamente de sentido. Sucede lo mismo con los adultos cuando, acaso por el puro gesto mimético, que es uno de los rasgos inherentes de la carcajada, ríen, sin darse cuenta, de bromas que no comprenden del todo o que creen entender solo por el hecho de estar riendo. Después de todo, la decodificación intelectual del chiste nunca se produce de manera plenamente consciente, hecho asegurado por la misma instantaneidad que lo caracteriza. Se da entonces el caso de que el chiste crea el presupuesto ideológico necesario para provocar la risa. Esto es, lo cómico no opera aquí como mero reproductor de contenidos previos, no solo refuerza valores, estereotipos y deseos, sino que efectivamente los constituye.[5]

---

5 Queda por formular la pregunta por los efectos que dicha risa tiene en términos de captación social de esos individuos en campos no exclusivamente irrisorios, que es, en otras palabras, la cuestión de hasta qué punto es racista, xenófobo o sexista un chiste racista, xenófobo o sexista. ¿Es necesario ser racista, xenófobo o sexista para reír con un chiste así? ¿Hasta qué punto esa risa puede traducirse luego en actitudes de exclusión social de los actores que son el blanco de la broma? Está claro que una persona hostil hacia un determinado grupo podrá reforzar dicha hostilidad por la vía de lo irrisorio, pero no queda para nada demostrado que por esa misma vía alguien pase a sentir animadversión hacia un determinado grupo social que en un principio le resultaba simpático o indiferente. En su estudio sobre los chistes comunitarios, Christie Davies pone en evidencia que, contra lo que dicta el lugar común, los chistes que se cuentan en una determinada comunidad sobre otra específica (chistes de gallegos en Argentina, de polacos en los Estados Unidos, de belgas en Francia, de yucatecos en México, de irlandeses en el resto del Reino Unido, etc.) no ponen el foco en una comunidad sobre la cual la primera sea particularmente agresiva, sino al contrario, sobre una que le resulta familiar y con la que por lo general convive. Por el contrario, no hay evidencia de circulación de chistes de esta clase en naciones específicamente enfrentadas, como lo pueden ser rusos y ucranianos o israelíes y palestinos. Ver específicamente Davies (1998) y Palacios (2023).

Tercer círculo: la risa sutil. Ellos jamás sabrán por qué y de qué nos reímos así

El tercer caso es tal vez el más interesante y también el menos estudiado. Ya no se trata de reponer una información sino de descubrir la intención irrisoria de una serie de textos que no aparentan ser tales. *A priori*, todo emisor cómico o humorístico simula desde el comienzo estar hablando en serio. Como cualquier comediante sabe, no es la mejor estrategia manifestar abiertamente el propósito de hacer reír al auditorio. A menos que se juegue al comediante torpe, como solía hacer el humorista argentino Larry de Clay en el programa ómnibus *Videomatch* en los años noventa, en lo que resulta ser un famoso caso de meta-humorismo. Este procedimiento es, de hecho, muchísimo más frecuente de lo que se cree. El chiste malo, conocido en México como chiste cebo, es un procedimiento performático habitual por el que se cuentan chistes por lo general breves, cuya operación irrisoria es extremadamente simple, un retruécano, un juego de palabras, un sinsentido o un doble sentido bastante obvio: "¿Qué hace un perro con un taladro? Taladrando". "¿Tiene libros para el cansancio? Están agotados". "¿Qué hace una abeja en un gimnasio? Zumba". La gracia no radica en el chiste sino en el hecho mismo de contarlo. En hacer el tonto frente al auditorio. Este procedimiento a menudo se traduce en memes de cuatro tiempos, cuya última viñeta expresa el presunto descontento del público ante la propuesta [imagen 2]. A grandes rasgos, uno se ríe de lo malo que es el chiste. O, como en el caso de Larry de Clay, de la escasa habilidad que el cómico tiene para referirlo.

Imagen 2

Por lo general, se busca el efecto contrario. El comediante permanece impasible ante una multitud que estalla en carcajadas. Simula desentenderse del efecto que causa. Lo que nos interesa aquí, sin embargo, son aquellos ejemplos en los que casi-no-hay-chiste. Esto es, donde las operaciones propias de lo irrisorio se reducen a la expresión mínima. Es el caso de *Cruelty to Animals: A Handbook* del joven artista francés Vivien Le Jeune Durhin (2014): una suerte de manual de tortura animal, presentado en seis idiomas (inglés, francés, español, alemán, chino y ruso) que no ofrece ninguna pista que pudiera alentar su consumo irónico. Ni en el diseño, clásico de un manual de instrucciones; ni en el tipo de encuadernación, tapas duras, en un sobrio color gris oscuro; ni en la tipografía, en absoluto cómica; ni en las ilustraciones, que evocan aquellas que es común encontrar en los prospectos que acompañan los utensilios electrónicos; ni en el estilo de escritura; ni en el texto de contratapa, "*this essential and useful manual provides original methods for all animal cruelty enthusiast*"; ni en aquel que acompaña su venta por internet:

> Ce manuel indispensable et pratique fournit des solutions originales pour tous les amateurs d'actes cruels sur animaux. Suivez soigneusement les procédures simples, intégralement illustrées point par point dans cet ouvrage. Vous obtiendrez des résultats optimaux de cruauté, parfaitement adaptés à chaque animal. Grâce à des schémas détaillés et des notices disponible en français, anglais, allemand, espagnol, chinois et russe, ce manuel est accessible à tous![6]

A lo largo de sus páginas se nos enseña a torturar babuinos arrojándoles dardos en el ano, clavar murciélagos a una tapia frente a una luz de 100 W encendida, cortarle los bigotes a un gato, batear pollitos con una raqueta, frotarle la frente a un león o estampar una foca contra un muro. La virulencia del contenido, la trayectoria de su autor y el hecho de que el libro se encuentra editado por Les Requins Marteaux, una casa editorial en cuyo catálogo encontramos libros de arte, humor y novelas gráficas, son los únicos datos que nos permiten concluir que esto no va en serio. El chiste es tanto más efectivo cuanto que solo a unos pocos afortunados se nos permite descifrar el gesto risible. De hecho, si no se diera ninguno de los últimos tres casos, la duda permanecería incólume. El ejemplo es extremo, pero no único. A menudo el arte contemporáneo ha apelado a la

---

6 "Este manual indispensable y práctico provee soluciones originales para todos los amantes de los actos crueles contra los animales. Siga cuidadosamente los sencillos procedimientos, completamente ilustrados paso a paso en este libro. Usted obtendrá resultados óptimos de crueldad, perfectamente adaptados a cada animal. Gracias a los diagramas detallados y a las instrucciones disponibles en francés, inglés, alemán, español, chino y ruso, este manual es accesible para todos" (traducción propia).

ambigüedad propia de un sujeto humorístico (humorístico y no cómico) del cual no se saben bien sus intenciones, para dar rienda suelta a su voluntad de transigir, entre otras normas, aquella que exige del artista la voluntad de tener algo para decir, de querer significar algo o, cuando menos, de demostrar alguna clase de pericia técnica.

Es importante resaltar el hecho de que aquí no hay sarcasmo. No se ataca a ningún colectivo específico del cual podríamos censurar sus comportamientos. Es una clase de ironía extremadamente sutil, cuyo blanco, en todo caso, es la humanidad como un todo: el hombre o la mujer en su capacidad innata de crueldad hacia el resto de las especies, de las que, por otro lado, tampoco se tiene para decir nada bueno. Es un ejemplo similar al que encontramos en el libelo *Una modesta proposición para evitar que los hijos de los pobres sean una carga para sus padres o su país, y para hacerlos útiles al público* de Jonathan Swift, famoso justamente por su trascendencia histórica, donde se nos dan argumentos bastante convincentes respecto de la conveniencia de que los pobres vendan a sus hijos para que los ricos se los coman. Aquí también se aparenta hablar en serio y las operaciones propias de lo risible resultan mínimas.

Una de las precondiciones del humor (y no de lo cómico) es esa indecibilidad radical que el humorista plantea a su auditorio. Entre los comediantes americanos sin duda es Andy Kaufman quien mejor ha encarnado este prototipo. Uno de sus números más emblemáticos y extraños, retratado en la película *Man on the Moon* de Milos Forman, consistía en la lectura de la novela *El Gran Gatsby* de F. Scott Fitzgerald sin otro gesto ridículo que un acento británico exagerado, frente a una platea que acababa abandonando la sala por cansancio. En el filme se ve claramente el momento, sin duda apócrifo, en que Kaufman, interpretado por Jim Carrey, decide, frente a un público que exige de él la gracia, defraudar completamente esta expectativa. El humor como el gesto subversivo por excelencia del que hablaba Freud, como un acto supremo de libertad que no se deja constreñir ni siquiera por la exigencia de causar risa.[7]

Otro ejemplo, cinematográfico, lo constituyen algunos de los filmes del director estadounidense Todd Solondz, entre ellos, *Happiness* (1998), *Storytelling* (2001) o *Palindromes* (2004), entre otros. En la primera, Bill Maplewood (Dylan Baker) es un psiquiatra pedófilo que viola a dos niños, Johnny Grasso y Ronald Farber, ambos compañeros de escuela de su hijo Billy, al primero tras drogarlo en su propia casa mientras celebra una pijamada. Lejos de censurar su conducta, la película lo muestra como un hombre bondadoso, comprensivo y bastante triste. En contraste, por ejemplo, con el padre del propio Johnny Grasso, que piensa que su hijo es un marica ("*my son's a fag. I'm not blind to these things*") y que reacciona con furia no contenida contra el propio niño cuando se entera de que ha sido abusado. En la escena final asistimos a una charla entre padre e hijo, en la que aquel no afirma ni niega ser un "violador serial" o un "pervertido" como dice todo el mundo ["*like what they painted on the house*"], pero no tiene reparos en admitir que "lo hizo" con Johnny Grasso y Ronald Farber. El personaje, en este sentido, tiene sin duda ecos del Bartleby de Herman Melville:

> BILLY: Dad?
> BILL: Yes, Billy?
> BILLY: Everyone at school is saying things about you.
> BILL: Who is everyone?
> BILLY: Kids. You know. Everyone.

---

[7] En *The Last Laugh* Phil Berger describe a Andy Kaufman como un comediante que "resistía cualquier clase de definición, un tipo de *perfomer* que parecía tomar como motivo de perverso orgullo el derribar los estándares habituales por los cuales juzgamos a quienes buscan aparecérsenos como graciosos ["a comic who resisted definition, a performer who seemed to take perverse pride in breaking down the accepted standards by which funnymen are judged"] (Berger, 2000, p. 402, citado por Keller, 2005, p. 2).

BILL: What are they saying?
BILLY: That you're a serial rapist (Solondz, 2001).[8]

A continuación, Billy pregunta si realmente hizo lo que dicen que hizo y qué es lo que en verdad hizo. La descripción es casi objetiva: *"I touched them"*, *"I fondled them"*, *"unzipped myself"* y, finalmente, *"made love with them"*. Cuando Billy pregunta qué significa eso, aclara *"I fucked them"*. Ante la próxima pregunta de Billy: *"What was it like?"*, responde:

BILL: It was great.
BILLY: Would you do it again?
BILL: Yes.
BILLY: Would you ever fuck me?
BILL: No, I jerk off instead (Solondz, 2001).[9]

La última, *Palindromes*, narra la historia de Aviva, una niña de 13 años que desea profundamente tener un bebé y es obligada a abortar por sus padres cuando queda embarazada tras una relación fugaz con otro adolescente. Aviva huye entonces de su casa, en busca de un hombre que pueda convertirla en madre, sin saber que algo ha salido mal durante la operación y ya no puede tener hijos. El rol es interpretado por siete actrices y un actor, de diferentes razas, edades y tamaños, en un explícito ejercicio de distanciamiento que extrema las dificultades del espectador para identificarse con el personaje.[10] Este rasgo, sin embargo, es

---

8 "BILLY: ¿Papá? BILL: ¿Sí, Billy? BILLY: En la escuela todo el mundo está diciendo cosas sobre tí. BILL: ¿Quién es todo el mundo? BILLY: Los otros chicos. Ya sabes. Todo el mundo. BILL: ¿Qué están diciendo? BILLY: Que eres un violador serial". La traducción es nuestra.

9 "BILLY: ¿Cómo estuvo? BILL: Fue grandioso. BILLY: ¿Lo harías de nuevo? BILL: Sí. BILLY: ¿Me violarías a mí también? BILL: No, en ese caso me masturbaría". La traducción es nuestra.

10 En palabras del propio director: "When you create a sympathetic character it's only natural that your audience will want to identify with him/her. Nobody actually WANTS to relate to someone who is UNsympathetic, because few people see themselves in this light. The curious thing is how sex, age, race, etc., play so limited a part in determining the degree to which

la contracara del procedimiento que da título a la película: un palíndromo es, a fin de cuentas, no solo una palabra que puede leerse de izquierda a derecha o de derecha a izquierda, sino también una que se ve obligada a emplear exactamente las mismas letras, un sintagma en el cual el comienzo determina absolutamente la forma en la que habrá de terminar. Este pesimismo radical que atraviesa el *film* de parte a parte es puesto en palabras de manera explícita por Mark, el hermano de Dawn Wiener, protagonista de *Wellcome to the Dollhouse*, una de las primeras películas de Solondz, cuyo suicidio determina las decisiones que habrá de tomar Aviva:

> MARK: People always end up the way they start out. No one ever changes. They think they do, but they don't. If you're the depressed type, that's how you'll always be. If you're the happy type, that's how you'll always be. You may lose weight, your face might clear up, get a body tan, a breast enlargement, a sex change-makes no difference. Essentially, from in front, from behind, whether you're 13 or 50, you'll always be the same [...] There's no free will. I have no choice but to choose what I choose, to do what I do, to live as I live. Ultimately, we're all just robots, programmed arbitrarily by nature's genetic code.
> AVIVA: But isn't there any hope?
> MARK: For what? We hope or despair because of our programming. Genes and randomness. That's all, and none of it matters (Solondz, 2004).[11]

---

a character is sympathetic [...] So I wondered what would happen if I cast a number of different types of people as one character, a character who is wholly sympathetic". Y en una entrevista: "I'd rather not have any sort of complacency. That's what this movie is out to poke at" [https://www.toddsolondz.com/].

11 "MARK: Las personas siempre terminan como empiezan. Nadie cambia. Piensan que cambian, pero no cambian. Si eres del tipo depresivo, va a ser siempre así. Si eres del tipo feliz, así es como siempre serás. Puedes perder peso, tener un rostro libre de acné, estar bronceada, ponerte tetas, cambiar de sexo, eso no te hace diferente. Esencialmente, vista de frente o de espaldas, ya sea que tengas 13 o 50, siempre serás la misma [...] No hay libre albedrío. No tengo más remedio que elegir lo que elijo, hacer lo que hago, vivir como vivo. En última instancia, todos somos simplemente robots, pro-

Lo que subyace a todos estos casos es la insubordinación propia de un tipo de sujeto que no se deja constreñir por ninguna clase de determinación social, cultural, identitaria y aun tampoco genérica (en los dos sentidos de este término). La actitud de un enunciador, individual o colectivo, que se ríe de todo y de todos hasta el extremo de no dejarnos saber a ciencia cierta si es que en verdad se está riendo. Se da entonces una identificación positiva como aquella que estudiábamos en la segunda parte de este trabajo, dado que se requiere un cierto entrenamiento intelectual para entender que aquí también hay chiste. Con dos posibles salvedades: en primer lugar, que resulta imposible, para los no-iniciados, reponer aquello que no ha sido advertido. Lo risible no encuentra aquí marcas en la superficie textual, o cuando menos, estas se encuentran ocultas. Y si bien ya es pasible reconocer una serie de textos irrisorios que presentan estas características, también podemos afirmar que aquí tampoco hay rasgos genéricos que nos ayuden a identificar el gesto. En segundo lugar, que, dado que la gracia consiste en dejar afuera al mayor número de espectadores posibles (o en simular querer hacerlo), la identificación se produce también de un modo negativo. Quienes reímos con Andy Kaufman, Todd Solondz o Vivien Le Jeune Durhin, entre muchos otros, pertenecemos a un grupo extremadamente selecto frente al cual el resto de los seres humanos se nos aparecen como irremediablemente estúpidos. Tanto más cuanto más crean, ellos mismos, distinguirse del resto. El caso de Kaufman, tal y como es retratado por la película de Forman, es paradigmático: ante una audiencia que viene a reírse de otros, el comediante reacciona negándose absolutamente a seguir con ese juego. El humor, como hemos afirmado en algún trabajo anterior, es también el arte de no ser

gramados arbitrariamente por el código genético de la naturaleza. AVIVA: ¿Pero no hay ninguna esperanza? MARK: ¿Para qué? Sentimos esperanza y desesperación a causa de la forma en que fuimos programados. Genes y aleatoriedad. Solo hay eso y nada de eso importa". La traducción es nuestra.

comprendido, el arte de llevar al límite la indeterminación del enunciador y sus actos.

También esta cualidad, claro, podrá ser cooptada por el poder y sus avatares. Asistimos a un tiempo contemporáneo en donde la concentración obscena de la riqueza, cada vez más feroz e insoportable, encuentra en unos líderes políticos que juegan el rol del payaso violento, absurdo y hasta poco gracioso, el arma ideal para llevar a cabo sus fines. Es el poder comunitario de la risa el que opera sobre una multitud de individuos aquejada por un intenso rencor de clase del que toda conciencia de clase ha sido retirada, según la conocida fórmula de Mark Fisher. Se repite así también el proceso por el que, en otro orden de circunstancias, la pulsión anárquica, subversiva y revolucionaria de las vanguardias históricas del arte se fue transformando poco a poco en el gesto reaccionario por excelencia: aquel que lo deja librado a los caprichos del mercado sin que la técnica o la institución puedan oponer reparos al respecto. El fetichismo de la mercancía llevado al paroxismo, complementado también por el fetichismo de una política que no tiene nada para ofrecer más que la humillación del adversario. El dato es relevante porque si a fin de cuentas podemos caracterizar al sujeto humorístico como aquel que no se deja constreñir ni siquiera por la muerte, como el sujeto subversivo por excelencia, será propio de esta clase de enunciador también el renovar constantemente las estrategias para mantener viva esta llama.

Se da, en todo caso la paradoja de que es un enunciador que elude explícitamente el ser identificado con algo o con alguien, aquel con el que más explícitamente se identifican aquellos que son capaces de reconocer, detrás de la aparente seriedad, la risa sutil y casi secreta que constituye el tercer nivel analizado. La paradoja es solo aparente, sin embargo, dado que lo que nos convoca es el gesto de libertad que lo constituye. En una época donde la rendición es la norma, este modo más notoriamente puro, que no es ni tan sofisticado ni tan extravagante como parece, de aquello que nosotros llamamos humor, en contraposición a lo cómico, se nos aparece como una auténtica pulsión de vida, como un modo de erigirnos triunfantes frente a un paisaje de desesperación y muerte, como una forma de construcción de lo colectivo, que todavía tiene mucho para dar de suyo.

Bibliografía

Aristóteles (1974). *Poética.* Edición a cargo de Valentín García Yebra. Madrid: Gredos.

Attardo, S. (1994). *Linguistic Theories of Humor.* Nueva York: Mouton de Grouyter.

Benveniste, E. (2002). *Problemas de Lingüística General II.* México: Siglo XXI.

Benveniste, E. (1997). *Problemas de Lingüística General I.* México: Siglo XXI.

Berger, P. (2000). *The Last Laugh: The World Of Stand-up Comics.* Nueva York: Coopera Square Press.

Brooks, M. (1976). *Silent Movie.* 20th Century Fox.

Burucúa, J. E. (2001). *Corderos y elefantes. La sacralidad y la risa en la modernidad clásica –Siglos XV a XVII.* Madrid: Miño y Dávila Editores.

Cicerón, M. T. (2002). *Sobre el orador.* Madrid: Gredos.

Crivaro, O. (2023). La ética rugbier y el espíritu del capitalismo. En *La Izquierda Diario,* 3 de enero de 2023. https://www.laizquierdadiario.com/La-etica-rugbier-y-el-espiritu-del-capitalismo-234664.

Culioli, A. (2010). *Escritos.* Buenos Aires: Santiago Arcos.

Davies, C. (1998). *Jokes and their relation to society.* Nueva York: Mouton de Grouyter.

Forman, M. (1999). *Man on the Moon.* Universal Pictures.

Freud, S. ([1905] 1990). *El chiste y su relación con lo inconsciente. Obras Completas.* Tomo VIII. Buenos Aires: Amorrortu.

Keller, F. (2005). *Andy Kaufman. Wrestling with the American Dream*. Minnesota: University of Minnesota Press.

Kramer, S. (1963). *It's a Mad, Mad, Mad, Mad World*. United Artists.

Le Jeune Durhin, V. (2014). *Cruelty to Animals: A handbook*. Paris: Les Requins Marteaux.

Palacios, C. (2024). Teorías lingüísticas y discursivas sobre el humor, lo cómico y la risa. *Signo & Seña*, 44, 51-69. https://tinyurl.com/2a55k6b8.

Palacios, C. (2023). Cultura infantil, chiste y subalternidad. Una aproximación al estudio del chiste. *Kwartalnik Neofilologiczny*, 1. DOI: https://doi.org/10.24425/kn.2023.144960.

Palacios, C. (2021). El autor como mueca. Modos de subjetivación en el humor argentino contemporáneo. En M. Burkart, D. Fraticelli y T. Varnagy (comps.). *Arruinando chistes. Panorama de los estudios del humor y lo cómico* (pp. 57-72). Buenos Aires: Teseo.

Palacios, C. (2018). ¿De qué hablamos cuando hablamos de humor? Elementos para una teoría general de lo irrisorio. *Revista Luthor*, 35, febrero. http://www.revistaluthor.com.ar/spip.php?article183.

Palacios, C. (2010). La única realidad es la realidad. La proyección de la historia en los monólogos de Tato Bores. En G. Vázquez Villanueva (comp.). *Memorias del Bicentenario: discursos e ideologías* (pp. 140-155). Buenos Aires: Facultad de Filosofía y Letras de la Universidad de Buenos Aires.

Pêcheux, M. (1978). *Hacia el análisis automático del discurso*. Madrid: Gredos.

Quintiliano, M. F. (1881). *Oeuvres complètes*. París: Firmin Didot.

Schere, J. (2023). Humor físico, tópicos cómicos y argumentación. El caso del Slapstick en la Literatura Griega Antigua. En M. Burkart, D. Fraticelli y C. Palacios (comp.). *Arruinando chistes II. Panorama de los estudios sobre el humor y lo cómico* (pp. 27-48). Buenos Aires: Teseo.

Solondz, T. (2004). *Palindromes*. Celluloid Films y Extra Large Pictures.

Solondz, T. (2001). *Storytelling*. Good Machine, Killer Films y New Line Cinema.
Solondz, T. (1998). *Happiness.* Killer Films.

Modalidades preventivas y curativas de la violencia en las prácticas reideras

Análisis del segmento radiofónico Fútbol o Muerte

JUAN ALFONSO SAMAJA

El foco de esta investigación estará puesto no en la *risa*, sino en el *hacer reír*. Es esta una distinción importante, pues obliga a considerar el mecanismo del proceso reidero, y no solo el producto que lo distingue. Alguien hace reír a otro, o bien por medio de una estimulación nerviosa (cosquillas), o bien por medio de procedimientos narrativos.[1] Esto último supone un particular desdoblamiento entre sujeto y objeto de la risa: para que otro experimente *en sí mismo* la risa, el productor de lo reidero debe conseguir que el destinatario *ría de otro* (del propio productor, o de un tercero ausente) o favorecer un escenario donde aquel se permita *reír de sí mismo como otro*; en el primer caso, estimulamos la *reacción cómica*, en el segundo una *reacción humorística.*[2]

1 El término no pretende referirse de manera restringida a los fenómenos ficcionales, sino que se emplea en su acepción semiótica más amplia, como secuencia de transformaciones entre un estado inicial y un estado final.

2 Es importante advertir el desdoblamiento de la experiencia reidera también en un segundo nivel: mientras que el sujeto que ríe de sí mismo (para provocar la risa de otro) actúa un registro humorístico, provoca en su espectador una reacción cómica, pues el espectador no se ríe de sí mismo, sino del productor reidero; únicamente cuando el productor consigue la identificación con el destinatario, construyendo un *nosotros inclusivo autodegradado*, podemos garantizar la presencia exclusiva (o al menos predominante) de lo humorístico, del mismo modo que únicamente cuando se construye un *nosotros inclusivo* que excluye completamente a un tercero, estaremos delante de un caso propiamente cómico.

En cualquiera de los dos registros, el proceso del *hacer reír* requiere la constitución de una comunidad de valores e intereses, que funda lo que podemos denominar la *idealidad del valor,* y, al mismo tiempo la presencia de un agente que asume la *realidad del valor,* es decir, el excluido.[3] En el caso de lo *cómico,* se trata de un agente que desde fuera pretende incluirse ignorando los valores de inclusión de esa comunidad: el Yo [en nombre de la comunidad que tiene con el Tú] hace reír al otro, señalando la distancia que hay entre el requerimiento del valor y la realidad de los valores que encarna el tercero. En el caso de lo *humorístico,* la distancia entre idealidad y realidad se da al interior de la comunidad; entre la imagen que el Yo/Nosotros quisiera proyectar, y la autoconciencia de su realidad inferior respecto de ese valor que postula. Ahora bien, es importante advertir que en ambos tipos de registro es fundamental postular un valor, una comunidad que lo sostiene, y un excluido de ese valor, alguien que cae de la idealidad por medio de alguna forma de degradación reidera.[4]

---

3 El otro cómico como el otro humorístico son objetos de risa, pero no sujetos de la risa, ellos –en cuanto objetivación de lo reidero- no se ríen. Esto puede resultar extraño en el caso del *humor,* donde físicamente coinciden quien se ríe de aquel sobre quien se produce la humorada; pero es fácil advertir que aquí ocurre lo mismo que cuando el Yo se habla a sí mismo y se desdobla en los dos lugares discursivos: el que se ríe de sí mismo, como si fuese otro, se desdobla en una parte que se ríe y otra parte que no ríe.

4 La presencia de la comunidad y del excluido es menos evidente en la operación humorística, pero creemos hallarla en el nivel enunciativo, pues quien se ríe de sí mismo explicita su autoexclusión respecto de un valor idealizado que pretendía alcanzar, y ello sin que dicho valor sea necesariamente negado en su condición objetiva.

1. Ontología y epistemología de lo reidero

El fundamento cómico-humorístico de lo social

Lo reidero es una experiencia de lo colectivo, de lo profundamente social, y en este sentido, resulta afortunada la expresión de Fraticelli (2023), cuando afirma: "Quien no atienda a lo reidero podrá tener una compleja teoría de lo social, pero de una sociedad que no existe" (p. 29). Se trata, sin embargo, de una afirmación provocadora en la cual, como sucede en toda provocación, algo hay de verdad, pero también algo de exageración; pues no se enuncia solo que lo reidero canalice determinados contenidos, sino que lo vehiculizado por este registro no se expresaría de ningún otro modo. Si bien esto último puede ser discutible (pues, así expresada, la afirmación pareciera implicar una perspectiva conjuntista de la sociedad),[5] estamos convencidos, en cambio, de que lo social encuentra en lo reidero mecanismos estratégicos para la conformación de los colectivos por medio de una dialéctica entre identidad y diferenciación. Pero este pronunciamiento supone una decisión metodológica inevitable: distinguir la reacción *fisiológica* de la risa gestual, de la semiosis de la risa social, protagonizada por el colectivo humano.[6]

---

5 A quien concibe a la sociedad como un agregado de manifestaciones, la omisión de uno de sus elementos jamás le podría brindar la visión de conjunto, y toda intelección se le presentará como un empobrecimiento y una renuncia. Si, en lugar de semejante ontología, se concibe a la sociedad como una *totalidad relacional* (Samaja, 2007), la omisión de una de sus partes no significaría necesariamente la pérdida de su función, pudiendo revelarse ese contenido estructurante bajo otras modalidades.

6 Sobre esta distinción, se han pronunciado autores tan diversos como Plessner (1960), Olbrechts-Tyteca (1974) [recuperado en Attardo, 1994], Berger (1997) y Scruton (2018).

Ridere humanum est

Investigaciones recientes en neurobiología proponen una continuidad de emociones entre mamíferos no-humanos y humanos, fundada en la identidad estructural de los procesos subcorticales alojados en el cerebro, como vienen sosteniendo, entre otros, autores como Pankseep y Burgdorf (2003). Pero que la risa, como expresión de una emoción placentera,[7] esté materialmente asociada a dichos procesos subcorticales no significa que dependa exclusivamente de ellos; aun si su origen se encontrara asociado a aquellos niveles fisiológicos, la risa podría quedar resignificada por los procesos sociales y simbólicos, propios de lo humano. Por lo tanto, la risa humana dependería de este segundo nivel, y no solo del primero.[8]

La validez conceptual de aplicar una misma noción (*risa*) a emociones registradas en sujetos de diverso nivel de complejidad es una decisión evidentemente polémica que ha encontrado varios detractores; pero aun si fuera aceptable presuponer cierta continuidad entre el orden fisiológico y el orden social de la risa humana, debieran reconocerse diferencias constitutivas y constituyentes de la dimensión cultural, que no se hallan en el nivel más simple, como los

---

7 Los autores denominan, en principio, "placenteras" a las reacciones de valencia positiva asociadas a la "risa", manifestada por medio de un indicador sonoro, que expresaría la ausencia de peligro, y ciertas preferencias de interacción (Pankseep y Burgdorf, 2003, p. 537).

8 El trabajo de Pankseep y Burgdorf (2003), aunque estimulante, presenta un desequilibrio entre el rigor empírico y la conceptualización, vinculada a los procesos de interpretación del dato; sobre todo en la inferencia del caso, pues no se justifica la asociación entre el significante sonoro y el significado "risa", reduciendo todo el fenómeno al señalamiento de una "semejanza" excesivamente vaga, pues no se establece ningún criterio que respalde la analogía (pp. 534 y 535). A nuestro juicio, el criterio solapado que ha permitido establecer esta *distinción* depende de un sesgo operatorio, que está afectando al resultado de las conclusiones: es el sujeto experimentador –humano– quien *hace "cosquillas"* a la rata, y tiene –en consecuencia– la expectativa de producir como efecto la *"risa"* por medio de esa causa que ya ha interpretado de antemano.

mismos Pankseep y Burgdorf (2003) parecen admitir en el texto citado (p. 536).

Dos diferencias fundantes deben considerarse entre ambos universos: 1) la risa fisiológica es una conducta biológicamente disponible que no se aprende, se descubre en la dimensión individual ante ciertos estímulos mecánicos, mientras que la risa social se aprende, circula y se practica en, por y para la vida en comunidad; 2) la risa de lo colectivo está sometida a una evaluación moral y ética que la risa fisiológica desconoce. De hecho, lo que Pankseep y Burgdorf (2003) denominan *risa* (reacción epidérmica frente a un estímulo) se habilita –como ellos mismos reconocen– únicamente en el marco de un aislamiento social del sujeto experimentado respecto de su grupo (p. 539).

La *semiosis humana de lo reidero* no solo se amplía debido a la interacción, sino que la circulación de lo reidero es lo que define su carácter de valor de cambio como conducta semiótica. Esta identificación de lo reidero como experiencia compartida expresa de modo eminente la necesidad de *participar del* grupo que establece la distinción y, por lo tanto, obliga al individuo a hacerse una representación del colectivo y de sus valores.

Pero esto último lleva a un punto crucial dentro de la semiosis de lo reidero, a saber: la necesidad de obrar de modo cualificado al interior del colectivo; esto significa que para participar de la experiencia reidera humana hay que atravesar un proceso cualificatorio, donde el individuo adquiere representaciones y presupuestos que definen su pertenencia al grupo. Esto implicaría que la risa humana no depende solo de unas condiciones epistémicas (que permitirían identificar una situación como risible), sino también de unas condiciones ético-jurídicas, que sancionan o consagran los acontecimientos reideros, de modo que se establece *de antemano* el dominio de validez de tales prácticas. Y es, precisamente, esta capacidad de representarse teleológicamente la eticidad lo que sería propio de la condición humana (De Waal, 2014). Esto último obliga a considerar la cuestión del valor representado y la comunidad que lo sostiene como un aspecto fundamental de la semiosis reidera.

Colectivo identitario, comunidad, valores

En los últimos años se ha ido instalando la categoría de *colectivo* como clase o conjunto de actores sociales,[9] noción que surge de una dialéctica entre producción y reconocimiento. El *colectivo* ofrece un marco semiótico identitario, de manera que constituye en sí mismo un principio de clasificación tanto de las individualidades como de sus prácticas al interior de esos grupos. Como toda categorización, no se trata únicamente de alojar un elemento dentro de un conjunto, sino de semiotizarlo dentro de ese marco, y poder relacionarse con esa singularidad en calidad de *caso* de una realidad organizada-organizante. Al clasificar la comunidad ciertas realidades en categorías, la comunidad define sus modos legítimos de interacción. En el caso de lo reidero, al categorizar un fenómeno discursivo como "gracioso", "hilarante", "humorístico", "cómico", se predispone al intérprete a poner en acto interpretantes reideros para organizar el reconocimiento discursivo de los materiales que enfrenta, así como la instancia metaenunciativa lo invita a asumir una actitud reidera, y a morigerar su mecanismo reactivo, que bajo otras condiciones metaenunciativas podrían llevarlo a la indignación, la ofensa o la depresión.

En la propuesta veroniana el colectivo parece desenvolverse como *sistema autopoiético,* y en este sentido es equivalente a la categoría de *comunidad,* operando como un *interpretante* entre el sujeto y sus interacciones (Fraticelli, 2024). Pero esta mediación es siempre una trans-acción problemática (Samaja, 2023) entre la parte y el todo. El sujeto humano es bifronte, signado por una tensión entre el ser y el haber: *es*

---

9 Inaugurada por Verón en su teoría de las mediatizaciones (2013), y continuada –actualmente– en los escenarios hipermediáticos por Carlón (2020) y Fraticelli (2023 y 2024).

y al mismo tiempo *dispone* de un cuerpo (Plessner, 1960); no solo *actúa la posesión de la corporeidad, tiene la representación de su posesión*, y el carácter de *propietario* de esa propiedad que es *su* cuerpo. Pero la tensión del humano no existe solo con relación a esa comunidad con su cuerpo, sino con todas las formas de comunidad que él integra, y que a él lo definen: *es* una comunidad cultural y *tiene* la pertenencia [está *en*] la comunidad; *es* el Estado político y *tiene* la pertenencia [está] *en* la *polis*; *es* una sociedad civil y *tiene* la pertenencia [está] *en* la sociedad civil (es parte de ella y de ella se siente parte).[10] Esta dualidad no se da únicamente entre el *ser* y el *tener*, sino también respecto de un tercer término que instituye en el tiempo el vínculo de tenencia: el *deber* (de sus miembros respecto de los valores que la comunidad sostiene), pues pertenecer a un colectivo implica incluirse en su mundo de valores; la participación es una operación clasificatoria del colectivo en relación con el integrante (aceptación), como auto-clasificatoria, del integrante en relación con su grupo (inclusión).[11]

2. Lo reidero institucional como violencia organizada

Del reñidero a lo reidero

Lo reidero ha sido asociado históricamente con la agresión, de allí que su puesta en práctica haya requerido siempre un emplazamiento espacial o temporal, así como ciertas configuraciones formales de su contenido. No es casual que, en la crisis contemporánea de las instituciones tradicionales, las formas habitualmente "inofensivas" (naturalizadas) de lo

---

[10] Sobre estas formas de la organización subjetivante-subjetivada, cfr. Samaja, 2000 y 2007.

[11] El sujeto se clasifica a sí mismo en el grupo porque reconoce en sus propios actos los valores de una comunidad, pues para ser reconocido y aceptado por esa comunidad necesita evaluar si sus actos son *funciones de la reproducción social* (modos de fortalecer el adentro y mantener construido el afuera).

reidero se hallen hoy bajo el escrutinio ético y moral de la corrección política, debiendo descentrarse de la universalidad de la sociedad civil, y de la risa pública, para recentrarse en la esfera de la risa privada[12] e idiosincrática de los colectivos identitarios, donde cada ocurrencia produce su propio dominio de validez.

Como trataremos de mostrar, lo reidero y la violencia no son separables, la violencia no es un elemento espurio que deforma una experiencia reidera idealizada; lo reidero es la violencia misma bajo una configuración simbólica asimilable por el colectivo social.

Modalidades preventivas y curativas: un modelo para el análisis de lo reidero

Girard (1998) concibe *lo sagrado* como aquello que necesita de un orden; sin lo cual no puede el individuo entrar en contacto, sino a condición de poner en riesgo todo lo valioso; es, para este autor, la violencia misma. Puesto que la violencia es invariante a la vida y no es posible evitar su contenido, lo único que puede hacerse es evitar que se manifieste de forma destructiva, es decir, no entrar en contacto con lo sagrado sin las debidas precauciones.

Girard (1998) identifica 2 modalidades de organización: 1) las *medidas preventivas* de las sociedades preestatales, y 2) las *medidas curativas* de los Estados modernos. Sobre ellas establece dos diferencias fundamentales en relación con la *temporalidad* y la *dirección de la violencia*: a) las primeras se ejercen anticipadamente organizando una violencia ritual y controlada para prevenir una violencia temida mayor, mientras que la segunda es reactiva, ejerce la violencia frente al hecho consumado; b) en las primeras se ejercen la

12 Se propone en este escrito la expresión *risa pública* para referirse a una práctica que busca generar su reacción en una comunidad abierta al libre intercambio; mientras que *risa privada* se refiere a la práctica que busca la reacción al interior de un grupo cerrado al resto de la comunidad.

violencia sobre una víctima de recambio (o *chivo expiatorio*), mostrando una resistencia tenaz a ejercer la violencia sobre el propio agresor, las segundas no tienen pruritos en ejercer el castigo sobre el mismo agresor.

Es significativo que en la modalidad preventiva, cuando se trata de víctimas humanas, estas o bien son consideradas *extrañas al grupo*,[13] y por esa misma ajenidad se las selecciona (se busca *afuera* un chivo expiatorio para preservar a la comunidad de la violencia latente), o bien son miembros de la comunidad; en este último caso, el grupo toma la decisión de autoagredirse, renunciando a uno de sus miembros, para evitar que, desde afuera, se ponga en funcionamiento una represalia mayor contra la comunidad entera (Girard, 1998).

Ahora bien, admitir la eficacia del sistema judicial moderno, centrado en la figura del culpable material, no significa que en las sociedades estatales el orden social dependa únicamente de medidas curativas, y que las precauciones rituales no desempeñen ningún rol en la cultura o la sociedad. Orientadas a las mediaciones preventivas que contienen la violencia en los marcos de lo socialmente aceptable, los mecanismos de precaución siguen teniendo una realidad incontestable en los rituales de la sociedad contemporánea. Nuestra tesis principal será que en los niveles metacomunicativos lo reidero constituye una modalidad eminentemente preventiva de la violencia, mientras que en los niveles enunciativos pueden manifestarse ambas modalidades con las mismas dos figuraciones que Girard describe: ejercicio de la violencia hacia un individuo exterior, con preservación del grupo (equivalente al régimen *cómico*); y ejercicio de una violencia anticipada del grupo a uno de sus miembros (equivalente al régimen humorístico).

---

13 El carácter de *extraño al grupo* no significa necesariamente que a la víctima la capturen y la separen de otro grupo extranjero; puede haberse gestado y crecido en esa comunidad, pero presentar alguna cualidad que lo separa de lo ordinario o común (Girard, *op. cit.*, pp. 19 y 20).

3. Análisis de un colectivo identitario reidero y de sus mecanismos de organización de la violencia: el segmento radiofónico *Fútbol o Muerte*

> Es un sketch que legaliza poder decir cualquier cosa. [...] el sketch tiene eso, no tiene límites.
>
> Wainraich, 2022

Se tomará como caso de análisis el *sketch Fútbol o Muerte* (FoM), segmento dentro del programa de radio *Vuelta y Media*, cuyo desarrollo como producto implicó la constitución de un complejo sistema de reconocimiento y la consolidación simultánea de un colectivo mediático reidero. El objeto resulta relevante 1) por su eficiente y autoconsciente marco ficcional *en producción* para contener los mecanismos de violencia que se ponen en circulación; 2) por sus particulares condiciones de *reconocimiento*, que no solo llevaron a un incremento cuantitativo del colectivo asumido, sino a una complejidad creciente de los emplazamientos que hacen del *sketch* un producto transmediático.

Se iniciará el análisis con una descripción sinóptica del tema, de los personajes y de sus intérpretes, pasando luego a comentar algunas precisiones terminológicas sobre las tipologías de *colectivo social* que se operan en el producto y justificando el carácter "reidero" a partir de sus indicadores correspondientes. A partir de allí se pasará a la descripción analítica del segmento comentando los 2 emplazamientos por los que ha atravesado y luego desarrollando 6 episodios que constituyen el punto más alto de lo reidero. Hacia el final, se concluirá el análisis explicitando las modificaciones en las condiciones de reconocimiento que protagonizó el producto tanto en el nivel diegético como mediático.

Tema de la parodia, personajes e intérpretes

Fútbol o Muerte caricaturiza al colectivo futbolero en general (caracterizado como xenófobo, misógino, exitista y violento) y a los programas de fútbol, en particular (ridiculizados por su pseudo-profundidad), desarrollando dos universos reideros entrelazados: aquel donde los enunciadores mediáticos se burlan de los comentadores de fútbol, en particular, y aquel otro que se funda en una caricatura sobre los mecanismos de la violencia del colectivo futbolero, en general. Creado por Sebastián Wainraich, el *sketch* presenta actualmente cuatro personajes: Héctor Di Payaso, Virginio Ernesto "El Feo" Larramendi, Roberto Ariel "El Tano" Caprese y "La piba"; interpretados, en el orden expuesto, por Sebastián Wainraich, Pablo Fábregas, Güido Corallo y Julieta Pink. Tuvo su origen en 2018 en Radio Metro, pero desde 2021 se transmite desde Urbana Play.

El fenómeno ha ido creciendo desde el formato radiofónico, pasando luego al *streaming*, vía, hasta devenir, finalmente, hecho teatral (primero, como segmento dependiente en el marco de la transmisión radiofónica del programa *Vuelta y Media* desde el Teatro Ópera en 2023; luego como espectáculo autónomo en el Teatro Gran Rex de Buenos Aires, y en el Teatro Broadway en Rosario en 2024). Por lo tanto, la emancipación que conquista FoM respecto del programa de origen resulta significativa, no solo por la trascendencia que cobra el producto en cuanto a su circulación, sino porque se consolida el colectivo de identificación, que queda asociado como público mediático que sigue específicamente a FoM, y se diferencia del público genérico del programa de radio *Vuelta y media*.

Un dato de interés es que el segmento no es consciente de su emplazamiento real dentro del programa radiofónico que lo aloja, sino que se asume como un "programa" principal e independiente.[14] Y sus intérpretes, conductores del programa radiofónico, por fuera del segmento hablan de estos personajes en tercera persona sin romper la cuarta pared ni desde el segmento hacia el programa ni desde el programa respecto del segmento.

---

14 De más está decir que la emancipación en la versión teatral de 2024 validó esta actitud.

Precisiones terminológicas para el abordaje específico de FoM

Distinguiremos tres categorías: *colectivo-referente* (CR: definido por el nivel metaenunciativo), *colectivo enunciado* (CE: referido *en producción*) y *colectivo mediático* (CM: asumido *en reconocimiento*). El primero está constituido por hinchas de fútbol y periodistas que el marco metaenunciativo considera risibles (el referente reidero); el segundo, por un público-signo representado o enunciado, por medio de audio (mensajes de oyentes) o representantes en vivo (presencia de público participante); el tercero es un grupo extradiegético que se identifica, no solo con "lo futbolero" como temática, sino con la "sátira a lo futbolístico".

El colectivo mediático (CM) requiere de una doble identificación: reconocerse en la referencia (primer nivel), pero, además, identificarse con un colectivo que disfruta de reírse de sí mismo y de ser tomado como objeto de comicidad (segundo nivel). Esto último implica aceptar el juego reidero y la capacidad de abstraerse de los valores absolutos del fútbol para protagonizar una *reflexión cómico-humorística* cuya función es doble y aparentemente contradictoria: abrazar sus miserias, pero teniendo la capacidad de reírse con ella y de ella.

No debe confundirse, por lo tanto, al *colectivo-referencia* (objeto risible de la ridiculización) con el *colectivo mediático*; mientras que el primero no necesita aceptar el *contrato de lectura* para existir socialmente (Verón, 2004), el segundo únicamente adquiere entidad enunciativa desde el momento en que acepta la caricatura y la agresión reidera, identificándose con el espíritu humorístico que el contrato de lectura de FoM propone, ya que al aceptar la parodia y entender que el juego consiste en reírse de sí mismo, el colectivo demuestra su sentido del humor y asume un sentido de pertenencia e identificación. Mientras que el primero es un colectivo *social* (Fernández, 2008), el segundo es *diegético* y el tercero es *mediático reidero*.

Indicadores del emplazamiento reidero de FoM

Independientemente de los discursos alrededor del "programa", donde se hace referencia a su carácter cómico-humorístico,[15] el carácter reidero del *sketch* se explicita ya desde el inicio por una serie de indicadores regulares que se reiteran de una emisión a la siguiente: 1) las premisas de batalla de la presentación, que, en su carácter extremo rozan el absurdo (*"Un gol es un hijo", "Un gol es un coito", "Desear que se caiga el avión en alguna circunstancia es de buena persona", "La violencia es subjetiva, la paz es para cagones", "Me decís 'sexo', digo 'pelota'"*); 2) las extravagantes publicidades que patrocinan el "programa" (*"¿Tu pareja ronca? Salvá tu vínculo con cinta de embalar... y adiós sonido de oso ofuscado. Ahora del color de tus amores; encintale la trucha, y a seguir soñando"*); 3) lo irrisorio del nombre del conductor, que además de incluir la designación "payaso" en su apellido, las siglas de los tres nombres conforman *hdp*, que en Argentina se usa como abreviación de "hijo de puta"; 4) las combinaciones extravagantes de sus vestimentas, incluido un carácter excesivamente enunciado de las pelucas; 5) la inadecuación misma de los periodistas, que resulta, entre otras cosas, de las irrisorias credenciales que ostentan (*Premio Santa Clara de Asis* de 1982-3,[16] *Premios*

15 "Los futboleros están invitados a reírse de sí mismos cada lunes en Futbol o Muerte. [...] obliga a los oyentes a reconocerse en máximas ridículas [...] a asumir que sus opiniones a veces rozan el absurdo" (entrevista a Wainraich, *TN*, 12 de agosto de 2022); y "Chicas siempre vienen... cada vez que lo hacemos, es un chiste para todo el mundo, y el chiste está puesto en que nos estamos riendo del machismo. No es un show machista. Siempre tuvimos mucha participación de chicas, que aparte entienden el chiste perfectamente, y cuando se suman es genial" (entrevista a Fabregas, *El día en 30*, 14 de agosto de 2024).

16 "La Piba" suele confundir las fechas cuando locuta este premio en la apertura del "programa". La diferencia no es trivial, pues define si el premio se obtuvo en dictadura o en democracia. Hay en esa ambigüedad un deslizamiento que pretende ubicar políticamente a los conductores, quienes en varias ocasiones refieren mucha liviandad sobre las violaciones a los derechos humanos, e incluso valorando "aquella época" donde había valores, se ganaban mundiales, etc. El propio premio constituye una broma, pues la entidad que entrega este galardón real pertenece a la Liga de Madres de

Héctor Di Payaso, que organizan, disputan y ganan ellos mismos; pretender ser un jugador profesional por haber pisado una cancha pocos minutos en el ignoto Club Villa Dálmine de Campana); y 6) una serie de tópicos frecuentes a contracorriente, que pueden agruparse en dos grandes clases: a) la tópica futbolera y b) la tópica discriminatoria.

Cuadro 1. Tópicos frecuentes

Tópica futbolera	Tópica discriminatoria
[Previo al campeonato del 2022] El fracaso de Messi y las dudas sobre si se lo debe convocar al mundial. Gallardo sobreestimado [por no ganar la mundial de clubes] Jugadores actuales [preocupados por la estética personal, y el dinero… pollerudos], vs. los de antes. Ganar por penales, no es ganar. El mundial del 2022 se lo regalaron a Argentina. La duración de la carrera futbolística de El Feo. Tano, campeón del mundo.	Los varones son proveedores, las mujeres criadoras. Los varones que cocinan son putos. Bulling al Tano por su hijo homosexual. Fútbol, mujer y lesbianismo. A las mujeres hay que "cuidarlas" [no hay que dejarlas estudiar o trabajar, porque "te" la cogen]. Comentarios cosificadores hacia las mujeres. La mujer no sabe administrar dinero. La mujer no tiene amigas. La mujer está para criar a los hijos y cocinarle al marido. La mujer es una propiedad del varón y el adorno más hermoso que puso Dios en el mundo. La preferencia por el hijo varón. A la esposa se la respeta [el sexo se hace "afuera"]. Las mujeres que no se casan o se divorcian son trolas o comunistas. El complejo edípico de HDP. El debut sexual de HDP con la misma prostituta que hizo debutar a su abuelo y a su papá. Masturbar a un compañero en el vestuario antes de salir a la cancha, es de amigo y no de puto.

Familia, quienes premian a los comunicadores y medios de comunicación por su defensa de los valores morales, familiares, matrimoniales que se asocian con el lema *Dios, patria y familia*.

Dos emplazamientos enunciativos del segmento

El segmento protagonizó cambios sustantivos en el pasaje desde Radio Metro a Urbana Play, tanto en producción como en reconocimiento: en cuanto a los primeros, mencionaremos dos que han sido determinantes tanto en la estrategia reidera como en la distribución de las funciones narrativas: a) la modulación actitudinal de "La Piba"; desde la sumisión al empoderamiento; y b) el reemplazo de Brian (hijo del conductor) por el Tano Caprese.

a. La Piba: entre la sumisión y el empoderamiento

La estructura del programa establece desde el principio una serie de diferencias entre los periodistas "varones" y la locutora "mujer": a) ella carece de un apelativo singularizante equivalente al de sus compañeros varones (Tano, Feo), siendo mencionada solo en su carácter genérico, que la hace una más del montón (La Piba); b) nunca vemos su rostro en el programa; hay una intención explícita de ocultar su imagen (en la versión original era solo una voz en *off*; en las versiones de *streaming*, cuando la cámara la enfoca, aparece siempre blureada);[17] c) ella es excluida de la comunidad que forman los varones: el trato que ellos tienen hacia la locutora oscila entre la infantilización[18] y la cosificación sexual, sin punto

---

17 Esto, aparentemente, ha cambiado en 2025. La primera emisión del 31 de marzo, incorpora a "La Piba" como columnista, mostrando por primera vez la cara descubierta. Esto no modifica completamente su invisibilización, pues a ella se le interrumpe todo el tiempo, no se le cede la palabra democráticamente como al resto de los varones, etc.

18 La *infantilización* se enmarca en el proteccionismo machista, según el cual la mujer no puede cuidarse ni valerse por sí misma, y se expresa en dos modalidades: 1) cuidando su "virtud" e impidiendo que otros varones la encaren sexualmente (en verdad, una forma solapada de preservar la propiedad que el "dorima" ostenta sobre el cuerpo de la locutora); 2) velando por el bien de su economía, no pagándole a ella el sueldo, sino al marido, bajo el precepto de que "las mujeres no nacieron para manejar guita";"¿cuántas ministras de economía conocés"?... listo!"; "La única [mujer economista] que había, se llevó un bolso". [Referencia a María Julia Alsogaray en el gobierno menemista] (3 de junio de 2024).

intermedio; d) es el único personaje que manifiesta un cambio en su caracterización: desde la sumisión y aceptación silenciosa de todos los improperios, a un empoderamiento y diferenciación respecto de los valores retrógrados que los protagonistas masculinos enuncian. Véase el cuadro comparativo entre el período 2018 (correspondiente a la etapa de Radio Metro) y el de 2023/2024 (en Urbana Play).

Cuadro 2. Empoderamiento de La Piba

2018	2021
HDP: "El número 1 decí, piba. LP: El número 1. HDP: No te lo tengo que decir más. Presentame de nuevo. LP: Con uds... el número 1: HDP. HDP: Ahí va. Deci, "un padre para mí" LP: [evidentemente incómoda] Un padre, para mí. HDP: ...o "un papito". ¡Ja, Ja, Ja, Ja! EFL: Qué hijodepu... (17/02) LP: lo leí, lo leí mal. Disculpame, Héctor. EFL: ¿Cómo? ¿Lo tutea? LP: Discúlpeme, discúlpeme. LP: Discúlpeme. Estoy orgullosa de trabajar con ud. (22/02) LP: Por eso este programa es tan prestigioso. (2/07)	De mi vida privada te pedí, por favor, que no me pregunten (...) Héctor, Héctor, eso es lo que habíamos hablado que me gustaría que no pase nunca más. (13/4) ¿Te acordás que habíamos hablado que este tipo de intervenciones no las tengamos más? (26/4) HDP: No me corrijas más, piba. ¿Yo voy a la cocina y te digo cómo cocinar? No. Entonces hagamos un show de periodismo, vos hacé lo tuyo. LP: No, no me podés decir eso. (24/5/2021)
2023	**2024**
LP: Es una vergüenza. (20/3) HDP: ¿Juega "Gamboa" hoy piba? Ja, ja, ja LP: No quiero que opinen de mi cuerpo, ni que me dirijan la palabra. (...) Es mi trabajo, y por última vez. Hoy es mi último día. (31/7) LP: Hoy es mi último programa, solamente digo anuncios...... comerciales... ya estoy en linkedin (...) Presenten bien a los invitados, que me dan vergüenza. (7/8) ¡Terminen este programa hediondo que hacen, por el amor de Dios! (31/10)	HDP: ¿Hacemo la vueltita? LP: ¡No, no! HDP: ¿Hacemo la vueltita? LP: ¡No, Héctor! ¡No, no! (...) Es una vergüenza. (...) Ay, Dios santo y la virgen (...) No, no, no. No está bien. (...) Ay, es una vergüenza. Alejandra, yo te quiero pedir disculpas en nombre de toda la producción, porque a mí, como verás, no me aclaran el foco. Acá a las mujeres se las toma como objeto. (18/3)

b. De Brian Di Payaso al Tano Caprese: de la comedia de situación a la homofobia

Brian es el hijo varón de HDP, y su principal característica era su ineptitud para las encomiendas periodísticas.[19] La sustitución del hijo de HDP por el hijo del Tano resulta clave para el desenvolvimiento de la segunda etapa, donde se pasa de una estrategia centrada en los equívocos a un discurso homofóbico regular, pues aparece Gianlucca, hijo gay del TC. Esto lleva a un aumento notable de los comentarios sobre la condición homosexual masculina, que en la primera etapa aparecían más bien como un elemento secundario.

El umbral de lo reidero en FoM: de la estructura al desborde

En lo que sigue del trabajo nos abocaremos a un conjunto de situaciones que, aunque dialogan con el aspecto regular y estructurado de los *tópicos frecuentes*, se presentan como *derrapes* o situaciones imprevistas. Estos casos presentan 3 rasgos comunes: 1) surgen de manera espontánea en el marco de los tópicos frecuentes, 2) sus pronunciamientos se presentan como transgresión respecto del umbral de lo decible, 3) producen momentos de risas descontroladas en sus propios intérpretes. El motivo que justifica esta decisión es bastante elemental: estas situaciones son las que producen el mayor *quantum* de hilaridad tanto para el público, como para sus propios intérpretes.

19 Debe cubrir un partido de Gimnasia en La Plata, se olvida y está en Saavedra; debe cubrir el regreso de la Selección en Ezeiza, pero se equivoca y va al de Palomar, etc. Este carácter poco perspicaz de Brian se traslada en el segundo emplazamiento al TC, quien nunca advierte las señales inequívocas de la homosexualidad de su hijo varón.

Derrapes de violencia e imputaciones reideras

Cuadro 3. Casos de derrapes transgresivos

Violencia sexual	Cosificación	Homofobia
1 HDP: Tanito, vos perdías un partido (las pocas veces que tocó perder) ¿qué esperabas, que la gente te felicite o te putee? TC: Bueno, a nosotros nos pasó. Tuvimos una campaña muy muy muy decadente. HDP: Me acuerdo. TC: Año 89. HDP: ¿Y? TC: Salimo últimos. HDP:¿Y? TC: No descendimo en ese momento, porque era otra cosa: los descensos se negociaban... EFL: ¡Nomehablé! TC: Pero a mí, vino la "Barra" y me cogió a mi mujer. (Wainraich y la productora se tientan por el comentario improvisado) TC: ¿Y qué te voy a decir? EFL: Eran otros tiempos TC: ¿Y qué te voy a decir, si veníamos perdiendo todos los partidos? HDP: Y sí...	2 HDP: ¿Estás de novia, Maglietti? AM: Sí. HDP: Uuuuh. ¡La envidia! TC: Mirá vo. HDP: Se la beso a ése. [M.W. Se tienta ante su propio comentario] LP: Ay, Dios santo y la virgen. [18/3/2024] 3 HDP: ¿Qué era levantar la copa del mundo, Tano? TC: Levantar la copa del mundo es como que te chupen la pija dos horas. EFL: Ma bien! No me hablé... ma bien! LP: No se puede decir... TC: ¡Olvidate! LP: No se puede decir "pija", Héctor. Héctor... [24/5/2021] 4 HDP: Yo tengo nena, y la verdad es que la terminás queriendo. No es tu nene... TC: ¿A qué edad la empezaste a querer?	5 HDP: Algo que le querés decir a tu pibe o a tu piba. TC: a mi pibe, porque a mi piba no tengo nada para decirle... porque creo que debe estar cocinando, preparando los platos. A mi pibe le quiero decir que... me gustaría que juegue de 3. HDP: Uhh. EFL: Está difícil, eh. HDP: Está difícil. TC: Me gustaría que juegue de 3. (Se quiebra y sus compañeros lo abrazan) ¿Por qué tenés que "cocinar", la concha de tu madre? HDP: Te salió ditinto, qué vas a hacer, Tanito. Te salió ditinto. TC: No estoy llorando de puto. HDP: No, no. Él llora de puto, vos no. HDP: Tanito, pero qué se yo... tal vez algún día... le da vuelta, andá a saber. EFL: De ahí no se vuelve. HDP: ¿Ya no se vuelve, no?

TC: ¿Qué te voy a decir? HDP: "Cogétela" TC: Y sí, qué le voy a decir, eh, eh... son cosas que... el fúlbo es tremendo HDP: Es el fúlbo... y si no lo entendés, sos un cagón. TC: Tenían razón... ella quiso... ella tenía razón. HDP: ¿Y vos después de eso, volviste a perder? No volviste a perder, porque aprendiste la lección. [15/8/2022]	HDP:...y... cuando empezó a cocinar. LP: Huy, qué hijo de puta. [18/3/2024]	TC: Es muy puto. HDP: ¿Es muy...? TC: Es muy puto. HDP/EFL: [Se tientan] HDP: Piba... es un momento muy difícil para nosotros este, piba. LP: Es una vergüenza que estén al aire. HDP: La verdad que sí. LP: Es verdaderamente una vergüenza que estén al aire, que tengan auspicios, que tengan seguidores por Youtube. Son una vergüenza al aire. HDP: Vos cada vez estás más buena, piba. [31/10/2023] 6 NG: Es raro que Boca haya llegado a la final de la Libertadores sin haber ganado un partido, pero no importa. EFL: ¿Sentís el gusto de la pija de Boca? NG: ¿Qué dice, señor? LP: ¡Eh!, ¡Eey! ¡¡Ey!! ¡¡E...Y!! Lo mejor que puede pasar es que levanten este programa. HDP: Tenés la amarilla, esto es amarilla. TC: Yo creo que hoy juega metáfora. Es una metáfora. LP: Pero esto no puede pasar. Esto no puede pasar. [9/10/2023]

Estas situaciones representan temáticamente la tendencia general que recorre el *sketch* desde 2021 a 2024: el incremento de comentarios homofóbicos, sexualmente cosificadores y misóginos. Cada uno de los episodios presenta dos momentos: la transgresión reidera donde el derrape se manifiesta, y la restitución sancionadora que puntúa el umbral de lo decible.

Componentes de la transgresión reidera

El primer caso (15/8/2022) condensa varios tópicos tabúes; naturalización de la violencia sexual en el fútbol, mención de expresiones obscenas, aceptación de la cosificación del cuerpo de la mujer como dispositivo de dominio de lo masculino y del dominio de un varón sobre otro varón. El personaje no solo comenta que "la barra brava" (denominada en singular, como una entidad unificada) abusó sexualmente de la esposa (un hecho de violencia que padece física y emocionalmente la mujer), sino que lo expresa como algo que le sucede a él ("me cogió a mi mujer").[20] El personaje justifica, además, el obrar criminal y brutal de la barra brava, como una consecuencia, enfatizando la función positiva de la barbarie, pues por medio de este acontecimiento traumático él aprendió la lección, y ya no volvió a perder.

Los casos segundo, tercero y cuarto pertenecen a la tópica de la cosificación de la mujer, que es una característica reiterativa del programa. Generalmente se expresa en dos modalidades: reducción de la mujer a un cuerpo-objeto, disponible para el uso del varón heterosexual, o limitada a un rol social estereotipado por su condición de género (cocinar, limpiar la casa, criar hijos). Resulta sintomática la distinción que establece el conductor entre dos tipos excluyentes de mujer: la *puta* y la *madre/esposa*; mientras que con la primera el varón puede liberar todas sus inclinaciones, alejadas del acto higiénico de la procreación, a la segunda, en cambio, hay que "respetarla".

---

20 Esta expresión aparece de modo sistemático con otra tópica frecuente: la mujer y la salida laboral; cada vez que los invitados mencionan que sus parejas trabajan, el TC intenta advertirles apelando a su experiencia personal: su mujer salió a trabajar 15 días y se la cogieron. Las variantes de esta anécdota están asociadas a la temporalidad (transcurrieron 15 días o 15 minutos), a la cuantificación (una única ocasión, o "se la cogieron 3 veces"), o a la cantidad de participantes sucesivos (un único varón, 3 varones distintos).

Finalmente, los casos quinto y sexto están vinculados a los comentarios homofóbicos. El tópico de la homofobia es una de las tendencias centrales, y una de las formas características de la degradación masculina para los periodistas.[21] Estos comentarios no tematizan necesariamente la preferencia sexual, sino problemas de clasificación para el varón heterosexual vinculados a la distribución social de tareas.[22] Solo en el caso de Gianlucca, estas referencias están directamente asociadas a la preferencia.

Componentes para la restitución

Estos momentos de derrape tienen siempre un correlato de indignación por parte de otros personajes, quienes establecen la condición límite de lo decible, por la cual se instituyen los signos de pertenencia de las respectivas comunidades enfrentadas: la ofensora vs. la ofendida. Esta articulación *derrape/indignación* resulta clave, pues revela la condición imputada y semiótica del hecho discursivo. En el segundo emplazamiento, este rol recae en la locutora.[23] Desde la situación 2 a la 6, es ella quien se encarga de puntualizar el exabrupto: o bien por medio de una mera indicación, manifestando vergüenza ajena, enojo o, incluso, insultando.

---

21 Aunque los comentarios homofóbicos están sistemáticamente dirigidos al universo de lo masculino, la homofobia femenina aparece también con regularidad, sobre todo cuando hay invitadas mujeres.

22 En la lógica del *sketch*, "Puto" es el varón que hace actividades o tiene emociones que la tradición misógina adjudica a la mujer (exceso de delicadeza, llorar, cocinar), así como "lesbiana" es aquella mujer que pretende habitar un universo tradicionalmente ocupado por el varón heterosexual.

23 Los invitados a veces encarnan esa indignación, pero casi nunca con la vehemencia, frontalidad e impunidad que expresa "La Piba".

Cuadro 4. Componentes para la restitución

Indicación de regla	Vergüenza ajena	Enojo llano	Insulto explícito
LP: No se puede decir *pija*, Héctor. [24/5/2021]	LP: Es verdaderamente una vergüenza que estén al aire, que tengan auspicios, que tengan seguidores por Youtube. Son una vergüenza al aire. [31/10/2023] LP: Ay, Dios santo y la virgen María. (...) No está bien... Ay, es una vergüenza ... Ay, es una vergüenza. Alejandra, yo te quiero pedir disculpas en nombre de toda la producción [18/3/2024]	¡Eh!, ¡Eey! ¡¡Ey!! ¡¡E...Y!! Lo mejor que puede pasar es que levanten este programa. (...) Pero esto no puede pasar. Esto no puede pasar. [9/10/2023]	LP: Huy, qué hijo de puta. [18/3/2024]

Estas intervenciones, aun cuando no sean diegéticamente acatadas por los transgresores, actúan como clausuras en el nivel del discurso y dan lugar a una moderación de la violencia verbal y a un cambio temático. El empoderamiento gradual de La Piba resulta clave para que sus intervenciones operen como componentes de sanción ante las verbalizaciones desmedidas de los varones, de modo que ese personaje representa la línea editorial del "deconstruido sentido común".

Pero las reacciones de la locutora constituyen, además, un material para la comicidad tanto para los periodistas que se ríen de ella como para el colectivo asumido, que -en el emplazamiento ficcional y mediático- disfruta de su degradación. Se percibe un elemento de *inadecuación* (Samaja, 2023) por parte de este personaje-mujer empoderada que pretende ser tratada con dignidad e igualdad en un universo donde dichos preceptos no se aplican a la condición de ser mujer.[24] Algunas de sus

24 En la tipología inicial que propusimos sobre las formas transgresivas de la comedia correspondería el tipo de inadecuación centrada en el personaje (1.13 y 1.14) *entre carácter y contexto* y *entre contexto y función asignada por el relato* (Samaja y Bardi,

intervenciones incluso resultan cómicas por sí mismas, en el modo en que las realiza, tal como sucede en la primera restitución, donde el señalamiento que hace frente a lo disruptivo termina duplicando la incorrección que se tematiza.[25]

Las indignaciones (de la locutora o de los/as invitadas/os) no son el único mecanismo con el cual se visibilizan y se sancionan los derrapes; esta función se expresa además en las risas descontroladas que protagonizan los intérpretes frente a los exabruptos (propios o ajenos).[26] En el caso 1: vemos en pantalla tentarse a Wainraich, Nacho Girón, una productora y al propio Corallo, que se tienta ante su propio comentario; en el caso 2, a Corallo y a Wainraich, que se tienta ante su propio exabrupto; en el caso 3, a Wainraich, Flavio Azzaro y Corallo, frente al comentario del propio Corallo; en el caso 4, es el propio Wainraich quien se tienta con su comentario; en el caso 5, Wainraich, Corallo y Fábregas, también por un comentario de Corallo; y en el caso 6, a Wainraich y a Nacho Girón, ante un comentario desubicado de Fábregas.

Los exabruptos son resultado de una improvisación parcial, pues lo realmente inesperado es el nivel de un exabrupto que, no obstante, está siempre enmarcado en los tópicos frecuentes que conforman la estructura con la que el programa organiza sus contenidos. Y decimos parcial no solo porque están conectados a los tópicos frecuentes, sino porque es desde ellos que se busca generar un golpe de efecto. Por ejemplo, en el caso 1, el de la violación por parte de la barra brava, HDP comienza preguntando al Tano: "cómo era en tus tiempos, cuando pasaba X"; este tipo de pregunta, y el tipo de respuesta (siempre fuera de

---

2010, pp. 106). En la versión última de nuestra teoría sobre lo cómico-humorístico, clasificamos esta modalidad transgresiva como *problema de transacción* (cfr. Samaja, 2023, p. 96).

25 Una idéntica estrategia aparece dos meses tarde con la palabra "paja" (12 de julio de 2021).

26 Durkheim (2008) considera que la risa con que responde la comunidad frente a la transgresión instituye el *hecho social*, y presenta "los mismos efectos que una pena propiamente dicha" (p. 41), asimismo, Eco (2000, pp. 107-108) afirma que la carcajada es el efecto [del todo social] frente al "uso impropio del código" [de al menos uno de sus integrantes].

lugar), están plenamente ritualizadas en el marco del programa. Lo único novedoso es el contenido del tema (abuso y presencia de barra brava), mas no el género de la pregunta (¿cómo eran las cosas antes?), ni de la respuesta (siempre se responde algo políticamente incorrecto). Las imputaciones también presentan esta doble condición: de ritualidad en torno a ciertas sanciones (sobre todo aquellas que encarna La Piba), junto a imputaciones espontáneas de los periodistas, la locutora o los invitados, expresadas con las risas fuera de control.

Es precisamente esta condición mixta lo que ilustra en el nivel de lo enunciado la presencia de elementos curativos cómico-humorística en el marco de una ritualidad preventiva de lo reidero que opera tanto en lo diegético del enunciado como en el nivel mediático y metacomunicativo.

Desarrollo de las condiciones de reconocimiento por parte del CE y el CM

El cambio de las condiciones de producción del discurso (de una radio a otra, pero también de un momento de la sociedad argentina a otro, con una presencia más ostensible de los discursos de odio) trajo aparejados cambios sustanciales en las condiciones de reconocimiento, materializadas tanto en el nivel diegético como en el mediático. En la primera etapa del programa (2018), los presuntos comentarios del público cuestionan el lugar de saber de los periodistas, como el valor mismo del programa.[27] Es decir, en aquella primera etapa, el discurso de los periodistas no halla en el colectivo diegético mecanismos de reconocimiento evidentes, aunque -como contrapartida- La Piba manifiesta una actitud sumisa y de relativo reconocimiento hacia el conductor ("Discúlpeme. Estoy orgullosa de trabajar con Ud."

---

[27] En el programa del 2/07/2018, ante la declaración de que HDP dejará el periodismo, indignado por los magros resultados de la selección... se escuchan al aire los siguientes mensajes diegéticos: "no los va a extrañar nadie, mi señora sabe más que Uds."; "no vuelvan más, le hacen mal al periodismo"; "si es FoM, que sea la muerte de este programa".

(22/02). Sin embargo, a partir de 2021 los comentarios de oyentes diegéticos comienzan a reflejar los valores del CR, asumiendo ahora estos mecanismos internos de reconocimiento un papel preponderante.[28] Como contrapeso a esta ganancia de reconocimiento del colectivo diegético, La Piba ahora asume una actitud beligerante, amenazando siempre con que está a punto de renunciar.

Estas nuevas condiciones de reconocimiento se materializan no solo en la dimensión diegética, con los presuntos mensajes de oyentes, sino también en una esfera que podemos denominar *mixta* (diegética y mediática). Se incorpora la asistencia de público participante en vivo, quien desempeña un rol diegético, pues, a pesar de ser parte del CM, juega a interpretar un rol como CR vitoreando y aplaudiendo cada intervención de los periodistas.[29] Esta ampliación del reconocimiento por parte del colectivo diegético parece presentarse en paralelo al incremento del colectivo mediático reidero que se consagra de modo ostensible en el llenado del Teatro Gran Rex; ambos colectivos constituyen el marco de legitimidad para el incremento de la violencia reflejada por los mensajes de los presuntos oyentes, y disfrutadas por parte del colectivo mediático.

Desde 2021 y hasta 2024, lo más significativo en torno a los reconocimientos mediáticos reside -sin duda- en la composición mixta de las intervenciones en las redes: a los comentarios de una platea mayormente masculina se van sumando gradualmente intervenciones de mujeres que escuchan y festejan la sección y sus humoradas, lo cual es coincidente con la presencia de público femenino tanto en

28 La mayoría de estos comentarios diegéticos los realizan oyentes indefectiblemente masculinos, cuando se invita a mujeres a opinar de fútbol: "Hétor… ¿qué hace una mina hablando de fulbo? ¿Para qué llevan a una mina? ¿Qué va a aparecer la semana que viene, el hijo del Tano cocinando ahí en vivo? ¿Se volvió de putos este programa ahora? (31 de julio de 2023).

29 En la puesta del Gran Rex, algunos seguidores fueron seleccionados para formar parte del evento, los cuales se ubicaron en una tribuna a cada costado sobre el escenario, como en una cancha de fútbol.

el vivo del programa radiofónico, como en las funciones de teatro en el Gran Rex. Esta consagración mediática alcanza su clímax en la apertura del espectáculo teatral, cuando el Tano sale a recibir al público festejando que por fin el futbol ha llegado al teatro; conquista diegética que, en la lógica del programa, se vive no solo como hecho comercial o cultural, sino como triunfo moral y de clase: pues la presencia del colectivo diegético significa la expulsión de los "putos" y de los "bolivianos".

Resulta sintomática la correlación entre el crecimiento del colectivo mediático, el incremento del apoyo del colectivo diegético, y el crecimiento exponencial de la circulación de la violencia concentrada en comentarios cosificadores (C), misóginos (M) y homofóbicos (H) entre 2018 y 2024. Lamentablemente, no disponemos de comentarios de las primeras transmisiones (las versiones más antiguas que han podido consultarse son de 2018, y solo están disponibles en formato de audio). Si bien la creciente popularidad de la sección permite suponer que el reconocimiento por parte del público debió acompañar el crecimiento del segmento, no resulta evidente que el reconocimiento del público haya sido inmediato ni masivo; de hecho, según la cuenta "controlremoto1227", las primeras transmisiones habrían tenido lugar en 2007, y luego lo habrían discontinuado, hasta su reaparición algunos años más tarde: "Los escucho desde 2007. Para mí esta es una de sus mejores secciones. Extrañamente desaparecida en su momento celebro su vuelta con entusiasmo".[30] De ser cierto este dato, la discontinuidad bien podría haber sido el resultado de una recepción apática por parte del público radiofónico en aquel momento, lo cual sería un indicio más de la transformación del público general del programa en el colectivo asumido mediático específico de la sección humorística.

Fragmentando todo el segmento en dos períodos no proporcionados (2018-2022, con trece emisiones; y 2023-2024,

30 https://www.youtube.com/watch?v=ds4xLbmCo7Y&t=278s.

con nueve emisiones) se aprecia, primero, un incremento de cada uno de los ítems bloque C-M-H; luego, un aumento desproporcionado de la asimetría entre el bloque C-M-H, y el conjunto constituido de maltratos a la piba (MP), insultos entre varones (IV) y apología a la violencia (AP). Lo cual señala por dónde pasa la tendencia del programa.

Cuadro 5. Incremento de la violencia reidera

	C	M	H
2018-2022	48	107	143
2023-2024	90	193	202

	C-M-H	MP-IV-AV
2018-2022	298	244
2023-24	485	74

Resulta llamativo el incremento en el segundo período de periodistas invitados asociados a los programas de deportes que el programa ridiculiza, pero aún más el incremento de mujeres participantes; si los primeros aceptan la ridiculización humorística de sus desempeños laborales, estas últimas aceptan la agresión cómica en la forma de cosificación y misoginia, es decir, desde su condición de género. Si bien todas las mujeres invitadas suelen ser víctimas de alguna forma de degradación,[31] la locutora suele ser el centro de los exabruptos por parte del plantel masculino.

31 El caso de Alejandra Maglietti es, probablemente, el más intenso: "HDP: Muchacho... hoy viene un mionca, eh. (...) es un espetáculo (...) Vamo' a presentar a este mionca. [suena la música de 9 semanas y ½) // LP: Ay, por favor. // HDP: ¿Qué pasa piba? // LP: Que no la cosifiquen. Es una periodista...[La invitada ingresa] // HDP: ¿Hacemo la vueltita? // LP: ¡No, Héctor! // AM: Me incomoda. Me da cosa // AM: Gracias por invitarme... que vine a hablar de Derecho deportivo, que es lo último que estuve estudiando // HDP: ¿Sabés lo que estuve estudiando yo hoy? Todas tus fotos de Playboy. [La invitada fue tapa de la revista *Playboy* en 2007]".

Cuadro 6. Cosificaciones

2018	2021
EFL: Se trajo los inflables acá la piba ¡eh! (17/02) HDP: Ahí va. Deci, "un padre para mí" LP: Un padre, para mí. HDP: ...o "un papito". ¡Ja, Ja, Ja, Ja! (17/02)	HDP Lo iba a invitar a comer [al marido de la locutora], pero él no tiene hambre, porque está comiendo bien, LP: Héctor, Héctor, eso es lo que habíamos hablado que me gustaría que no pase nunca más. HDP: ¿Y a mí sabés qué me gustaría? Comer como tu marido. LP: Yo voy a pedir la renuncia. HDP: Bueno, no te la vamo a dar... aunque queremo dártela.... Jajaja (13/4) HDP: [Al invitado] Linda voz tiene... todo lindo tiene ésta, jajaja LP: ¿Te acordás que habíamos hablado que este tipo de intervenciones no las tengamos más? HDP: Tiene una frutería la piba. ¿No ves los melones? (26/4) Yo siempre tuve hijos con la misma... con ésta. Jajaja ¿Piba? (7/7)
2023	**2024**
HDP: ¿Queré micrófono" vos, piba? HDP:¿Hay fin de semana largo con tu dorima? Ja! (20/2) HDP: ¿Juega "Gamboa" hoy piba? Ja, ja, ja (31/7) TC: Vení, vení, preguntá. LP: ¿Qué abogado? TC: el que tengo acá... qué hijodepu. LP: Si yo no tengo un lugar este año en el panel... HDP: Acá podés tener un lugar, piba. Jajajaja HDP: ¿Alguna vez te tocamos el culo? Contestá lo que te pregunto LP: Alguna vez, sí. HDP: Son histéricas las minas, eh. (31/7) HDP: Cómo están las minas, ¿no?... está bárbara ésta, ¿no? TC: Y cuando va, y cuando viene. (25/9) HDP: ¿Querés hacer la columna, piba? Acá tené la columna. Jajaja (9/10) HDP: Vos cada vez estás más buena, piba. (31/10) EFL: Me la imagino en babydoll con una bandeja de milanesas. (31/10)	EFL: Erraron los penales. HDP: ¿En el auto no había lugar, piba? LP: Yo presenté ya a mis abogados (...) TC: ¿Qué abogado? TC: Preguntame qué abogado. Decile que me pregunte. EFL: Preguntale qué abogado. TC: Preguntá, preguntá EFL: Preguntale. TC: Vení, vení, preguntá. LP: ¿Qué abogado? TC: el que tengo acá... qué hijodepu. (8/4) HDP: [Sobre Vero Brunatti] Me gustó porque la vimos venir... y la vamo a ver cómo se va. (8/4) HDP: La cuidamos. Pará, pará: piba, piba... ¿alguna vez, te quisimos dar masa? Decí la verdad. LP: Montón HDP: No. FL: Eso no es... daale. LP: Si me dieron plata para que no los denuncie (15/4)

La cosificación tiene dos modalidades: mujer-objeto madre/esposa/hija, como una propiedad del varón para proteger y admirar;[32] mujer-objeto puta, para ser usada, habitada y hasta compartida por el varón.[33]

Las degradaciones también se expresan en la censura constante que las mujeres padecen en el programa: desde la locutora, a la que se le niega la posibilidad de tener su columna editorial, o siquiera de participar u opinar sobre fútbol, hasta el rechazo en vivo de llamados de oyentes-mujeres, a las que se "saca del aire" por tratarse el "fútbol" de un reducto para "machos".[34] Esta queja sobre la presencia ilegítima de mujeres en los espacios vinculados a lo futbolístico es constante y se expande, incluso, al público en vivo cada vez que los conductores advierten la presencia de mujeres en el estudio o en el teatro.[35]

Como consecuencia de estas nuevas condiciones de reconocimiento, se produce un desplazamiento diegético del *chivo expiatorio*: desde el programa y sus conductores (que a partir de ahora serán glorificados y consentidos), a todos los individuos que encarnan la deconstrucción y la tolerancia, quienes ahora deben soportar, de parte de los conductores, la agresión cómica.

---

32 Cuando a HDP lo acusan de machista, se defiende afirmando que "la mujer es el adorno más hermoso que puso Dios en el mundo".

33 HDP suele jactarse de que debutó sexualmente con la misma prostituta que su papá y su abuelo.

34 Cuando el invitado/a advierte el hecho, HDP se excusa con los siguientes argumentos: "[la admitiríamos]... si sería [éste] un programa de cocina..." (25/9/2023); o, también: "ya está la invitada, y está la piba... cuántas pibas más vamos a poner al aire... ¿es el mundial [de lesbianas] éste, también?" (31/7/2023).

35 Luego del espectáculo teatral, el conductor dijo al aire: "Muchachos, yo me sentí... y no es de homosesual lo que voy a decir... me sentí feli' porque llenamo' el teatro, sentí que el público estuvo con nosotros. Si vos me preguntá' qué le cambiara a lo que pasó el último sábado (...) la próxima vez, cuando hagamo', porque vamos a hacer otro en cualquier momento: ... meno minas" (3/06/2024).

4. Conclusiones

FoM muestra cómo un colectivo puede hallar estrategias reideras propicias para el ejercicio organizado de su violencia asumiendo con humor sus excesos, y proyectando hacia afuera una caricatura casi grotesca, a la que presenta como centro de la ridiculización, como un chivo expiatorio.

En dicha figuración grotesca, el colectivo asumido debe reconocerse y al mismo tiempo distanciarse en la víctima (lo suficiente como para que la víctima de recambio pueda operar como un sustituto, pero sin excederse, para que la ritualización cómica tenga su efecto purificador). Por lo tanto, el recentrarse la experiencia reidera en la esfera de lo privado pareciera aplicarse únicamente a los colectivos no mediáticos, ya que colectivos mediáticos como FoM expresan precisamente casos de apertura hacia la búsqueda de la recuperación de una *risa pública* contenida en los procedimientos rituales y preventivos de lo reidero. Esta estrategia sacrificial no opera solo en el nivel mediático, en la caricatura deformante del colectivo futbolero, sino también en el diegético; en la degradación –por parte del conductor y los panelistas– de quienes encarnan los nuevos valores sociales del progresismo y la inclusión.

En la identificación con estos mecanismos purificadores de violencia, el colectivo asumido consigue preservarse hallando en el marco reidero ficcional a las mismas víctimas de recambio que ha encontrado siempre en la vida social.

Ser o no ser..., pertenecer o no..., esa es la cuestión de lo cómico o lo humorístico

En el nivel enunciativo es posible apreciar las dos configuraciones que señala Girard: agresión contra un tercero ajeno (con conservación del grupo propio), o renuncia de una individualidad para la conservación del todo. Dicho en términos de la teoría reidera: registros cómicos y registros humorísticos. La estrategia cómica más evidente está centrada en la ausente -o dudosa- cualificación de los periodistas, que se materializa en una *ignorancia cómica,* que impide asimilar los cambios contemporáneos y se obstina en unos valores que ya han perdido toda vigencia.

Si la dimensión cómica opera sobre todo en el nivel diegético, la dimensión humorística opera fundamentalmente en el nivel mediático donde el colectivo asumido se ríe de sí mismo, al reconocerse en los caracteres representados. Wainraich, Corallo y Pink, en cuanto confesos hinchas de fútbol, asumen una perspectiva humorística en la caricaturización de sus personajes (desde adentro); Fábregas, en cambio, no comparte la pasión futbolera, por lo que su perspectiva se manifiesta eminentemente cómica (o desde afuera), ya que se ríe de la conducta de otros, con los cuales no logra comulgar. Interpretamos, además, una perspectiva humorística en la actitud de Julieta Pink, en torno a la mujer contemporánea: una mujer con deseo de empoderarse, pero que no consigue llevar a la materialización su deseo; empoderada desde lo discursivo, pero sometida desde las estructuras productivas y materiales.

Comunidad, valor, oposición

Como se ha dicho en el inicio, la conformación de un colectivo identitario requiere no solo la capacidad de representarse sus valores, sino de tener presentes los valores de una realidad antagónica, con la cual establecer un sistema de oposiciones; en tanto la comunidad no puede prescindir absolutamente de una víctima de recambio para la preservación de su núcleo propio, debe poder realizar simbólicamente la agresión hacia ese otro en los marcos de una trama narrativa legitimante. Según Girard, estos mecanismos preventivos aumentan en relación directa con la ausencia o la crisis de los sistemas sociales centralizados.

"Es preferible prevenir que curar"

Del análisis expuesto, se advierte la prevalencia de las medidas preventivas en el nivel metacomunicativo y mediático de la práctica reidera, pero al mismo tiempo una coexistencia de lo preventivo y curativo en el nivel de lo enunciado y diegético.

Los casos de derrapes comentados no pueden considerarse dentro de la misma clase de los tópicos recurrentes,[36] pues, a diferencia de las situaciones previstas y mediadas por la producción (acusar de "lesbiana" a cualquier relatora mujer invitada, de "puto" o "trolo" a cualquier varón que cocina, etc."), los derrapes aparecen como situaciones facilitadas, pero no determinadas, por la estructura. Por idéntico motivo, no pueden considerarse las amenazas de La Piba ("Este es mi último programa") dentro de la misma clase de sanciones que las risas descontrolas de los intérpretes: mientras que las primeras forman parte de los recursos *preventivos*, las tentaciones nerviosas de los protagonistas se nos presentan como una reacción *curativa*, donde la risa emerge como sanción directa hacia la agresión de lo normativo.

Se aprecia, además, una correlación directa entre el aumento de las condiciones de reconocimiento de los colectivos y las condiciones de producción/exposición de la violencia, tanto en el nivel de las relaciones sociales reales como en el de las producciones sociales imaginarias.

El incremento de la violencia que exhibe FoM se enmarca, a su vez, en un contexto más amplio donde la sociedad argentina se ha ido acostumbrando a -y, hasta podría decirse que, reconociendo *por defecto*- la circulación en la esfera pública y civil de los *discursos de odio*; emergentes reactivos frente a las luchas por los derechos civiles, la igualdad y el respeto por la diversidad de géneros. En este

---

36 Por ejemplo, cada vez que una mujer afirma su pasión por el fútbol, aparece de rigor la pregunta por su condición lesbiana, así como cuando se menciona que un varón cocina, se afirma de rigor que es puto.

aspecto, resulta sintomático que el aumento de la agresión misógina que el "programa" exhibe en su segundo período vaya en paralelo al incremento de mujeres que empiezan a habitar un territorio futbolístico (como jugadoras, relatoras, periodistas deportivas o simplemente hinchas) considerado tradicionalmente exclusivo del varón.

De modo tal que las estrategias reideras, como medidas preventivas ritualizantes de la violencia, operarían en dos niveles: 1) en el nivel *macro* de una sociedad que requiere constantemente mecanismos de *reemplazamiento*[37] de la violencia para conservar su cohesión social (y en este sentido, el hecho de que programas como FoM aparezcan precisamente en el marco de los discursos de odio ofrece una lectura interesante de la función social de lo reidero como ritual colectivo); 2) en un nivel *micro*, pues lo reidero posibilita la emergencia y la reproducción en el tiempo de colectivos idiosincráticos, que pueden ejercer simbólicamente la violencia sobre sus chivos expiatorios habituales en los marcos lúdico-ficcionales que ofrece el registro reidero.

Bibliografía

AA.VV. (2023). *Una aproximación a los discursos de odio: antecedentes de investigación y debates teóricos Coordinación de Investigaciones y Observatorios sobre Discriminación*. Buenos Aires: INADI.

Attardo, S. (1994). *Lingüistic Theories of Humor*. Nueva York: Mouton de Gruyter.

Berger, P. (1999). *La risa redentora. La dimensión cómica de la experiencia humana.* Buenos Aires: Kairós.

37 Proponemos un juego de mutuas sustituciones entre *cambio de emplazamiento discursivo a otro*, asociado a la noción literal de *reemplazo*, y transmutación de una realidad en otra por medio de un proceso de simbolización, donde la violencia deviene hecho reidero por medio de una operación preventiva y ritualizante.

Bergson, H. (2003). *La risa*. Buenos Aires: Losada.
Carlón, M. (2020). *Circulación del sentido* y construcción de colectivos. San Luis: Nueva Editorial Universitaria.
De Waal, F. (2014). *El bonobo y los diez mandamientos*. México: Tusquets.
Durkheim, E. (2008). *Las reglas del método sociológico*. Buenos Aires: Losada.
Eco, U. (2000). *Tratado de semiótica general*. Barcelona: Lumen.
Fernández, J. L. (2008). *La construcción de lo radiofónico*. Buenos Aires: La Crujía.
Fraticelli, D. (2024). "Dime de qué ríes y te diré quién eres": El humor hipermediático en los procesos de identificación colectiva. *Signo y seña*. Dossier, 44, 4-25.
Fraticelli, D. (2023). *El humor hipermediático. Una nueva era de la mediatización reidera.* Buenos Aires: Teseo.
Girard, R. (1998). *La violencia y lo sagrado*. Barcelona: Anagrama.
Girard, R. (1986). *El chivo expiatorio*. Barcelona: Anagrama.
Pankseep, J. y Burgdorf, J. (2003). "Laughing" rats and the evolutionary antecedents of human joy? *Physiology & Behavior*, 79, pp. 533-547.
Plessner, H. (1960). *La risa y el llanto*. Madrid: Revista de Occidente.
Samaja, J. A. (2023). "Sobre una nueva lista de categorías: Cuestiones trascendentales en torno a las modalidades de la inadecuación cómica". *Signo y seña*. Dossier, 44, 4-25.
Samaja, J. A. (2021). Licencia para matar (de risa). En Burkart, M., Fraticelli, D. y Varnagy, T. (coords). *Arruinando chistes. Panorama de los estudios del humor y lo cómico* (pp. 73-106). Buenos Aires: Teseo.
Samaja, J. A. y Bardi, I. (2010). *La estructura subversiva de la comedia*. Buenos Aires: SAI.
Samaja, J. A. (2007). *Epistemología de la salud*. Buenos Aires: Lugar Editorial.
Samaja, J. A. (2001). Elementos ontológicos para investigadores. En *Perspectivas Metodológicas*, n.° 1.

Samaja, J. A. (2000). Aportes de la metodología a la reflexión epistemológica. En Díaz, E. (ed.). *La posciencia*. Buenos Aires: Biblos.

Scruton, R. (2018). *Sobre la naturaleza humana*. Madrid: Ediciones Rialp.

Verón, E. (2013). *La semiosis social 2. Ideas, momentos, interpretantes*. Buenos Aires: Paidós.

Verón, E. (2004). *Fragmentos de un tejido*. Barcelona: Gedisa.

Fuentes periodísticas

El destape (17/8/2022). Formoso, Franco, Quién es Guido Corallo, el Tano Caprese de Fútbol o Muerte: "Soy una imitación de Ruggeri".

El día en 30. https://tinyurl.com/mpk3jnyy.

El Gráfico (17/4/2022). Molina, Panqui, Fútbol o Muerte: cuando la ficción le gana a la realidad.

La Nación (19/8/2022). Petruccelli, A., Sebastián Wainraich habla de "Fútbol o Muerte", la sátira radial que ridiculiza el exitismo argentino.

FoM

19/2/2018: https://tinyurl.com/2cmuz5p3
22/2/2018: https://tinyurl.com/jmf5cvdd
9/5/2018: https://tinyurl.com/8vwnbzjh
2/7/2018: https://tinyurl.com/3vry2rpv
13/4: 2021: https://tinyurl.com/y5cpw76v
24/5/2021: https://tinyurl.com/nhzajx8f
28/6/2021: https://tinyurl.com/259vwr47
7/7/2021: https://tinyurl.com/mw9trz3x
26/4/2021: https://tinyurl.com/3ty9bkyd
29/11/2021: https://tinyurl.com/5yrnpntm
6/12/2021: https://tinyurl.com/bdfyzy2x
15/8/2022: https://tinyurl.com/5a9s6rbn
10/10/2022: https://tinyurl.com/yx34n3bz
20/3/2023: https://tinyurl.com/bdfnx559

27/3/2023: https://tinyurl.com/yypfszck
10/4/2023: https://tinyurl.com/42bxbm6n
15/5/2023: https://tinyurl.com/2ya992pn
7/8/2023: https://tinyurl.com/yc385wxh
25/9/2023: https://tinyurl.com/3p393cj2
31/7/2023: https://tinyurl.com/yt7day74
9/10/2023: https://tinyurl.com/2b4r2cr8
18/3/2024: https://tinyurl.com/h9ybxcky
8/4/2024: https://tinyurl.com/htykdjxd
3/6/2024: https://tinyurl.com/4hzz2tdw
16/9/2024: https://tinyurl.com/yc3v7t3p

III.

Humor y consenso social

Los blancos de burla en la comedia Lisístrata

JIMENA SCHERE

En la Grecia clásica la comedia antigua, representada en festivales teatrales periódicos frente al público ciudadano, se vale de blancos cómicos tradicionales que operan como mecanismos consensuados para generar comicidad entre los espectadores. En este sentido, constituye una valiosa fuente para detectar algunos blancos de burla compartidos por el público contemporáneo, muchos de los cuales la comedia ha transmitido a la tradición literaria de Occidente.

La obra de Aristófanes, el mejor testimonio conservado de la comedia antigua, permite observar cómo este género ha resultado un influyente receptor y propagador de tópicos cómicos instalados, de antigua procedencia en la literatura griega, que ridiculizan, por ejemplo, a sectores excluidos de la ciudadanía, como esclavos y mujeres, o a los grupos económicamente marginados. A pesar de su empleo de motivos tradicionales y de estereotipos sociales negativos, la obra de Aristófanes se revela también como creadora e impulsora de nuevos objetos de burla privilegiados, figuras relevantes del poder político, económico y militar de la Atenas contemporánea.

La comedia *Lisístrata*, representada en el año 411 a. C., permite analizar el complejo funcionamiento de los blancos cómicos en la producción aristofánica. Esta obra retoma la polémica política en favor de la paz entre Atenas y Esparta, en el contexto de la guerra del Peloponeso, tema presente en todas las obras tempranas conservadas del autor y eje dominante en *Acarnienses* (425 a. C.) y en *Paz* (421 a. C.). *Lisístrata* pone en escena el plan de la heroína femenina, una huelga sexual de las mujeres, para lograr la tregua entre las dos ciudades. En este marco, Lisístrata encabeza la rebelión, se enfrenta con su antagonista, el Consejero, representante del poder político y militar en Atenas, y alcanza su objetivo.

En esta comedia, al igual que en otras obras con protagonistas femeninas, Aristófanes se vale de una serie de tópicos cómicos tradicionales sobre conductas atribuidas a las mujeres, por ejemplo, la afición a la bebida, la incontinencia sexual y la inclinación al engaño. A partir de las reiteradas burlas dirigidas contra ellas, algunos autores han sostenido que la pieza constituye un ataque contra el mundo femenino y un panegírico del colectivo masculino. Taaffe (1993), por ejemplo, argumenta que *Lisístrata* celebra la masculinidad, al espectador ideal masculino y muestra el absurdo de la actuación de las mujeres en la vida pública.

En contra de esta línea de análisis, partimos de la hipótesis de que las burlas contra las mujeres constituyen tan solo motivos cómicos secundarios en la obra. Por el contrario, su blanco satírico privilegiado está representado por la política belicista, sustentada históricamente por los ciudadanos de la asamblea, compuesta íntegramente por hombres, los agentes reales de la política ateniense y, sobre todo, por sus dirigentes políticos. Las mujeres atenienses, en cambio, excluidas de la ciudadanía, carecían de capacidad de acción y de decisión en la vida pública.

En este trabajo nos proponemos analizar los tópicos tradicionales de burla contra las mujeres en *Lisístrata* y observar su marginalidad respecto del eje satírico de la pieza, la política belicista. La indagación se propone, a la vez, considerar la antigüedad y persistencia de estos tópicos de temática femenina en el arte y la cultura griega, que dejan su impronta en la tradición cómica de Occidente y, al mismo tiempo, registrar el surgimiento y la instalación de nuevos blancos cómicos dominantes en la comedia antigua.

Humor y complicidad

La comedia aristofánica se propone generar una necesaria complicidad con el público contemporáneo para provocar su risa y obtener su aprobación en el marco de los festivales teatrales. En este sentido, los blancos tradicionales, compartidos por la comunidad, resultan objetivos de probada eficacia. En su libro *La risa*, Bergson ([1900] 1991) ha puesto de manifiesto la dimensión social del humor: "Nuestra risa es siempre la risa de un grupo" (p. 14). Si el objeto de burla resulta ajeno a las inclinaciones del público, el espectador puede sentir resistencia a reírse de un blanco controvertido o que rechaza como tal. En virtud de esta necesidad de consenso, la risa suele recaer sobre ciertos tópicos tradicionales, ciertos lugares comunes de lo cómico que garantizan la generación de esa complicidad de base para que la risa se produzca.

El blanco femenino constituía en la Grecia antigua un motivo instalado de burla y escarnio, admitido y compartido socialmente desde la épica homérica. Loraux (1991) destaca que Aristófanes retoma en sus obras la vieja tradición de la invectiva que evidencia el desprecio de lo femenino. Encontramos un ejemplo de esta tradición en un pasaje del canto VII de *Ilíada* (v. 96), en el cual el rey Menelao injuria a su ejército con el apelativo de "aqueas".

Asimismo, en el período arcaico, Hiponacte se vale en su poesía yámbica del blanco femenino como recurso humorístico:[1] "Dos son los días más agradables respecto de la mujer: cuando uno se casa con ella y cuando la lleva a enterrar" (68).[2]

El *Yambo de las mujeres* del poeta Semónides, que retoma la tradición de Hesíodo, constituye el ejemplo más claro de

---

1 Al respecto, véase Degani (1991). Sobre la relación entre comedia y poesía yámbica, véase también Rosen (1988).

2 Utilizamos la edición de Rodríguez Adrados (1981). Las traducciones de los textos griegos son propias.

la presencia de motivos cómicos femeninos en la literatura arcaica. Semónides se burla de las mujeres por la atribución de una serie de rasgos negativos, algunos de los cuales reaparecen luego en la comedia aristofánica: la tendencia a la infidelidad, al engaño, la avidez sexual, la voracidad, la pereza, la inconstancia, entre otras cualidades que el poeta satiriza a partir de la asimilación de sus "tipos femeninos" con distintas clases de animales (i. e. cerda, perra, comadreja, asno) y elementos de la naturaleza, de los que las diversas tipologías de mujeres serían descendientes:

> A otra la hicieron nacer del asno grisáceo y resistente a los golpes, que apenas por necesidad y por las amenazas soporta todo y rinde un trabajo aceptable. Mientras tanto, come en el interior de la casa toda la noche y todo el día y come junto al hogar. Sin embargo, también recibe a cualquier amante que venga en busca del acto de Afrodita (vv. 43-49).[3]

En la Grecia antigua, la literatura desempeña un papel central en la educación y en la transmisión de valores y estereotipos sociales compartidos. Por cierto, el poema de Semónides, a pesar de su visión negativa de las mujeres, aconseja sobre la elección de la mejor esposa posible, nacida de la abeja, que se caracteriza por ser fiel, trabajadora en su hogar, ahorrativa y madre confiable de hijos legítimos.

Los motivos acuñados por la tradición literaria se nutren, sin duda, de estereotipos sociales y, a su vez, los refuerzan. Definimos el concepto de estereotipo social, de acuerdo con la perspectiva de Amossy (2001), como "una representación social, un esquema colectivo cristalizado que corresponde a un modelo cultural dado" (p. 69). En el caso de las mujeres, la literatura griega arcaica asienta ciertos tópicos literarios que plasman imágenes sociales cristalizadas, que gozarían de consenso comunitario.

---

3 Utilizamos la edición de Rodríguez Adrados (1981).

En el período clásico de la democracia ateniense, Aristófanes retoma estos motivos tradicionales en *Lisístrata* y en las otras obras de tema femenino, *Tesmoforiantes* y *Asambleístas*. En *Lisístrata*, por ejemplo, las mujeres se resisten en un primer momento a la huelga sexual propuesta por la heroína para forzar la tregua porque se consideran incapaces de soportar la abstinencia.[4]

También son frecuentes en su obra las alusiones a la infidelidad femenina[5] y a la afición a la bebida.[6] Si bien en Semónides no se hace referencia al alcoholismo, la mujer nacida del asno, por ejemplo, se retrata como una tipología incapaz de poner límite a su voracidad (vv. 43-49). La fama de engañadoras y los reproches por la incapacidad de abstenerse en cuanto a los apetitos del cuerpo –ya sea la comida, la bebida o el sexo– se convierten en motivos cómicos instalados en la literatura griega y rasgos estereotipados, compartidos por la comunidad ateniense.[7]

En la obra de Aristófanes, si bien no se prescinde de los motivos de burla tradicionales contra las mujeres, tampoco los hombres quedan exentos de los rasgos cómicos negativos atribuidos a ellas. En *Lisístrata* se ridiculiza, por ejemplo, el "priapismo" de los varones (MacDowell, 1995, p. 231), que acceden a la tregua por la huelga sexual de las mujeres, y no por consideraciones políticas. El engaño, por otra parte, es una de las características centrales de los oradores de la asamblea, como ejemplifica la figura de Paflagonio en *Caballeros*. El esclavo Paflagonio, que representa al líder político contemporáneo Cleón, engaña constantemente a Demos, personificación del pueblo ateniense, para ganarse su favor.

---

4 Véanse vv. 124-139.

5 Por ejemplo, en *Lisístrata* 403-419.

6 Por ejemplo, en *Lisístrata* 194-197 y 207.

7 Rosellini (1979, p. 21) sostiene que el discurso sobre las mujeres en *Lisístrata* oscila entre la imagen de la "mujer-peste", que ocasiona la ruina para los hombres, y la "mujer-modelo", portadora de los valores domésticos. Ambas imágenes tienen sustento en la visión griega tradicional sobre las mujeres.

También se atribuye a los hombres, más precisamente a los ciudadanos reunidos en asamblea, la afición a la bebida, y se los acusa de tomar decisiones "de borrachos", como se puede apreciar en un significativo pasaje de *Asambleístas* (vv. 130-143).

Las burlas habituales contra las mujeres, presentes en la comedia de Aristófanes, permitirían generar sin duda una complicidad, basada en el consenso, entre el comediógrafo y su público, conformado básicamente por ciudadanos varones.[8] Aristófanes utiliza lugares comunes de lo cómico en parte como una estrategia para abrirse terreno hacia blancos más controvertidos, como la política belicista contemporánea. Los motivos cómicos tradicionales, en definitiva, sirven para generar una adhesión inmediata, garantizada por el peso de la tradición, y para avanzar, aprovechando esa complicidad de base, hacia el ataque contra blancos satíricos polémicos y carentes de consenso.

En el caso de la comedia *Lisístrata,* es evidente que la política belicista gozaría de aprobación entre los contemporáneos de Aristófanes;[9] por lo tanto, la ridiculización de esta postura chocaría con cierta resistencia entre los conciudadanos del comediógrafo.[10] Lo mismo se puede decir de la ridiculización de la asamblea que despliega, sobre todo, la

---

8 Henderson (1991) observa que ningún testimonio antiguo confirma que las mujeres estuvieran exentas de participar en la representación teatral y argumenta que quizás algunas pudieran asistir en ciertas condiciones. Sin embargo, en el caso de que asistiera alguna porción minoritaria, el público dominante era igualmente de varones, los únicos espectadores con capacidad de decisión política. Por su condición de actores políticos, la estrategia argumentativa de las obras se centra sin duda en ellos.

9 En *Lisístrata,* la posición belicista aparece encarnada sobre todo por el Consejero. Además, se ataca a Pisandro (vv. 490-491), a quien se asimila a los líderes políticos partidarios de la guerra al estilo de las comedias tempranas. Al respecto, véanse Westlake (1980, pp. 47-48), Henderson (1987), López Eire (1994, p. 73).

10 La posición antibelicista era resistida por múltiples motivos políticos y económicos. En otra línea de análisis, Dorati (1998) ha argumentado, por ejemplo, que existe una relación entre la mentalidad belicista y la afirmación masculina de la virilidad.

comedia *Asambleístas*. Si bien la asamblea comienza a convertirse en blanco cómico frecuente a partir de la comedia antigua, en principio su satirización puede haber generado cierta reticencia, si se tiene en cuenta que el público ciudadano que asistía a los festivales teatrales era semejante al que asistía a la propia asamblea.[11]

La comedia *Lisístrata* también presenta una imagen degradada de los hombres respecto de las mujeres, que podría suscitar controversias. La sátira contra los hombres y su política se hace evidente en la ridiculización constante a la que se somete a los diferentes personajes masculinos que desfilan por la pieza y que se oponen a los designios de las mujeres de conseguir la tregua: el Consejero,[12] el coro de ancianos varones[13] y el personaje de Cinesias.[14] MacDowell (1995, p. 247) ha observado que en la obra las mujeres se revelan más exitosas en la actividad que les compete, según la perspectiva ateniense (los trabajos domésticos), que los hombres en las tareas que monopolizan: las decisiones políticas y el manejo de la *polis*. Sin duda, la degradación de los hombres respecto de las mujeres, la política belicista contemporánea y el desempeño de la asamblea no constituirían "blancos fáciles" de burla en la época; por el contrario, generarían una cierta reticencia en el público, capaz de socavar la necesaria complicidad que la risa demanda.

En su trabajo sobre el chiste, Freud ([1905] 2006) ha señalado que el receptor puede experimentar resistencias a

---

11 Las críticas contra la asamblea masculina en *Lisístrata* se hacen explícitas en los versos 507-515. Sobre la relación entre el público teatral y los asistentes a la asamblea, la opinión más consensuada sostiene que eran prácticamente idénticos. Sommerstein (1998b) argumenta, en cambio, que el público del teatro sería de carácter más conservador que el de la asamblea porque el costo de la entrada limitaría el acceso; por lo tanto, según su postura, el público teatral estaría compuesto fundamentalmente por ciudadanos acomodados.

12 Véase *Lisístrata* 530-531 y 659-613. Durante la disputa con el Consejero, Lisístrata hace una crítica a la política contemporánea masculina a través de la analogía de la lana (vv. 573-586).

13 Véase *Lisístrata* 648-657.

14 Véase *Lisístrata* 830-958.

reírse de un blanco que aprecia: "Ante una platea de amigos devotos de mi oponente, las más chistosas invectivas que yo pudiera aducir contra él no se considerarían chistes, sino invectivas, provocarían indignación, no placer, en el auditorio" (p. 138). En este sentido, Freud observa que es necesario "algún grado de complicidad o cierta indiferencia" para que el receptor sea partícipe del chiste. Los blancos políticos con los que se enfrenta la comedia aristofánica podían generar sin duda un rechazo en el público y, en consecuencia, hacer fracasar la obra en la competencia teatral.

A pesar de que la pieza desvía el eje cómico tradicional de las mujeres hacia los hombres y su política, tampoco propone rupturas radicales ni que las mujeres asuman un especial protagonismo en los asuntos de la *pólis*. Más bien la imagen de Lisístrata y sus seguidoras funciona como un contramodelo cómico y fantástico para satirizar la realidad política contemporánea y dejar en evidencia las falencias de los líderes masculinos y de los ciudadanos. Aristófanes puede entonces criticar al poder desde ese espacio exterior, desde los márgenes de la esfera política.

Si bien la idea del poder y de la acción política en manos de las mujeres aparece como una mera ficción cómica, vale la pena destacar la observación de Carrière (1983), quien hace notar que "la subversión cómica que permite la ginecocracia no toma jamás la forma de la *doulocracia*" (p. 67). La comedia no es capaz de imaginar una ciudad sin esclavos, salvo mágica y lejana en el tiempo. Es posible fantasear, por el contrario, con una *polis* comandada por mujeres, al menos en el horizonte de la ficción, y llevar esa fantasía a escena. Sin embargo, el poder político o la emancipación de los esclavos en la *polis* ateniense no es siquiera imaginable en la utopía cómica. En este sentido, la mujer libre, en el marco de una sociedad esclavista, ocupa un lugar de mayor protagonismo, al menos en el imaginario cómico, que los esclavos, que se mantienen al margen de toda actividad política, incluso en el plano de la representación utópica.

En síntesis, entendemos que el objetivo fundamental de esta comedia no es reforzar los estereotipos femeninos ni tomar como blanco prioritario a las mujeres,[15] según hemos intentado demostrar, sino abrir el terreno para la instalación de nuevos blancos cómicos privilegiados que se imponen a partir de la comedia antigua. Los motivos humorísticos tradicionales, por su parte, proporcionan una base de consenso mínimo y procuran captar la benevolencia del público, propiciando un clima de complicidad y de aceptación hacia la obra.

En la parábasis de la comedia *Paz*, el coro de campesinos afirma que Aristófanes en sus obras ya no se ríe de blancos pequeños y sin poder, y entre ellos menciona a las mujeres, sino de blancos poderosos: "[El poeta Aristófanes] no ridiculizó ni a hombrecitos comunes ni a mujeres, sino que con la furia de Heracles atacó a los más grandes" (vv. 751-752).[16]

A la luz de estas afirmaciones de "poética explícita", podemos reforzar la idea de que la elección de motivos cómicos sobre las mujeres en *Lisístrata, Tesmoforiantes* y *Asambleístas* responde claramente a una intención diferente a la de centrar la burla en ellas: el verdadero propósito es burlarse de blancos más poderosos, como figuras significativas en el plano político, económico y militar, blancos que la comedia aristofánica asienta en la tradición cómica de Occidente.[17] En este sentido, esta obra se alinea dentro de

15 Con una opinión diferente, Robson (2009, pp. 84-7) afirma que los estereotipos femeninos en la comedia aristofánica reflejan preocupaciones serias de los hombres respecto de las mujeres y refuerzan la idea de que la mujer es potencialmente peligrosa para el hombre. García Novo (1991, pp. 53-54), en cambio, sostiene que Aristófanes ha creado una heroína "feminista" y que, si bien eso no quiere decir que el autor también lo sea, su obra destaca una valoración positiva de las mujeres.

16 Utilizamos la edición de Olson (1998).

17 Para una interpretación diferente de la parábasis de *Paz*, véase Hubbard (1991). El autor argumenta que la parábasis de *Paz* no puede tomarse seriamente porque Aristófanes no evita en sus obras los motivos cómicos mencionados. En un mismo sentido argumenta Byl (1987). Desde nuestro

la serie de piezas netamente políticas del autor, pero adopta una estrategia diferente de las anteriores. Toma como protagonistas a las mujeres, aunque el eje de la sátira sigue siendo el mundo masculino, como en todas las obras anteriores. Por cierto, en la comedia aristofánica todos los personajes en escena son sometidos al ridículo y ninguno queda por completo al margen de la risa; sin embargo, mediante marcas enunciativas, se puede discernir entre los blancos centrales y los marginales.

Lisístrata trata el problema de la tregua bajo una nueva forma; novedad coherente con la poética explícita del autor, enunciada en sus parábasis, de no repetirse y traer siempre "ideas nuevas" (*kainaì idéai*), como subraya *Nubes* (vv. 545-540) y *Avispas* (v. 1044). En efecto, según observamos, la temática de la guerra y el ataque contra el belicismo está presente, con mayor o menor protagonismo, en todas obras conservadas de la fase temprana (*Acarnienses*, *Nubes*, *Caballeros*, *Avispas*, *Paz*); sin embargo, *Lisístrata* es la primera pieza que se vale del mundo femenino para retomar por otra vía la crítica contra la política exterior ateniense.[18]

La figura de Lisístrata como heroína cómica

El personaje de Lisístrata, por su poder de decisión y su condición de salvadora de Grecia, se encuadra dentro de la serie de héroes cómicos aristofánicos. Los héroes cómicos, si bien son también objeto de burla en las comedias del autor, no constituyen sus blancos centrales, sino que

punto de vista, en cambio, hay que tomar en serio las afirmaciones del coro de *Paz* sobre las mujeres, ya que muchos de los motivos cómicos tradicionales criticados en la parábasis, si bien son utilizados por el comediógrafo de manera ocasional, no ocupan más que un lugar marginal en su obra.

18 El hecho de que el comediógrafo defendiera la tregua entre Atenas y Esparta no significa tampoco que abogara por un pacifismo a ultranza. Al respecto, véanse Dover (1972, p. 84), Newiger ([1980] 1996, p. 160), MacDowell (1995, p. 352), Loman (2004, p. 36), Sommerstein (2009).

el blanco fundamental está dado por sus antagonistas: por ejemplo, el general Lámaco, en *Acarnienses*, antagonista del héroe cómico Diceópolis, o Paflagonio-Cleón en *Caballeros*, antagonista del Morcillero.

Lisístrata se asemeja en mucho al protagonista de *Paz*, Trigeo, héroe cómico salvador que libera a Grecia de la guerra. En efecto, ambos tienen en la obra una posición privilegiada dado que representan la postura del propio enunciador-autor. El hecho de que el personaje de Lisístrata se encuadre dentro de la serie de héroes cómicos, y ocupe una posición de privilegio como portavoz de la opinión avalada en la pieza, es una clara marca de enunciación que lleva a desplazar el eje del ataque cómico desde las mujeres y su líder hacia los hombres y sus líderes, propulsores de la política belicista. Al igual que en otras obras, en *Lisístrata* el blanco central está representado por los personajes antagonistas del héroe; en este caso, sobre todo, por la figura del Consejero ateniense.

La comedia *Lisístrata* se desarrolla en el periodo posterior a la derrota de Sicilia (413 a. C.), durante el cual Atenas había establecido una comisión de diez consejeros (*próbouloi*), encargada de tomar decisiones y de arbitrar medidas para continuar la guerra en el contexto de una delicada situación militar (Sommerstein, 1977; Plácido, 1997). El personaje del Consejero, claro antagonista de la heroína cómica, conjuga poder en el plano militar, político y también económico.[19]

La comedia *Lisístrata* no solo mantiene la figura del héroe cómico, como ha observado Whitman (1964) entre otros,[20] sino también la estructura convencional del par cómico, propia de la comedia temprana. Entendemos el par cómico como una estructura binaria tópica compuesta por

---

19 Su aparición en escena tiene el propósito de recuperar el tesoro de la Acrópolis, que las mujeres han tomado por asalto para privar de fondos al ejército.

20 Al respecto, véanse también Lévy (1976) y Loraux (1991).

dos personajes opuestos y antagónicos (el héroe y su antagonista) portadores del discurso positivo, avalado en la pieza, y del contradiscurso atacado, que representan las figuras tradicionales del burlador y el burlado, el vencedor y el vencido (Schere, 2018). El Consejero ateniense, al igual que los demás antagonistas aristofánicos, constituye una figura contrapuesta a la de la heroína en sus principales rasgos: es el portavoz del contradiscurso negativo en favor de la guerra; además, a diferencia de ella, está revestido de poder por su condición masculina y porque representa el poder político y militar en Atenas. Finalmente, también termina vencido y burlado, ridiculizado por su astuta rival, como los demás antagonistas paradigmáticos de la obra temprana.

La escena agonal que enfrenta al par cómico antagónico (vv. 388-613) coloca al Consejero como el blanco central de burla de la heroína, que le ofrece vestimenta femenina. La feminización del Consejero implica una degradación cómica del personaje y lo despoja de manera simbólica del poder político y militar que detentaban solo los hombres. En suma, Lisístrata y el Consejero resultan personajes contrapuestos por su postura en relación con la guerra y presentan rasgos contrastantes: mujer sin poder/hombre poderoso; burladora/burlado, vencedora/vencido.

La estructura tópica del par cómico (el burlador y el burlado), que puede rastrearse en la tradición literaria griega (i. e. épica, fábula, yambo) (Schere, 2018), le aporta consenso tradicional a los nuevos blancos de ataque privilegiados por la comedia aristofánica, los blancos políticos. El tópico cómico del antagonista burlado recae con su fuerza degradante, avalada por la tradición literaria, sobre blancos no tradicionales y colabora con la estrategia argumentativa de la pieza.[21]

---

21 Se puede consultar una propuesta teórica sobre la función argumentativa de los tópicos cómicos y sobre la relación entre tópicos retóricos y literarios en Schere (2017; 2018, pp. 47-50; 2023, pp. 30-34).

En la parábasis de *Paz* antes citada, el coro manifiesta que el comediógrafo ha dejado de burlarse de blancos pequeños (incluye a esclavos, pobres y mujeres) para centrarse en blancos poderosos. Luego de esta manifestación de "poética explícita", menciona el ataque contra el líder político Cleón. Por cierto, en su comedia *Caballeros*, el comediógrafo utiliza el tópico cómico tradicional del esclavo vapuleado y degradado para componer este personaje, que se representa como un esclavo de Demos, personificación de la ciudadanía ateniense. La obra satiriza con ferocidad al orador Cleón, que detentaba poder político, económico y militar en Atenas, y lo acusa de engañar a Demos con pequeños beneficios para enriquecerse y acrecentar su poder.[22] En *Caballeros*, se aprecia con claridad cómo un tópico cómico tradicional, consensuado y compartido por la comunidad (el motivo negativo del esclavo lacerado y hostigado), se emplea para vehiculizar el ataque cómico contra un blanco controvertido (el orador Cleón), que gozaba de adhesión entre los ciudadanos. En otras palabras, en la comedia *Caballeros* el blanco típico del esclavo ya no constituye el objeto de burla prioritario, sino tan solo un recurso para degradar al político Cleón, que dominaba la asamblea, y generar complicidad entre los espectadores. En este sentido, la comedia aristofánica deja atrás, como se afirma en la parábasis, blancos débiles tradicionales para concentrar su eje satírico en blancos poderosos.

En *Lísistrata* hemos concluido que, si bien los motivos de burla tradicionales contra las mujeres están presentes en la pieza, ellas no constituyen el blanco central, sino la política belicista masculina, corporizada sobre todo por el Consejero, figura elaborada bajo el tópico cómico del antagonista vencido y burlado del par cómico tradicional.

---

22 Cleón pertenecía al sector de los llamados "políticos nuevos", que no formaban parte de la aristocracia tradicional y debían su riqueza a actividades comerciales (*Caballeros* 128-143) (Connor, 1992).

Además, el personaje de Lisístrata queda al margen de los tópicos cómicos negativos atribuidos al colectivo femenino: jamás muestra incontinencia, logra comandar a las demás mujeres y lleva a cabo su plan con éxito.[23] La protagonista se asimila, en cambio, según hemos observado, al tópico positivo del héroe burlador, el *trickster* astuto, folklórico y tradicional, que gracias a sus ocurrencias ingeniosas, en este caso la huelga sexual, puede imponerse sobre los más poderosos.

Conclusiones

En la comedia *Lisístrata,* Aristófanes retoma estereotipos sociales y tópicos cómicos negativos sobre las mujeres, dominantes en la Grecia arcaica y clásica. Sin embargo, al mismo tiempo, intenta instalar blancos de neto carácter político. El blanco femenino, por así decirlo un "blanco fácil" en la época, que gozaba de la aprobación del público ciudadano, queda desplazado en la obra frente a blancos más controvertidos, que podrían generar resistencia en el espectador ateniense. En este sentido, el comediógrafo se vale de motivos tradicionales para captar una complicidad y un consenso de base, pero los desplaza de su lugar hegemónico para focalizar la burla en torno a nuevos blancos más polémicos: la política belicista y los líderes y ciudadanos atenienses que la apoyan. En definitiva, a través de la heroína femenina, el comediógrafo se burla de un blanco más incómodo para la época que el de las propias mujeres, se ríe de los ciudadanos y sus jefes, los espectadores de la obra, y verdaderos responsables de los rumbos de la *polis.*

Lisístrata implica un giro respecto de la tradición literaria en la elección de blancos cómicos privilegiados y

[23] Foley (1982) observa que Lisístrata nunca muestra debilidad por la bebida o el sexo, motivos cómicos que recaen sobre las demás mujeres.

propone un nuevo tipo de risa centrada en blancos poderosos, acorde con la "poética explícita" de *Paz*. En el marco de la comedia antigua y sus cultores, Aristófanes amplía los límites de lo risible y desplaza los blancos tradicionales, socialmente degradados y excluidos de la condición ciudadana, como mujeres y esclavos, por blancos significativos en el plano político. En su obra, los motivos de burla tradicionales no desaparecen; sin embargo, estos lugares comunes de lo cómico pierden relevancia frente a los nuevos objetos de escarnio, figuras revestidas de envergadura política, que Aristófanes coloca en el eje del ataque satírico.

Los tópicos cómicos tradicionales, como el par cómico del *trickster* burlador y su antagonista burlado, compartidos por la comunidad, colaboran con el ataque cómico contra el antagonista aristofánico y las ideas que representa. Mediante la estructura del par cómico, el antagonista de la comedia queda vinculado con un tópico negativo tradicional y consensuado, que precede al género, y que favorece su degradación. En el caso de los tópicos femeninos, se constituyen como motivos cómicos secundarios, que generan cierto grado de complicidad de base entre el público masculino. El ataque se focaliza, en cambio, contra los hombres y los representantes de la política belicista, en especial el Consejero, que se ubica como figura antagonista central, burlada y vencida por la heroína.

El análisis de la compleja dinámica de los tópicos cómicos en *Lisístrata*, y de sus diversos blancos de burla (centrales y marginales), permite concluir que la obra de Aristófanes, en el marco del género de la comedia antigua, opera como generadora y propagadora de nuevos blancos cómicos privilegiados (la risa contra el poder político, económico y militar) y relega a un segundo plano blancos de burla tradicionales, como las mujeres, consensuados y compartidos en el imaginario griego.

Bibliografía

Amossy, R. & Herschberg Pierrot, A. (2001). *Estereotipos y clichés*. Buenos Aires: Eudeba.

Bergson, H. ([1900] 1991). *La risa* (trad. de A. H. Raggio). Buenos Aires: Losada.

Byl, S. (1989). La comédie d' Aristophane un jeu de massacre. *LEC, LVII*, 111-126.

Carrière, J. C. (1983). *Le Carnaval et la politique. Une introduction a la comédie Grecque suivie d' un choix de fragments* (Annales Littéraires de l'Université de Besançon, 212). Paris: Les Belles Lettres.

Connor, W. R. ([1971] 1992). *The New Politicians of Fifth-Century Athens*. Indianapolis, Cambridge: Hackett Publishing Company.

Degani, E. (1991). Aristofane e la tradizione dell'invettiva personale in Grecia. En J. M. Bremer & E. W. Handley (Eds.), *Aristophane* (Entr. Hardt XXXVIII) (pp. 1-49). Vandoeuvres, Genève: Fondation-Hardt.

Dorati, M. (1998). Lisistrata e la tessitura. *QUCC, 87*, 41-56.

Dover, K. J. (ed., comp.) (1968). *Aristophanes. Clouds*. Oxford: Clarendon Press.

Dover, K. J. (1972). *Aristophanic Comedy*. Berkeley, Los Ángeles: University of California Press.

Ehrenberg, V. (1951). *The People of Aristophanes. A Sociology of Old Attic Comedy*. Oxford: Basil Blackwell.

Foley, H. (1982). The 'Female Intruder' Reconsidered: Women in Aristophanes' *Lysistrata* and *Ecclesiazusae*. *CP, 77*, 1–22.

Fouchard, A. (1997). *Aristocratie et démocratie. Ideologies et sociétés en Grèce ancienne*. Besançon, Paris: Les Belles Lettres.

García Novo, E. (1991). Mujeres al poder: una lectura de *Lisístrata*. *CFC(G), 1*, 43-55.

Henderson, J. (ed., comp.) ([1987] 1990). *Aristophanes' Lysistrata*. Oxford: Oxford University Press.

Henderson, J. (1991). Women and the Athenian Dramatic Festivals. *TAPhA*, *121*, 133-147.

Hubbard, T. K. (1991). *The Mask of Comedy. Aristophanes and the intertextual parabasis*. Ithaca, London: Cornell University Press.

Lévy, E. (1976). Les femmes chez Aristophane. *Ktema, 1,* 99-112.

Loman, P. (2004). No Woman No War: Women's Participation in Ancient Greek Warfare. *G&R*, *51* (1), 34-54.

López Eire, A. (1994). *Aristófanes. Lisístrata*. Salamanca: Hespérides.

Loraux, N. (1991). Les femmes d' Athènes et le théâtre. En J. M. Bremer, J. M. & E. W. Handley (eds.), *Aristophane* (Entr. Hardt XXXVIII) (pp. 203-244). Vandoeuvres, Genève: Fondation-Hardt.

MacDowell, D. M. (ed., comp.) (1971). *Aristophanes. Wasps*. Oxford: Oxford Clarendon Press.

MacDowell, D. M. (1995). *Aristophanes and Athens. An introduction to the plays*. Oxford: Oxford University Press.

Monro, D. B. & Allen, Th. W. (1939 [1902]) (eds.). *Homero. Opera* (2 vols.). Oxford: Oxford Clarendon Press.

Newiger, H.-J. ([1980] 1996). War and Peace in the Comedy of Aristophanes. En E. Segal (ed.), *Oxford Readings in Aristophanes* (pp. 143-161). Oxford, New York: Oxford University Press.

Olson, D. S. (ed., comp.) (1998). *Aristophanes. Peace*. Oxford: Clarendon Press.

Olson, D. S. (ed., comp.) (2002). *Aristophanes. Acharnians*. Oxford: Oxford University Press.

Plácido, D. (1997). *La sociedad ateniense. La evolución social en* Atenas *durante la guerra del Peloponeso*. Barcelona: Grijalbo Mondadori.

Robson, J. (2009). Aristophanes. *An Introduction*. London: Duckworth.

Rodríguez Adrados, F. (ed., trad., comp.) (1981). *Líricos griegos. Elegíacos y yambógrafos arcaicos*. Madrid: Consejo Superior de Investigaciones Científicas.

Rosellini, M. (1979). Lysistrata: Une mise en scene de la feminine. *Les Cahiers de Fontenay, 17,* 11-32.

Rosen, R. M. (1988). *Old Comedy and the Iambographic Tradition*. Atlanta, Georgia: Scholars Press.

Schere, M. J. (2017). La dimensión argumentativa de los tópicos literarios: el caso de los personajes-tipo en la comedia de Aristófanes. *Alpha. Revista de Artes, Letras y Filosofía, 45,* 59-75.

Schere, M. J. (2018). *El par cómico. Un estudio sobre la persuasión cómica en la comedia temprana de Aristófanes*. Buenos Aires: Santiago Arcos, Facultad de Filosofía y Letras, Universidad de Buenos Aires.

Schere, M. J. (2023). Humor físico, tópicos cómicos y argumentación: el caso del *slapstick* en la literatura griega antigua. En M. Burkart, D. Fraticelli y C. Palacios y T. (comps.), *Arruinando chistes II* (pp. 27-48). Buenos Aires: Teseo.

Sommerstein, A. H. (1977). Aristophanes and the events of 411. *JHS,* 97, 112-126.

Sommerstein, A. H. (ed., trad., comp.) (1981). *The comedies of Aristophanes. Knights*. Warminster: Aris & Phillips.

Sommerstein, A. H. (ed., trad., comp.) (1998a). *The comedies of Aristophanes. Ecclesiazusae*. Warminster: Aris & Phillips.

Sommerstein, A. H. (1998b). The Theatre Audience and the Demos. En A. López Férez (ed.), *La comedia griega y su influencia en la literatura española* (pp. 43-62.). Madrid: Ediciones Clásicas.

Sommerstein, A. H. (2009). Lysistrata the warrior. En A. H. Sommerstein, *Talking about laughter in Aristophanes. And other studies in Greek comedy* (pp. 223-236). Oxford: Oxford University Press,

Taaffe, L. (1993). *Aristophanes and Women*. London, New York: Routledge.

Westlake, H. D. (1980). The 'Lysistrata' and the War. *Phoenix, 34,* 38-54.

Whitman, C. (1964). *Aristophanes and the Comic Hero*. Cambridge, Massachusetts: Harvard University Press.

Reírse de las mujeres en la esfera pública

Aspectos del antifeminismo de principios del siglo XX

Thaís Batista Rosa Moreira

> La lengua no refleja simplemente un mundo sexista preexistente; la lengua (y las interacciones sociales que ella media) construye activamente las asimetrías de género dentro de contextos sociohistóricos específicos.
>
> Crawford (2003) (mi traducción)

La concepción más tradicional de Habermas considera que la esfera pública burguesa sería un espacio de sociabilidad y discusión libre, situado en un territorio social entre el mundo privado de la vida doméstica y el mundo oficial del Estado, como los salones, cafés, clubes literarios y la prensa (Habermas, 2014). Por su carácter incompleto e idealista, este concepto fue criticado –inclusive por el propio autor–, lo que dio lugar a una idea de esfera pública diluida, tanto frente al Estado como frente a la comunicación de masas (Saliba, 2021, p. 24). Algunas revisiones llegan a señalar una cultura pública crítica previa a la efervescencia iluminista, destacando el papel de las mujeres en la democratización de la cultura a través de la popularización de nuevos géneros literarios[1] (Saliba, 2021, p. 26). La historiadora

---

[1] El autor se refiere a la obra "Antigos contra modernos: as guerras culturais e a construção de um fin de siècle" de Joan Dejean (2005).

Michelle Perrot, por su parte, enfatiza la centralidad del concepto de *espacio público*, "más concreto y material": las ciudades son espacios sexuados, en los que hombres y mujeres se encuentran, se evitan o se buscan, un espacio que al mismo tiempo regula y hace visible (Perrot, 1998, p. 8).

¿Pero cómo pensar en estas categorías en el contexto latinoamericano de principios del siglo XX, marcado por modernizaciones forzosas y desiguales entre las regiones de cada país y por el dominio de élites oligárquicas en creciente crisis? En el caso de las mujeres, el escenario tenía agravantes específicos, respaldados por las leyes y las costumbres: ellas circulaban de forma limitada y segmentada en el espacio público, no participaban en los procesos electorales y no gozaban de importantes derechos civiles, dado que eran consideradas "incapaces" y dependientes de los hombres de sus familias. La indefinición entre lo que pertenecía al ámbito público o privado no se debía solo a la ciudadanía precaria, sino también a la inquietud de una sociedad que estaba experimentando transformaciones constantes, incluyendo las cuestiones de género. La percepción de que las mujeres estaban "invadiendo" la esfera pública y los espacios dominados por hombres suscitaba reacciones incómodas, burlas y, en algunos casos, expresiones misóginas. Aun así, un grupo significativo de mujeres, en especial maestras y universitarias, comenzó a organizarse políticamente, a proponer proyectos de emancipación a través de asociaciones y, sobre todo, a construir una conciencia feminista.

El humor gráfico era una forma de expresión importante en los debates públicos de la época. Según la historiadora Florencia Levín, el humor gráfico puede ser entendido como un tipo particular de discurso social que captura fragmentos de ideas, imágenes y opiniones que circulan en diversos espacios (Levín, 2015, p. 24). Pero, además, se constituye como un flujo de representaciones sociales, a través del cual se producen intercambios sociales que transforman y devuelven los discursos sociales a la circulación mediante la prensa masiva (Levín, 2015, p. 24). En otras palabras: las viñetas, caricaturas, historietas y demás formas de este lenguaje visual vehiculan redes de representaciones colectivas, escenas imaginarias y lo que llamamos "sentido común" (Levín, 2015, p. 24). Por estas razones, son fuentes históricas que nos permiten observar los imaginarios sociales y las tensiones desde una perspectiva diferente, ya que intencionalmente distorsionan, comparan y traducen las situaciones, las personalidades y las polémicas políticas a través de sus trazos.

Para iniciar algunas reflexiones sobre la relación del humor gráfico con las concepciones de género y las representaciones de las mujeres en el espacio y la esfera pública, analizaremos portadas de las revistas ilustradas humorísticas *PBT* y *O Malho,* dos periódicos populares de la época, publicados respectivamente en Buenos Aires y Río de Janeiro. Cuando se representaban figuras femeninas en este espacio privilegiado de los periódicos -la parte que comunicaba los valores editoriales y buscaba atraer la atención de los lectores-, generalmente aparecían como alegorías conocidas por el sentido común, como *la República,* con su gorro frigio, y *la Paz,* en atuendos blancos. Estas representaciones, más que "cuerpos femeninos metafóricos", eran imágenes que evidenciaban la manera en que los caricaturistas y sus editoriales se comunicaban a través de ideas sobre género. Es decir, en estas portadas encontramos escenas en las que la figura de la República se construye a partir de "comportamientos femeninos", según sus creadores.

Imagen 1. Portada de *PBT*, 23 de noviembre de 1907. Fuente: reproducción del acervo digital del Ibero-Amerikanisches Institut - Preußischer Kulturbesitz (Berlin).

En el caso de la imagen 1, la *República* argentina interactúa con el ministro de Relaciones Exteriores de la época, Estanislao Zeballos, dentro de una oficina privada. La alegoría femenina intenta escuchar a través de las paredes las quejas de sus vecinos uruguayos, que "dicen no sé qué de la soberanía y protestan de nuestro *modus vivendi*". Más allá del contexto de esa publicación, que posiblemente involucra la reputación del político y las tensiones diplomáticas del momento, lo que llama la atención es cómo se construye la escena, en la que muchas concepciones de género se expresan como metáforas de la narrativa. La *República* es entrometida, transmite la información de forma pasiva a su interlocutor y sostiene delicadamente las capas de su vestido. Zeballos, por su parte, aparece como la autoridad familiar, trazando proyectos en su escritorio cuando es interrumpido por el comentario de la alegoría, que surge por detrás. Las concepciones sobre lo masculino como ligado a la asertividad y la razón frente a lo femenino como expresión de la sumisión y la emoción no eran nuevas, se remiten a las formulaciones de Rousseau en *Emilio*, aun en el siglo XVIII. Sin embargo, son formas de diferenciación entre los sexos que perduraron y se explicitaban en estas imágenes que tenían la intención de crear narrativas humorísticas sobre dilemas políticos.

En la ilustración de la portada de la revista *O Malho* (imagen 2) encontramos elementos similares. La joven República brasileña está entristecida, en pleno 15 de noviembre -fecha en que se celebra la llamada "Proclamación de la República" en Brasil-, frente a una aparente crisis financiera insoluble. No solo llora, desconsolada, sino que también es reprendida por Zé Povo: "[...] Tiene razón para estar preocupada... ¿Por qué gastó más de lo que podía? [...] Ahora es tiempo de poner juicio, hacer economías, portarse muy bien. Si hace eso, este día será más alegre para usted el próximo año. Y para mí, que soy quien paga el pato de sus locuras...". La situación es evidentemente metafórica, pero es importante notar que los llamados del personaje masculino se construyen nuevamente como la voz de la autoridad patriarcal. Cabe recordar que las quejas de que las mujeres eran "gastadoras" e "impulsivas" aparecen en muchas narrativas de humor gráfico de la época (Batista Rosa Moreira, 2021, p. 272).

Imagen 2. Portada de *O Malho*, 15 de noviembre de 1913. Fuente: reproducción del acervo digital de la Fundação Biblioteca Nacional (BNDigital).

Además de los comportamientos y roles de género asignados en situaciones y personajes, el humor gráfico también metaforizó situaciones más delicadas y a veces sórdidas, como las violaciones y los acosos. Este recurso fue frecuente en la prensa del siglo XIX, como lo demuestra el ejemplo de la caricatura *La deshonra de la Patria* firmada por Demócrito (Eduardo Sojo) y publicada en la revista satírica *Don Quijote* el 17 de abril de 1886. La imagen, que se refería al resultado de las elecciones y a la transferencia del mandato presidencial de Roca a Juárez Celman, "tradujo" la coyuntura política del país con un dibujo violento: en él se ve a esos políticos y a otros personajes conocidos, todos vinculados al poder, abusando explícitamente de la mujer que personificaba la Argentina (Malosetti Costa, 2005, pp. 256-257). El episodio generó una ola de indignación en Buenos Aires, y Sojo fue momentáneamente encarcelado, lo que no impidió que el ilustrador ironizara la situación en el siguiente número de *Don Quijote*. Además, cada nuevo episodio de persecución y encarcelamiento aumentaba la tirada de la revista (Malosetti Costa, 2005, p. 258). Más allá de que las controversias "vendieran bien", desde una perspectiva de género es crucial cuestionar: ¿eran las imágenes polémicas porque mostraban una escena de violación o porque retrataban a políticos influyentes en esa alusión violenta? Aunque el humor gráfico de principios del siglo XX experimentó una serie de cambios respecto al periodismo del siglo XIX, el uso metafórico de la violencia y la objetificación de los cuerpos de las mujeres no dejó de existir.

En la imagen 3, una figura femenina desnuda ocupa toda la portada de la revista. Con una expresión de incomodidad, esta alegoría del Estado observa a una multitud de varones que atacan colectivamente uno de sus senos, señalado como "*teta do thezoro*", mientras que la imagen del entonces presidente de la república señala hacia el otro, el "*seio da terra*". En la leyenda, Wenceslau Brás dice: "Dejen esa teta. No es posible que aún dé leche" (mi traducción). Podríamos citar varios ejemplos similares. Una portada de la misma revista, publicada en la edición del 31 de agosto de 1907, mostraba una alegoría de las oligarquías estatales en un cuerpo femenino que era violentamente ahorcado por un personaje que representaba a un senador de la época. Por su parte, en la revista *PBT* del 11 de septiembre de 1915, la portada retrataba a una mujer asustada vestida de blanco (como la *paz*) siendo acorralada por varios hombres. En la leyenda se leía: "*Todos la persiguen y ninguno se le atreve*" (*PBT*, 11 de septiembre de 1915, n.° 563).

Imagen 3. Portada de *O Malho*, 11 de agosto de 1917. Fuente: reproducción del Acervo Digital de la Fundação Biblioteca Nacional (BNDigital).

En estos ejemplos aparece la representación desinhibida de la brutalidad viril, la connotación sexual que se confunde con la "fuerza de la expresión" y la cosificación de esos cuerpos femeninos que son perseguidos, abusados y descartados. Resaltar estas representaciones humorísticas no significa afirmar que las manifestaciones de violencia fueran celebradas; al fin y al cabo, no todo humor genera risa. Sin embargo, el gesto de retratarlas a través de imágenes satíricas puede indicar cuán naturalizadas estaban estas prácticas, hasta el punto de servir como una manera común de "traducir" las querellas políticas al público lector. Y si las representaciones humorísticas manipulaban constantemente aspectos de la realidad como su materia prima, tratando los temas actuales y políticos desde un enfoque ficcional (Gombrich, 1999), podemos considerar que el rechazo a la presencia de las mujeres en las esferas política y pública era latente y se expresaba con regularidad en el humor gráfico, en escenas que simbólicamente avergonzaban a estas figuras cuando no eran santificadas o sumisas a la autoridad masculina.

Es importante destacar la reiteración del imaginario sobre los roles y comportamientos asociados al género, ya que estos supuestos eran, junto con otros, movilizados como argumentos antifeministas y antisufragistas que respaldaban la negación de derechos políticos (y civiles) a las mujeres. Aun así, en medio de las controvertidas modernizaciones y transformaciones urbanas, ciudades como Río de Janeiro y Buenos Aires se convirtieron en escenarios de enfrentamientos (y negociaciones) cada vez más intensos entre hombres y mujeres.

Mujeres, peinetones y sombreros

Para la historiadora Michelle Perrot, hombres y mujeres se sitúan en los dos extremos de la escala de valores del espacio público urbano: mientras que el hombre público era visto como el sujeto eminente de la ciudad, destinado a encarnar el honor y la virtud, la mujer pública era una "criatura": depravada, desvergonzada, lujuriosa y venal, una mujer común "que pertenece a todos" (Perrot, 1998, p. 7). Sin embargo, esta dualidad se desdibuja con lo que la autora llama "imbricación de fronteras": las mujeres circulaban por el espacio público, a donde las llamaban sus funciones mundanas y domésticas; y los hombres eran, en realidad, los señores del ámbito privado y de la familia, una instancia fundamental de la sociedad civil que ellos gobernaban y representaban (Perrot, 1998, p. 10). Esta dinámica de las relaciones se intensificaba con los debates feministas, tanto que se registró en numerosas manifestaciones de la cultura urbana: inspiraron argumentos de canciones (como las *marchinhas de carnaval* o los tangos argentinos),[2] obras de teatro, películas, folletines y novelas.[3]

El humor estuvo presente en gran parte de estas expresiones, y las feministas, por representar el cuestionamiento de las normas sociales en cuanto al género, se convirtieron en blancos perfectos. A través de la continua asociación del feminismo con el abandono del hogar y del "recato femenino", el humor gráfico visibilizaba a estas actrices sociales al mismo tiempo que las difamaba y ridiculizaba públicamente. Aunque las críticas a estas figuras no eran exclusivas de las caricaturas y las sátiras, es pertinente reconocer que el humor gráfico, por sus propias características, tuvo un papel decisivo al dar forma y color al "malestar antifeminista". Dentro de la lógica sintética de las comparaciones humorísticas, se establecieron (o resurgieron en nuevos formatos) algunas convenciones textuales y gráficas. Un ejemplo de esta fusión de significados atribuidos a "ser feminista" con signos visuales son los sombreros, uno de los principales ítems de la moda (femenina y masculina) de la época:

---

2 Existen algunos ejemplos de *marchinhas* de Río de Janeiro que tuvieron como tema a las feministas, como en las composiciones de 1917 de los clubes *Democráticos, Tenentes do Diabo* y *Fenianos* (Karawejczyk, 2014, p. 75). En el caso de Argentina, el tango "Cuidado con los cinquenta!" de Ángel Villoldo retrató las tensiones generadas por una ley que ganaba fuerza en 1906, multando a personas que usaran palabras o gestos obscenos en vías públicas (acosos masculinos conocidos como "piropos"), lo cual generó muchos debates y quejas en esa época.

3 Según Maria Thereza Caiuby Crescenti Bernardes (1989, p. 90), hay patrones en obras literarias del siglo XIX (escritas por hombres) que abordan a los personajes femeninos como "solteronas" y profesionalmente calificadas "de estado civil no mencionado", como el personaje de la profesora Deolinda en la novela *Rosa* de J. M. Macedo.

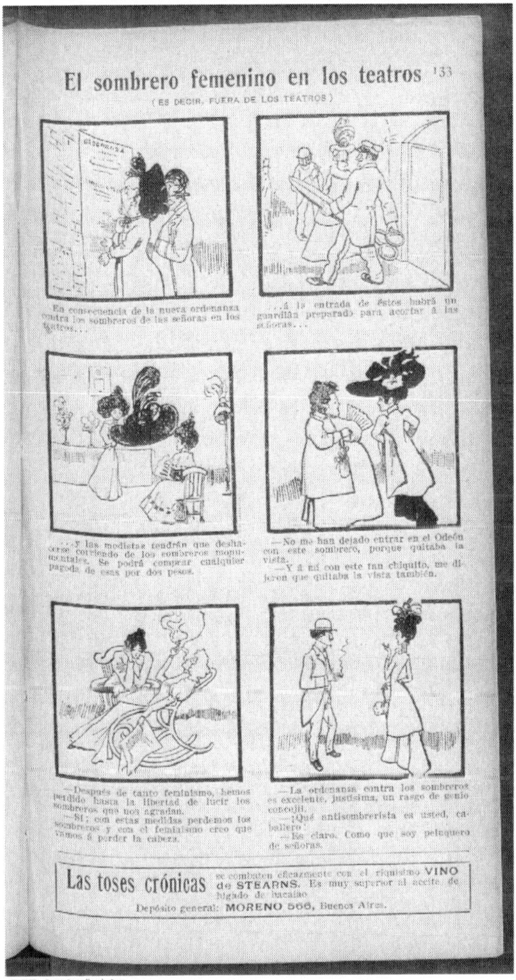

El sombrero femenino en los teatros 133

(ES DECIR, FUERA DE LOS TEATROS)

En consecuencia de la nueva ordenanza contra los sombreros de las señoras en los teatros...

...á la entrada de éstos habrá un guardián preparado para acortar á las señoras...

...y las modistas tendrán que deshacerse corriendo de los sombreros monumentales. Se podrá comprar cualquier pagoda de esas por dos pesos.

—No me han dejado entrar en el Odeón con este sombrero, porque quitaba la vista.

—Y á mí con este tan chiquito, me dijeron que quitaba la vista también.

—Después de tanto feminismo, hemos perdido hasta la libertad de lucir los sombreros que nos agradan.

—Sí; con estas medidas perdemos los sombreros y con el feminismo creo que vamos á perder la cabeza.

—La ordenanza contra los sombreros es excelente, justísima, un rasgo de genio concejil.

—¡Qué antisombrerista es usted, caballero!

—Es claro. Como que soy peluquero de señoras.

Las toses crónicas se combaten eficazmente con el riquísimo VINO de STEARNS. Es muy superior al aceite de hígado de bacalao

Depósito general: MORENO 566, Buenos Aires.

Imagen 4. "El sombrero femenino en los teatros (es decir, fuera de los teatros)". *PBT*, 19 de julio de 1908. Fuente: reproducción del acervo digital del Ibero-Amerikanisches Institut – Preußischer Kulturbesitz (Berlin).

La historieta narra ficcionalmente una "prohibición del uso de sombreros" en los teatros de Buenos Aires, en 1908. Los adornos son el foco de los dibujos, y aparecen en formatos desproporcionados en comparación con las figuras humanas y en tonos fuertes que contrastan con la página. La situación se satiriza desde el principio, mostrando a guardias frente a los establecimientos (con tijeras gigantes) para evitar que las señoras incumplan la ordenanza. La situación genera un dilema en los personajes femeninos, hasta que dos mujeres conversan y concluyen: "después de tanto feminismo, hemos perdido hasta la libertad de lucir sombreros" y "con esta medida perdemos los sombreros, con el feminismo creo que vamos a perder la cabeza". En la viñeta final, la mujer le dice al hombre: "¡qué antisombrerista es usted, caballero!", a lo que él responde rápidamente: "Es claro. Como que soy peluquero de señoras".

En una primera lectura, la historieta parece no contener muchos significados más allá de constituirse como una narrativa cómica y cargada de exageraciones, como muchas de su género lo eran. Sin embargo, al examinarla con detenimiento, es posible elucidar muchas alusiones al feminismo y a los cambios que este implicaba en la organización social. Los grandes sombreros funcionan como metáforas del ideal emancipacionista: ocupan la cabeza de las mujeres, crean una identidad colectiva entre sus adeptas y las llevan al mundo público. La presencia de estas mujeres es incómoda, tanto que el uso de los adornos es prohibido, lo que las lleva a cuestionar la pertinencia de su uso. Reinterpretando el desenlace, vemos a una de las personajes rechazando el feminismo mientras la otra se enfrenta a un juego de palabras infame y evasivo al preguntar a un varón con quien se encuentra: *¿eres antifeminista?* Al final, él era "solo el peluquero".

Si el lugar de las mujeres en el espacio público siempre ha sido problemático y asociado con la idea de desorden o amenaza, las representaciones que expresan estas inquietudes asumen formas variables según las épocas (Perrot, 1998, p. 9). En las primeras décadas del siglo XX, los chistes gráficos van a movilizar abundantemente los sombreros, en sus posibles significados de género y como metáforas.[4] Pero el malestar que las mujeres provocaron en los espacios públicos, especialmente desde el punto de vista masculino, no era un dilema exclusivo de esa época. Tampoco eran expresiones nuevas en el humor gráfico. Al observar algunas litografías humorísticas del siglo XIX, notamos ideas muy similares respecto al pánico moral "provocado" por las mujeres y sus adornos de moda:

Imagen 5. Peinetones en el teatro. Fuente: "Extravagancias de 1834", litografía de César Hipólito Bacle, Argentina, 1833. Museo del Humor (MUHU). Disponible en: https://es.wikipedia.org/wiki/Archivo:Peinetones_en_el_teatro.jpg

4 Hay varios ejemplos de humor gráfico explorando el tema del transporte público y la (conflictiva) convivencia entre hombres y mujeres. La caricatura *Los peligros del feminismo* (revista *Mundo Argentino*, 3 de mayo de 1911, n.° 17) ilustra a hombres de Buenos Aires atónitos al compartir espacio con mujeres en las plataformas de los tranvías: en la imagen, se esfuerzan por esquivar a las mujeres que ocupan excesivamente el espacio con sus trajes, sus pertenencias, sus cuerpos y sus grandes sombreros.

Los llamados *peinetones* eran peines ornamentales de gran tamaño que tuvieron mucho éxito en Buenos Aires en la década de 1820. El uso de estos adornos fue representado de forma satírica por el periodista César Hipólito Bacle, en una serie de grabados titulada *Extravagancias de 1834.* En *Vestir la nación: moda y política en la Argentina poscolonial,* Regina Root (2014) examinó la historia de la consagración y la caída de los peinetones, destacando que llegaron a ser utilizados por las mujeres como marcas de sus afiliaciones políticas en un escenario de conflictos entre unitarios y federales. La extravagancia de los peines era retratada en las imágenes humorísticas, sugiriendo que esta "impertinencia" se extendía a las propias actitudes de las mujeres, "atrevidas" a involucrarse en la política y en los espacios públicos. No es sorprendente que los accesorios aparecieran derrumbando casas, pinchando a hombres en las calles y, de nuevo, obstaculizando la vista dentro de los teatros. El recurso cómico del absurdo se sumaba a una sátira de las propias mujeres, de manera que todos los "peligros" e "inconvenientes" ocasionados por su presencia adquirían significados simbólicos.

La autora demuestra cómo la moda inicialmente exitosa fue ganando significados cada vez más peyorativos, a medida que se convertía en objetivo de críticas frecuentes en la prensa y en los grabados satíricos. Los peinetones pasaron a ser asociados con la "desfiguración de las bonitas cabezas", que las volvía "monstruosas" como un "paraguas ambulante" (Root, 2014, p. 123). Root señala además cómo muchos articulistas partían de una lógica sexista, ya que se enfurecían con el hecho de que las mujeres usaran tales objetos como una forma de satisfacción personal y no con el propósito de atraer y agradar a los hombres, como "adornos en las calles de Buenos Aires" (Root, 2014, p. 127). Parte de la prensa comenzó a fomentar el abandono del accesorio inapropiado, que era "capaz de perturbar incluso la felicidad conyugal" y generar la "obsesión femenina" por el accesorio en grados disparatados, pues estas mujeres podrían incluso "insinuarse sexualmente para conseguir los adornos" (Root, 2014, p. 141).

Consideraciones finales

Los sombreros y peinetones eran, en suma, objetos que cargaban significados de género y se presentaban en las imágenes satíricas como comparaciones humorísticas de la presencia de mujeres en los espacios públicos. Estas series de representaciones utilizaron los recursos humorísticos (*el arsenal del dibujante*, según Gombrich) para condensar significados y vulgarizar estos cuerpos. Además, el humor gráfico antifeminista explicitaba la "incongruencia" –desde el punto de vista masculino– que esta convivencia entre géneros creaba, además de servir como una "válvula de escape" para los anhelos derivados de esa compañía femenina no deseada, por su carácter comprometido que "desestabilizaba" el dominio público y cuestionaba la autoridad masculina.

En la intersección de las dimensiones de la esfera pública y la vida en las ciudades, vemos que la cuestión de la presencia femenina aparece continuamente como una adversidad en las representaciones humorísticas. Las sátiras combinan las dos dimensiones de manera ejemplar, evocando la risa por lo ridículo y la aversión por el moralismo. Las fuentes y sus análisis también comprueban que la "pérdida de espacio masculino" incomoda cuando se trata de los reductos letrados, pero es aún más perturbador cuando los sectores del ámbito político –el más poderoso "reducto de hombres" en la sociedad– se ven afectados. El estudio de Eni de Mesquita Samara en *As ideias e os números do gênero* muestra, por ejemplo, que la cuestión del trabajo en Brasil en el siglo XIX estaba prioritariamente informada por el género (Samara, 1997, p. 50). La autora señala la predominancia de mujeres blancas pobres y negras esclavizadas o liberadas en los trabajos más precarios, informales y mal remunerados. Estos datos matizan la cuestión, ya que atestiguan que muchas mujeres ya estaban trabajando fuera del "mundo privado" a principios del siglo XX. Así, se observa que cuando reaccionan a la "amenaza de la invasión de las mujeres", los hombres caricaturistas y articulistas de las revistas no están mirando a las mujeres en situación de vulnerabilidad social, sino a las mujeres blancas, burguesas o de grupos emergentes. Operando a partir de divisiones de género, raza-etnia y clase social, el espacio público es un espacio en constante disputa. Y ocupar los lugares monopolizados por hombres no fue -y sigue sin ser- una tarea fácil ni exenta de desdén o burlas.

Bibliografía

Bernardes, M. T. C. C. (1989). *Mulheres de ontem? Rio de Janeiro, século XIX*. São Paulo: T. A. Queiroz.

Crawford, M. (2003). Gender and humor in social context. *Journal of Pragmatics*, 35, 1413-1430.

Dejean, J. (2005). *Antigos contra modernos: as guerras culturais e a construção de um fim de siècle*. Rio de Janeiro: Civilização Brasileira.

Gombrich, E. H. (1999). O arsenal do cartunista. En *Meditações sobre um cavalinho de pau* (pp. 127-142). São Paulo: Edusp.

Habermas, J. (2014). *Mudança Estrutural da Esfera Pública*. São Paulo: Editora Unesp.

Karawejczyk, M. (2014). Os primórdios do movimento sufragista no Brasil: o feminismo "pátrio" de Leolinda Figueiredo Daltro. *Estudos Ibero-Americanos*, 40 (1), 64-84. https://doi.org/10.15448/1980-864X.2014.1.15391.

Levín, F. (2015). *Humor gráfico. Manual de uso para la historia*. Los Polvorines: Ediciones UNGS.

Malosetti Costa, L. (2005). Los "gallegos", el arte y el poder de la risa. El papel de los inmigrantes españoles en la historia de la caricatura política en Buenos Aires (1880-1910). En Aznar, A; Wechsler, D. B. (comps.), *La memoria compartida. España y la Argentina en la construcción de un imaginario cultural (1898-1950)* (pp. 245-270). Buenos Aires: Paidós.

Moreira, T. B. R. (2021). O (anti)feminismo nas representações da virilidade na imprensa ilustrada humorística (Brasil e Argentina, 1904-1918). *Revista Eletrônica Da ANPHLAC*, 21 (31), 257-292. https://doi.org/10.46752/anphlac.31.2021.3951.

Moreira, T. B. R. (2023). *Na mira do traço: representações antifeministas nas revistas humorísticas PBT e O Malho (Argentina e Brasil, 1904-1918)*. Dissertação (Mestrado em História Social) – Faculdade de Filosofia, Letras e Ciências Humanas, Universidade de São Paulo, São Paulo. doi:10.11606/D.8.2023.tde-14032024-102654.

Perrot, M. (1998) *Mulheres públicas*. São Paulo: Editora Unesp.

Root, R. A. (2014). *Vestir la nación: moda y política en la Argentina poscolonial*. Buenos Aires: Edhasa.

Saliba, E. T.; Vieira, T. L. & Almeida, L. A. de (orgs.) (2021). *Além do riso: reflexões sobre o humor em toda parte*. São Paulo: LiberArts.

Samara, E. de M. (1997). *As idéias e os números do gênero: Argentina, Brasil e Chile no século XIX*. São Paulo: Hucitec.

El universalismo del humor gráfico en crisis y los desafíos del humor "no sexista"

El caso de Maitena en SexHUM® a fines de los años 1980

Mara Burkart

A la memoria de Mariela Acevedo

I.

Hasta hace apenas unas décadas, hacer reír era una facultad masculina. Los hombres contaron con la prerrogativa de reír y de hacer reír. A lo largo de siglos, en la cultura occidental, esta capacidad se sedimentó en la construcción cultural del género masculino de modo positivo: reír es un antídoto o un entretenimiento. Pero no siempre cualquiera pudo hacer reír y disfrutar de reírse. Como señala Sabine Melchior-Bonnet (2023) en *La risa de las mujeres. Una historia de poder*, para ello se necesita "la autoridad, la superioridad del carácter fuerte, incluso un cierto despotismo, para desviar la atención de un interlocutor o de un auditorio de lo serio y de la razón" (p. 15) y a la inversa, para reír también hay que contar con cierta disposición social en tanto esta acción supone "entregarse, abdicar el dominio de uno mismo" (p. 15).

Si estas capacidades estuvieron socialmente aceptadas para los hombres, por muchos siglos, no sucedió lo mismo con las mujeres. En la construcción del género femenino, la risa de las mujeres quedó sometida a la vigilancia y a las normas del decoro, al igual que su sexualidad y procreación. A las mujeres se les negó el acceso a hacer reír tanto como a la actuación, la educación, la palabra y la escritura.

La risa es fundamental para la vida social, así lo reconocen muchos teóricos desde distintas disciplinas: Peter Berger (1999) sostiene que la vida social seria no podría sostenerse si no tuviéramos la posibilidad de reír, si no dispusiéramos de "interludios cómicos" entre las actividades cotidianas no cómicas; Henri Bergson (2009) destaca la dimensión social de la risa: "Nuestra risa es siempre la risa de un grupo" (p. 14), mientras que Ernst Gombrich (1997) señala que el principal poder del humor y la comicidad no es injuriar sino cohesionar y tranquilizar a quienes ya están convencidos, a quienes ya forman parte de un nosotros o un colectivo, estableciendo conexiones entre lo familiar y lo no familiar. Dada esta centralidad de la risa para la vida en sociedad, privar a las mujeres de la producción de la risa y de reír libremente significa entonces también privarlas de la posibilidad de constituir colectivos propios, de cohesionarse, sentirse cómplices e identificarse con otras mujeres rientes efectivas o imaginarias.

Hacer reír es parte sustancial de la vida social tanto como del sistema simbólico: el humor es un lenguaje que recurre a códigos, significados, pero también a la racionalidad y la emoción. El humor y lo cómico apelan a un lenguaje sintético: simplifican lo complejo, crean y promueven estereotipos, lo que favorece las miradas maniqueas o dicotómicas a los matices y las zonas grises de la realidad (Gárate Chateau, 2023). La exclusión de las mujeres de la posibilidad de crear y jugar con este tipo de lenguaje y el control ejercido sobre su risa fueron resultado de relaciones de poder desiguales, constituyeron un aspecto más en el cual se plasmó el sistema de dominación patriarcal, entendido como "la dominación masculina sobre las mujeres en la sociedad en general y dentro de las familias. Implica que los varones tienen el poder en todas las instituciones importantes, mientras que a las mujeres se les prohíbe acceder a él" (Lerner, 2022, p. 348). Como consecuencia de esta exclusión, el canon y las tradiciones humorísticas quedaron bajo dominio masculino y fueron los hombres quienes crearon y perfilaron las publicaciones humorísticas y los personajes femeninos a lo largo del tiempo, fundando "gran parte del sexismo en el humor, un humor que tomó para sí los prejuicios y saberes circulantes acerca de los roles de los dos sexos" (Itkin, 1988, p. 22).

El ejercicio de la dominación patriarcal configuró dos grupos: uno dominante y considerado superior, el de los hombres, y otro dominado y considerado inferior, donde quedaron relegadas las mujeres. Mientras el primer grupo podía participar en la creación del sistema simbólico y en la producción cómica y humorística, el segundo estaba limitado a meramente vivirlo o actuarlo. Mitos como aquel que señala que las mujeres no tienen sentido del humor legitimaron las exclusiones y ausencias de las mujeres en el primer grupo. Asimismo, en su prerrogativa de nombrar y explicar el mundo, los hombres en tanto grupo dominante hicieron que la categoria hombre incluyera a la mujer, de modo que se atribuyeron la representación de la humanidad. La versión masculina de las narraciones de la experiencia humana y, en particular, de las expresiones humorísticas y cómicas, se autoconstruyó como universal dejando a las mujeres al margen o considerándolas como un Otro devenido objeto de gracia.

También las teorías clásicas que explican el humor, lo cómico y sus fundamentos sociales se basan en un sujeto supuestamente universal que no expresa más que lo masculino como la norma, pidiéndoles a las mujeres que se identifiquen con ese universal que las excluye (Caliskan, 1995). La teoría de la superioridad esbozada por Thomas Hobbes y Charles Baudelaire reconoce que la risa surge de un sentimiento de superioridad de quien la produce, pero no eran las mujeres, en el siglo XVII, cuando Hobbes publicó su trabajo, ni en el XIX cuando lo hizo Baudelaire, las que "estaban en posición de asumir superioridad de ningún tipo en la sociedad ni podían aventurarse a ir más allá de la 'esfera propia de la mujer'" (Caliskan, 1995, p. 50). Ambos autores más bien tenían en mente al varón burgués citadino como el sujeto por excelencia capaz de expresar esa superioridad. Las teorías de la incongruencia también excluyeron a las mujeres sobre la base de las diferencias entre las capacidades intelectuales de hombres y mujeres y su relación con los sentimientos. La creación y la percepción del humor son actividades de un intelecto que puede percibir la ironía y la incongruencia, y no se creía que las mujeres tuviesen ese tipo de intelecto. La construcción social del género bajo la dominación patriarcal también estableció que mientras la razón era un atributo masculino, los sentimientos eran uno femenino. Estas teorías de lo cómico entendían que este produciría todo su efecto si se "anestesia[ba] momentáneamente del corazón" (Bergson, 2009, p. 14) y, nuevamente, eran los hombres los únicos capaces de efectuar semejante exigencia.[1]

Por último, la teoría freudiana que entiende el humor como una liberación de impulsos reprimidos también deja afuera a las mujeres. Para Caliskan (1995) se debe a que Freud las concibe como un ser desviado a partir de la falta de pene y por lo tanto en ellas la amenaza de castración que supone el superyó masculino no se realiza.[2] Frances Gray (1994), quien también hizo una revisión de las teorías del humor desde la perspectiva feminista, al detenerse en la teoría del alivio de Freud focaliza en su concepción del humor sexual y advierte que no debemos perder de vista el contexto cultural específico en el cual el padre del

1 Como sostiene Bergson (2009): "lo cómico habrá de producirse, a lo que parece, cuando los hombres que componen un grupo concentren toda su atención en uno de sus compañeros, imponiendo silencio a la sentimentalidad y ejercitando únicamente la inteligencia" (p. 15).

2 Escapa a los límites de este trabajo indagar en las lecturas feministas sobre el psicoanálisis, sobre lo cual hay mucho escrito.

psicoanálisis desarrolló sus teorías: una sociedad, como la Viena de fines del siglo XIX, sometida a varias formas de represión, que implicaban gastos de energía física. En esta coyuntura, explica Gray (1994), el chiste y el humor para Freud permiten "que los sentimientos reprimidos salgan a la luz con un disfraz socialmente aceptable; de este modo, la energía necesaria para mantener la represión se ahorra y se descarga en la risa" (p. 28). En una sociedad en la cual el sexo está extremadamente controlado para hombres y mujeres, un chiste sexual u obsceno se convierte en una forma de llamar la atención. Pero si la prohibición era similar para ambos, para Freud la naturaleza de las pulsiones sexuales para hombres y mujeres era diferente. Esta diferencia es el sustrato sobre el que se erige la idea de que algunas personas son "naturalmente" el Otro contra el que podemos dirigir legítimamente nuestra agresividad innata. Como explica Gray:

> Los hombres son los agresores sexuales "naturales", las mujeres "instintivamente" inclinadas al exhibicionismo pasivo, una construcción que hace inevitable el papel de la mujer como el blanco y no el creador de la broma. La "obscenidad", tal y como la define Freud, está dirigida principalmente a las mujeres; si no hay mujeres presentes cuando se cuenta el chiste obsceno, su presencia imaginaria es esencial. "Una persona que se ríe de una obscenidad que escucha está riendo como si fuera el espectador de un acto de agresión sexual"[3][, sostiene Freud en su célebre artículo "El chiste y su relación con el inconsciente"](Gray, 1994, p. 28).

---

3 La idea del "hombre" como agresor "natural" y de la mujer como agresora "naturalmente" pasiva está implícita en el análisis que Freud hace de lo que él llamó chistes "tendenciosos", continúa Gray. Sin embargo, cuando analiza otros tipos de humor, se advierte que su teoría del alivio puede funcionar independientemente en estos constructos. Un ejemplo son los chistes "inocentes", que proporcionan un alivio que es ante todo intelectual; permiten volver al estado infantil en el que somos libres de jugar con el lenguaje, reinventando palabras, rompiendo las reglas gramaticales y alterando la lógica, sin incurrir en la desaprobación social.

Gray no descarta las teorías del humor de Freud sino que propone atender a la naturaleza temporal presente en la idea del alivio asociada al humor. Para Freud se trataría de un breve interludio de la inhibición, tras el cual esta vuelve a imponerse con eficacia mayor. Es más, Freud, preocupado en la autopercepción, no se pregunta si ese alivio transitorio puede convertirse en permanente. Para Gray (1994) es la pregunta que las mujeres deben plantearse si ya no están dispuestas a aceptar el papel de objeto de burla.

Por otro lado, sobre las mujeres como grupo dominado producto de la dominación patriarcal se ejerció la violencia simbólica, es decir, una violencia suave, a menudo imperceptible, instituida

> a través de la adhesión que el dominado se siente obligado a conceder al dominador (por consiguiente, a la dominación) cuando no dispone, para imaginarla o para imaginarse a sí mismo o, mejor dicho, para imaginar la relación que tiene con él, de otro instrumento de conocimiento que aquel que comparte con el dominador y que, al ser más que la forma asimilada de la relación de dominación, hace que esa relación parezca natural (Bourdieu, 2010, p. 51).

Fue y es gracias a la acción de este tipo de violencia que las mujeres colaboran activamente con el sostenimiento del sistema patriarcal que las subordinó al interiorizar la idea de su propia inferioridad con respecto a los hombres. Pero podemos agregar que la imperceptibilidad de la dominación también es para quienes están en posiciones dominantes. Como advierte Michel Kimmel (1997), esa invisibilidad es consecuencia misma del poder y del privilegio: los privilegiados no saben cómo o por qué lo son.[4]

---

[4] Kimmel (1997) ilustra esto con una conversación entre una mujer blanca y otra negra. Esta última pregunta: "Cuando te miras al espejo, ¿qué ves?". "Veo una mujer", responde la blanca. La negra explica: "Ese es el problema, cuando yo me miro al espejo, veo una mujer negra. Para ti la raza es invisible, porque así funcionan los privilegios".

En *La creación del patriarcado*, Gerda Lerner (2022) sostiene que, a diferencia de otros grupos oprimidos, las mujeres están presentes en todos los estratos de la sociedad por lo tanto los privilegios clasistas y racistas socavaron el sentimiento de pertenencia a un colectivo "de mujeres" e impidieron que se sientan parte de un grupo cohesivo y puedan establecer una solidaridad entre sí, como lo hicieron otros grupos subalternos. Pero un impedimento mayor que obturó la formación de una conciencia femenina colectiva, continúa Lerner (2022), es el hecho de que no tengan historia, no tengan un relato que dé sentido a la vida y conecte cada existencia en el tiempo;[5] "al conservar el pasado colectivo y reinterpretarlo en el presente, [la historia] nos permite definir nuestro potencial y explorar los límites de nuestras posibilidades" (p. 328). Por siglos, a las mujeres se les impidió contribuir con la escritura de la historia debido no a su clase o raza, como sucedió con otros grupos subalternos, sino a su sexo. La falta de esa tradición les impidió desarrollar una conciencia de grupo que reafirmara su independencia y su autonomía en las distintas coyunturas del pasado. Así es que las historias del humor y lo cómico están en su mayoría escritas por hombres y destacan un humor supuestamente universal hecho exclusivamente por hombres, basado en "grandes maestros del humor" y en importantes revistas, todas dirigidas y editadas por varones.

En la práctica, la dominación es un proceso, tiene una dinámica viva y compleja, es un conjunto efectivo de

5 En su investigación sobre el patriarcado, Lerner menciona el control que los hombres establecieron sobre la sexualidad de las mujeres, pero nada dice sobre el que ejercieron sobre la risa, que, como dijimos, también juega un papel relevante para la cohesión social. Muy probablemente esto se deba a que a pesar de la omnipresencia del humor y lo cómico en la vida social, este ha pasado desapercibido o menospreciado por las ciencias sociales y humanas en general, y por el feminismo, en particular. En la Argentina, Diana Raznonich advirtió sobre ese desinterés: "Si hay una ausencia en la teoría y la práctica feminista en nuestro país, un desolador inexcusable desinterés, una fisura que desconfigura su propia gestión de fisurar, esa ausencia es la del humor" (Raznovich, 1994, p. 30).

experiencias, relaciones y actividades que tienen límites y presiones específicos y cambiantes, es decir, no es uniforme ni estática, tampoco abstracta. Por eso, debe ser continuamente renovada, recreada, definida y modificada. Así como existen dispositivos representativos que buscan establecer límites, condicionar o someter a los dominados, estos tienen a su vez la capacidad de señalar brechas o decidir tomas de distancia respecto de aquellos dispositivos, dejando en evidencia que la dominación y la sujeción nunca son totales. En efecto, la dominación, incluso la dominación simbólica, es continuamente resistida, limitada, alterada y desafiada por los sectores subalternos. Entender el proceso cultural de este modo evita asociar al dominador con un papel activo y al dominado con uno pasivo, ya que se entiende a ambos polos como activos y en permanentes negociaciones entre sí. Así como hubo mujeres que actuaron y actúan de modo cómplice con el sistema patriarcal, también hubo y hay mujeres que desafiaron la hegemonía masculina y pagaron precios distintos por tal motivo: desde vivir en los márgenes o ser consideradas "desviadas" o "locas" a no ser reconocidas por sus colegas hombres y quedar en el olvido.

Si bien el sistema patriarcal sigue bien activo, desde fines del siglo XIX con la expansión del capitalismo y el socialismo/comunismo, las mujeres fueron conquistando nuevos espacios dentro de la sociedad. La irrupción de los movimientos feministas no solo permitió el agrupamiento de las mujeres sino el cuestionamiento público de la dominación masculina y la conquista de derechos de ciudadanía. A lo largo del siglo XX, importantes avances se lograron en materia de paridad de género y emancipación femenina. En Occidente fue recién en el último tercio del siglo XX cuando las mujeres conquistaron el poder de hacer reír en la esfera pública y mediática: "la llegada con fuerza de las profesionales de la risa en el último cuarto del siglo XX tiene algo de revolucionario: reivindican todas las formas del reír y rechazar los tabús ligados a la imagen de la feminidad" (Melchior-Bonnet, 2023, p. 17).

La Argentina no fue una excepción. Si bien es cierto que hubo humoristas mujeres con anterioridad, se trataba de casos aislados que fueron vistos como "excepciones positivas" (Rosa, 2014, p. 17) o "excepciones milagrosas" (Moi, 2001, p. 6), es decir, permitieron hacer creer que hacer humor y producir comicidad era un espacio igualitario y meritocrático.[6] Niní Marshall es el ejemplo más célebre. En la década de 1980, siendo el humor un espacio aún mayormente masculinizado, las mujeres conquistaron nuevos lugares en la sociedad argentina y, especialmente, el poder de hacer reír en los medios masivos de prensa y en las actividades culturales masivas. En diarios y revistas, mujeres como Cristina Wargon, Elvira Ibarguren o María Elena Togno hacían humor escrito; actrices cómicas ganaban protagonismo y se subían a escenarios en grupo o de modo individual, como *Las Gambas al Ajillo* o Cecilia Rosetto y Gabriela Acher; también hubo mujeres músicas que apelaron al humor en sus canciones y puestas en escenas, como *Las Bay Biscuits* y sus sucesoras *Las Viudas e Hijas del Roque Enroll*, e irrumpieron con fuerza las humoristas gráficas: Diana Raznovich y Maitena en el diario *Tiempo Argentino*, Marlene Pohle desde *Hortensia*, Silvia Ubertalli en el suplemento "Crecer" de la revista *Vivir*, Petisuí en *La Razón* y luego en *SexHUM®*, donde también colaboraron Maitena y María Alcobre, por citar algunos ejemplos. En esos mismos años, Niní Marshall ponía fin a su carrera y en 1985, en sus memorias advertía los cambios con respecto de sus propios inicios:

> Salí al aire en marzo de 1937 y si bien como actriz no tenía problemas, algunos trataron de entorpecer mi trabajo de libretista. Los citados prejuicios, que consideraban poco apta a la mujer para ocupar lugares que eran privativos de los hombres. [...] sostenían que las mujeres no tenían sentido del humor como los hombres. Más tarde esa reacción se atenuó. Hoy el problema no existe (Marshall y D'Anna, 1985, p. 74).

6 Hemos investigado algunos de esos casos aislados, de trayectorias interrumpidas, en Burkart (2018, 2020).

Este acceso de las mujeres a la posibilidad de hacer reír en el espacio público trajo innovaciones y cambios en un ámbito históricamente masculinizado al incorporar nuevos puntos de vista y de este modo poner en crisis el carácter supuestamente universal del humor costumbrista hecho por hombres. Fue gracias a la irrupción de humoristas mujeres que un humor no sexista comenzó a circular por los medios de prensa. Las mujeres históricamente objeto de la comicidad dejaron de ser exclusivamente blanco de risa y estereotipo cómico de los hombres para devenir sujetos productores de lo cómico: podían proponer de quién reírse y cómo hacerlo.

Muchas de estas humoristas mujeres privilegiaron una risa humorística, es decir, reírse de sí mismas, e invitaron a sus congéneres a hacer lo mismo,[7] antes que una risa cómica que tomara a los hombres como objeto de burla. De alguna manera, pareciera que el precio de la conquista del poder hacer reír fue que esa producción estuviese dirigida a un nicho femenino: a otras mujeres antes que a los hombres. El papel más o menos explícito de los editores de las revistas fue crucial en este aspecto ya que, como sostiene Bourdieu (2005), estos detentan el poder de dar existencia pública a un autor, a un texto o a una imagen; muchas veces pueden consagrar a alguien y eso lo hacen a partir de una transferencia de capital simbólico, "que es tanto más importante cuanto quien la realiza está él mismo más consagrado" (p. 223) por su tarea pasada.

---

7 Si bien hemos criticado a la teoría freudiana por su sesgo de género, Freud establece una distinción entre el humor, lo cómico y el chiste que sigue resultando fértil. Cristian Palacios (2021) retoma la distinción y realiza una transposición de esas categorías psicoanalíticas al ámbito del discurso y distingue en los discursos irrisorios dos tipos de imágenes de enunciador: el "*ethos* cómico [que] hace ostensible su superioridad frente a aquello de lo que se ríe, [y] el *ethos* humorístico [que] se prohíbe tomarse a sí mismo en serio con lo cual cuestiona incluso su inscripción como sujeto en el mensaje mismo que enuncia" (p. 57).

La reticencia de los hombres a que las mujeres se rían de ellos la explica la escritora canadiense Margaret Atwood, quien entiende que los hombres se sienten amenazados ante las mujeres que son creadoras y productoras de bienes simbólicos y artefactos culturales. La explicación está en un diálogo que mantuvo con un amigo:

> ¿Por qué se sienten amenazados los hombres por las mujeres?", le pregunté a un amigo. [...] "Quiero decir -le dije- si los hombres son más grandes casi siempre, corren más rápido, estrangulan mejor y, en promedio, tienen más dinero y poder". "Tienen miedo de que las mujeres se rían de ellos", me contestó. "Que recorten su visión del mundo". Después, durante un breve seminario de poesía que di, les pregunté a las alumnas: "¿Por qué se sienten las mujeres amenazadas por los hombres?". "Tienen miedo de que las maten", me respondieron (Atwood, 1995, p. 234).

Para Mariela Acevedo (2018), la anécdota de Atwood revela los motivos de la exclusión de las mujeres en los campos artístico-comunicacionales y el "potencial subversivo" de la risa femenina "que irrumpe para desestabilizar lo que parecería un 'serio' –aunque haya chistes- juego entre amigos" (p. 31).

Aún hoy encontramos pocas mujeres humoristas dedicadas a reírse de los hombres y de la masculinidad, a la sátira política o al humor negro, en cambio se estableció la categoría de "humor femenino" o "humor de mujeres" en un intento de segregar y segmentar la risa. Pero, como sostiene Mariela Acevedo (2018),

> La idea de que pudiera existir algo que resulta marcadamente "femenino" porque su productora es mujer, por su tema o características, o de que las destinatarias se ríen de cuestiones particulares frente a una universal risa provocada cuando la autoría es masculina es algo que difícilmente pueda sostenerse sin caer en el más rampante esencialismo (p. 31).

Por su parte, Diana Raznovich tiene otra interpretación de la escasez de propuestas reideras[8] que pongan en ridículo a los varones y la masculinidad. Para esta humorista gráfica feminista, son las mujeres las que no se animan a salir de su posición de subalternidad: "Las mujeres argentinas no se meten con los hombres para parodiarlos porque temen ser tildadas de lesbianas o de feministas o dejar de circular en el mercado del deseo masculino" (Raznovich, 1994, p. 30).

Escapa a los límites de este trabajo verificar las hipótesis de Raznovich y la de Atwood en todas sus dimensiones. En todo caso, queremos explorar aquellas producciones cómicas de humoristas que sí se animaron a burlarse de los hombres. La propia Raznovich publicó viñetas al respecto en el suplemento "La Mujer" del diario *Tiempo Argentino* entre 1983 y 1986, y en la revista feminista *Alternativa Feminista* se publicó en marzo de 1985 una historieta cómica que no tuvo continuidad que se llamó "Florencio el incomprendido" de Elena Napolitano y Tonna Wilson. Nuestra atención se focaliza en las historietas cómicas de Maitena: "La Fiera" y "El Langa", publicadas en *SexHUM®* entre 1987 y 1989, y en *SexHUM® Ilustrado* en 1988 y 1989, respectivamente, en tanto sobresalen por su continuidad y por haberse publicado en revistas dirigidas a un público masivo, con un lector idealmente masculino y heterosexual, y no en publicaciones feministas como los primeros casos. Nuestra hipótesis es que con estas historietas cómicas Maitena logró develar, en el sentido literal de quitar el velo, la ideología sexista sobre las construcciones simbólicas del género y poner en crisis el supuesto carácter universal del humor gráfico hecho por humoristas varones. Maitena dejó al descubierto cómo funcionaba la masculinidad hegemónica de aquellos años en que la mujer disputaba nuevos lugares en la sociedad. No

---

8 Tomamos el término "reidero" de Oscar Traversa (2009, s/n), quien lo usa para aludir a un fenómeno genérico: "existen cosas y sucesos del mundo [...] que suscitan risa".

contamos con datos suficientes para saber si la propuesta reidera de Maitena tuvo eco, si repercutió y cómo lo hizo entre los y las lectoras de la revista; posiblemente su efecto haya generado más la irritación de muchos varones que no se sintieron cómodos con una propuesta reidera hecha por una mujer que los invitaba a reírse de sí mismos, antes que la complicidad y la cohesión de las mujeres como colectivo.

II.

La revista *SexHUM®* surgió en mayo de 1984 en una coyuntura social y política marcada por la mezcla de euforia e incertidumbre derivada de la caída de la dictadura, el regreso a la democracia y el fenómeno cultural conocido como "el destape", que expresaba la sexualización de la cultura, la sociedad y los medios de comunicación. En ese contexto, Ediciones de la Urraca, que había alcanzado su apogeo gracias al éxito comercial de su revista insignia, *HUM®*, buscó expandirse lanzando al mercado nuevas revistas (Burkart, 2017, 2024a). Una de ellas fue *SexHUM®*, que se creó a los fines de aprovechar "un momento histórico único de renegociación erótica [que] proponía examinar la compleja relación entre democracia, libertad y sexo" (Milanesio, 2021, pp. 11-12) y utilizar el material acumulado y no publicado por *HUM®* para evitar la censura de la dictadura militar (Burkart, 2017; Muñiz, 2006). El equipo editorial de *SexHUM®* estaba formado mayoritariamente por los humoristas y escritores de *HUM®*, quienes transferían su capital simbólico a la nueva publicación. Su director era Andrés Cascioli, también responsable de *HUM®* y de Ediciones de la Urraca, aunque durante los años ochenta, las decisiones editoriales en los hechos recayeron sobre Aquiles Fabregat y Pablo Colazo.

SexHUM® estaba dirigida a un público masivo, aunque su lector ideal era el varón porteño joven de clase media, casado o próximo al matrimonio. La revista se inscribió en la tradición del costumbrismo picaresco que se caracterizaba por un claro sesgo machista y sexista. La revista retomaba y potenciaba el estilo "sátiro-lujurioso" de *Satiricón*, la revista de Oskar Blotta y Andrés Cascioli que en los años setenta había sido censurada y cerrada primero por el gobierno de María Estela Martínez de Perón, y luego, tras haberle ganado un juicio al Estado y haber podido reeditarse por unos meses, por los militares en el poder (Burkart, 2017). Similar a *Satiricón*, *SexHUM®* debió defenderse en varias ocasiones de las acusaciones de ser una publicación pornográfica, lo que revela que la censura moral no había cesado pese al retorno de la institucionalidad democrática.

SexHUM® surgía también para hacerle competencia a una *Satiricón* reeditada, que a su vez intentaba disputarle lectores y colaboradores a *HUM®* (Burkart, 2017). En noviembre de 1983, Oskar Blotta había revivido a *Satiricón*, que salió con el mismo espíritu irreverente de su primera época: se presentó como una revista sin límites, desprejuiciada, que se reía de todo y, en efecto, era menos seria y comprometida que *HUM®* aunque abordaba temas de actualidad, como la censura, la tortura y los desaparecidos. En otras palabras, *Satiricón* intentó recuperar la risa cáustica y descarada que en *HUM®* aparecía domesticada. *SexHUM®*, en sintonía con su revista insignia, no renegó de la impronta de seriedad que aquella tenía: además de todo el material cómico y humorístico, se caracterizó por la sección "Investigación especial", a cargo de Luis Frontera, que abordaba temas de sexualidad, como la virginidad, el aborto y la masturbación de manera seria, a tono con la divulgación científica. La reaparición de *Satiricón* fue un desafío editorial para *HUM®* y personal para Cascioli y varios de quienes lo acompañaban, que habían participado de aquella en sus anteriores etapas. La competencia entre estas revistas, cuyo resultado fue la perduración de *HUM®* y *SexHUM®*, se producía en una coyuntura que además del destape estaba atravesada por los debates y las sanciones de la ley de patria potestad compartida (1985) y la de divorcio (1987), que permitieron "el reconocimiento por parte del Estado de la autonomía de los ciudadanos para decidir acerca del modo de vivir su vida afectiva y familiar" (Pecheny, 2010, p. 85) y significó "uno de esos momentos históricos de redefinición de estatus sexuales y de género" (p. 89).

Desde sus primeros números, *SexHUM®* se abrió a las colaboraciones de autoras mujeres. Sin bien no hubo paridad de género, escritoras y periodistas provenientes también de *HUM®*, como Cristina Wargon y Gloria Guerrero, fueron las primeras en contribuir a cerrar la brecha al aportar "el humor sexual desde el punto de vista femenino" (*SH*, n.° 3, agosto de 1984, p. 5). Asimismo, era posible encontrar viñetas o tiras con ilustraciones creadas por Patricia Breccia, siendo el guionista un humorista hombre. La lista de escritoras fue creciendo en esos primeros años, aunque no fue hasta mediados de 1986 que se incorporaron al *staff* humoristas gráficas en el rol de autoras integrales, es decir, responsables tanto del guion como del dibujo. La primera en hacerlo fue Petisuí, seguida por Maitena y María Alcobre.

En los estudios académicos, hay juicios dispares con respecto a la revista y al lugar de las mujeres en ella. Bárbara Guil (2017) critica la reputación rupturista que asocia a *SexHUM®* con un abordaje de género vanguardista al sostener que las representaciones femeninas incluidas en la revista están ancladas en viejos estereotipos de género. Guil se concentra en los trabajos realizados por los humoristas varones y minimiza la presencia de las mujeres a "excepciones" que no rompen con el machismo, y como ejemplo cita una entrega de "La Fiera" en la cual la protagonista "reacciona con pasión y alegría ante la violencia de un hombre que la abandona con un moretón en el ojo" (Guil, 2017, p. 51). Esta interpretación, que caracteriza a las historietas de Maitena como eróticas, ya había sido sostenida por Mariel Cerra (2012, p. 168), para quien la autora "continúa la tradición patriarcal de la mujer como objeto de deseo, hermosa y con grandes senos", y más recientemente por Florencia

Carlino (2020). Por el contrario, Silvia Itkin (1988) y Laura Vazquez (2008) encuentran que el trabajo de las autoras en *SexHUM®* marca un quiebre al ofrecer historietas que reivindican la independencia y la búsqueda de placer por parte de las mujeres y se alejan de los mandatos de género dominantes y sexistas, así como de las representaciones de las mujeres como meros objeto de deseo masculino. Vazquez está en sintonía con la interpretación que Judith Gociol y Diego Rosemberg (2003) hacen de "La Fiera" como una historieta que "Burla los roles sexuales impuestos socialmente, La Fiera se asume como una atorranta y es ella la que desea, la que desespera por sexo y la que toma la iniciativa [...] y, terminado el placer, sigue su ruta" (p. 234). Más recientemente, Natalia Milanesio (2021) también destacó la novedosa imagen de mujer que la tira aporta porque desafía la idea de que la belleza física es clave para tener una vida sexual placentera, contradice la representación de la mujer como objeto, dócil, pasiva y silenciosa, y por reivindicar el sexo sin compromisos.

III.

En 1986, Maitena Burundarena (1962) llegaba a *SexHUM®* con una carrera en ascenso. A fines de los años setenta, con tan solo 17 años había comenzado a publicar viñetas en el diario *Ámbito Financiero*, luego pasó a otras revistas y por editoriales haciendo ilustraciones para manuales escolares, hasta que se incorporó a la contratapa de *Tiempo Argentino* con la tira cómica diaria "Fló", que salió hasta septiembre de 1986, cuando el diario cerró. "La Fiera" irrumpió en *SexHUM®* en marzo de 1987 como un *cartoon* desarrollado a página completa compuesto por 16 viñetas, ubicado hacia el final de la revista. La protagonista de la tira es una mujer joven de fisonomía fea según los estándares hegemónicos de belleza. Las dos primeras entregas fueron de presentación del personaje: su vida había estado marcada por el hecho de no cumplir con esos cánones; no era una "mujer cualquiera", era una "mujer fea". Desde joven había intentado modificar o disimular su rostro, pero todos esos intentos resultaron fallidos hasta que descubrió una solución que transformó su vida. La revelación se produjo en una consulta ginecológica, el médico elogió su cuerpo y "¡la vida cambió para mí!/conocí un mundo lleno de sorpresas. Y dejé de ser la feíta... para ser... ¡¡la fiera!!" (*SH*, n.° 59, marzo de 1987, p. 50), un término que en lunfardo hace referencia tanto a lo feo como a una mujer atractiva por su sensualidad y belleza, y también a una persona audaz y atrevida. La premisa "el remedio para no ser fea era estar buena" (*SH*, n.° 60, abril de 1987, p. 50) sugiere que ajustarse a los estándares hegemónicos de belleza femenina se convierte en una estrategia de supervivencia y emancipación para la protagonista. A su vez, la consulta médica, que para algunas mujeres puede ser un espacio de violencia de género, se presenta de manera grotesca como un espacio liberador.

A diferencia de los estudios sobre "La Fiera" ya comentados, aquí nos interesa antes que la representación de la mujer, referirnos a la propuesta reidera de la historieta que consiste en burlarse de los hombres y de la masculinidad hegemónica en cuanto construcción social.[9] Y para que la burla sea efectiva, Maitena recurre a la reiteración de una misma construcción narrativa y cómica: una primera parte, en la que la Fiera actúa como un exhibicionista, una segunda, en la que se produce el encuentro sexual, y el cierre, donde cada personaje se va por su cuenta.

En efecto, en el inicio de cada entrega la Fiera sale a la calle en busca de un hombre ante quien quitarse la ropa y mostrar su cuerpo desnudo como la típica

---

9 Una versión preliminar del análisis de "La Fiera" fue publicada en Burkart (2024b).

figura del exhibicionista varón que, vestido apenas con un piloto, sorprende y violenta a las mujeres al exhibir su cuerpo desnudo. El exhibicionismo masculino estaba presentado en la cultura argentina de diversas formas. En lo inmediato, en 1986, una publicidad televisiva de la popular marca de pantalones vaquero Angelo Paolo mostraba a un hombre con un impermeable oscuro entrando en escena, parándose sobre un escenario y exhibiendo su cuerpo supuestamente desnudo ante un auditorio lleno de mujeres, mientras que los telespectadores lo veían de espaldas, por lo cual debían imaginar su desnudez.[10] Pero más en general, el exhibicionista era un *topos* recurrente del humor pícaro realizado por humoristas varones. Estos chistes ridiculizan a quien comete el acto exhibicionista y el efecto cómico se encuentra en lo que tiene para mostrar o en la audiencia elegida –generalmente, inapropiada. Dos ejemplos publicados en *SexHUM®* dan cuenta de lo que estamos diciendo. Se trata de un chiste de Ibáñez y de una tira de Palomo. En el primero, un hombre abre su piloto para mostrar sus genitales ante la estatua de una mujer desnuda ubicada en una plaza (*SH*, n.° 58, marzo de 1987, p. 29). En el segundo, un hombre espera agazapado en una esquina, se le planta en frente a una anciana, abre su piloto pero la anciana, que es miope, no reacciona, cuando finalmente se pone los anteojos, se le ríe en la cara por lo que ve; en la última viñeta, el hombre está recostado en el sillón teniendo una sesión de psicoanálisis (*SH*, n.° 61, abril de 1987, p. 35). Estos chistes minimizan la violencia de la exhibición y la risa surge de la incongruencia de la respuesta generada. La mujer no responde a lo esperado, no solo no se excita, sino que no exhibe pudor ni rechazo, quien queda ridiculizado es el exhibicionista. Además, se trata de una risa más bien disciplinadora que se da entre

10 Un extracto del video está en YouTube: https://youtu.be/3Htv-Mrz7qQA?si=diAbt4QudscA0OlQ.

hombres, ya que quien expone al exhibicionista en su torpeza (elegir blancos incorrectos) es otro hombre, el humorista. La violencia del exhibicionista queda horadada, tal vez sugiriendo que no es por ese medio como se consigue la reacción positiva de una mujer. En todo caso, son viñetas humorísticas donde los hombres se ríen de sí mismos o de sus congéneres, y eso les genera placer.

Pero Maitena va más allá: no parodia al exhibicionista hombre, personaje que no es solo típico del humor gráfico sino de la cultura pícara popular y masiva, sino que hace que su protagonista tenga relaciones sexuales con la persona que hace de audiencia a su acto exhibicionista. La cultura sexista suele premiar al varón con deseo sexual intenso y castigar a la mujer como fácil, como prostituta o como ninfómana. La Fiera podría ser clasificada con estas categorías, pero su carga de grotesco da cuenta más bien de un comportamiento masculino que es parodiado.

La Fiera ofrece su cuerpo sin reparos, consigue la atención de los hombres, no le importa el consentimiento (su exhibicionismo no siempre es bien recibido por su auditorio, y eso no es un impedimento para lograr su objetivo) y tiene relaciones sexuales en el lugar que sea: en la vía pública, llevándolos a su casa o en un lugar privado. Ella siempre toma la iniciativa, hace contacto visual, se desviste primero y establece contacto físico agarrando del brazo o directamente de los genitales al hombre hasta llevarlo a la cama o al lugar que sea para tener sexo. El efecto cómico proviene del modo desmesurado y grotesco como se dan las cosas o, mejor dicho, de la incongruencia entre lo que socialmente se espera del comportamiento de una mujer frente a un hombre. Y la Fiera logra que el encuentro suceda. El contraste entre la situación grotesca y la decisión estética de apelar a un trazo fino, liviano, ágil y muy expresivo para el dibujo son parte de la efectividad lograda por Maitena.

A su vez, el efecto cómico se complementa y refuerza con la incongruencia que hay entre, por un lado, el dibujo y la narración de los hechos que hace la Fiera, que aparece en la parte superior de cada viñeta y, por el otro, el diálogo que se reproduce en los globos de texto. La historieta está narrada en primera persona en voz en *off*: "Lo conocí así, por casualidad/Y en seguida supe que era mi hombre.../ tenía aspecto de haber vivido mucho.../ y de haber bebido bastante, /... o al revés, no sé" (*SH*, n.° 61, abril de 1987, p. 50). El dibujo y el diálogo no toman ese punto de vista que expone un romanticismo estereotipado de cómo las mujeres deben hablar de un encuentro amoroso, sino que presentan una versión contraria de los hechos. De este modo, contrastando con la narración antes citada vemos a la Fiera tropezar con un borracho que está tirado en la calle. El texto de la historieta sigue: "Yo me presenté tímidamente" y el dibujo la muestra abriendo su piloto y ofreciendo su cuerpo desnudo al borracho; "Y recogimos hasta el último minuto de ella [la noche]/ ... extenuados de amor desfallecimos./ El despertar nos encontró sobrios y juntos.../ y nos miramos.../ ... y nunca más nos vimos", en efecto, tuvieron relaciones sexuales en la calle, durmieron abrazados sobre unos cartones y al despertarse, el hombre se sobresalta al verla a su lado y huye.

Imagen 1. "La Fiera", Maitena, *SexHUM®*, n.° 61, abril 1987

La Fiera usa a los hombres, se aprovecha de ellos, la mayoría de las veces, para satisfacer su deseo sexual y otras, simplemente, para saciar cualquier tipo de necesidad material, desde alimentos a un corte de cabello. Se destacan los juegos de palabras y las frases con doble sentido sexual que se combinan con la incongruencia entre el texto del guion y el dibujo en cada viñeta que refuerza el efecto reidero.

La Fiera produce una risa inquieta e irreverente. Incomoda porque el romanticismo que hay en sus narraciones sobre sus encuentros sexuales contraría sus acciones sobre lo que se espera socialmente de una mujer y, más bien, representa comportamientos prototípicamente masculinos en clave de parodia. Precisamente, la efectividad de la historieta, su potencia reidera y crítica se encuentran en la ruptura de expectativas que genera la inversión de roles de género que propone y esa contraposición entre texto e imagen, entre el estereotipo del discurso femenino y el accionar del personaje. En el humor gráfico argentino no hay antecedentes al respecto.

Gociol y Rosemberg (2003) sugieren que Nicanora de Roberto Gigante podría ser un antecedente de "La Fiera" de Maitena. Creada a fines de los años cuarenta para la revista *Damas y Damitas*, Nicanora era una mujer mayor, de figura delgada, con valores morales innovadores y audaces para su época: como la Fiera, no para de acosar hombres, pero a diferencia de la creación de Maitena, ella sí quiere ponerle fin a su soltería. Es esta última cuestión la que impide pensar a Nicanora como antecedente de la Fiera más allá de los otros puntos de contacto. Si bien Nicanora tampoco distinguía edad, origen social o profesión a la hora de elegir a quien dirigir sus cándidos atrevimientos, a diferencia de la Fiera era capaz de pagar o repartir billetes para tener cortejantes. Según Gociol y Rosemberg (2003), la tira de Gigante se publicaba rodeada de publicidades de artículos dirigidos a mujeres más conservadoras y tradicionales que Nicanora; y con el tiempo, alargó su falda y se dedicó a conquistar a su jefe. En definitiva, con Nicanora no hay inversión de roles de género como sí lo hay en "La Fiera", se burla de las mujeres y sus mandatos sociales. En la misma línea que Nicanora, se encuentra también el personaje Patora, en "Patoruzú", la historieta creada por Dante Quinterno.[11]

Patora apareció por primera vez en 1959, cuando la tira ya tenía unos veinte años. Patora, que estaba muerta para Patoruzú, había sido entregada por su abuela a un colegio pupilo y cuando se recibe, Chacha le avisa a Patoruzú que "te la degüelven" y que está en camino a Buenos Aires (*Patoruzú*, n.° 1148, 7 de diciembre, 1959). Cuando los hermanos se encuentran, lo cómico aparece en la confusión que Patoruzú tiene al ver a su hermana y creer que se está viendo en el reflejo del vidrio de la ventanilla del tren en que Patora arriba a la ciudad. Criada lejos de los hombres, Patora desarrolla unos instintos románticos desmedidos y está obsesionada por conseguir novio, pero no la ayuda su apariencia física ni su incapacidad para advertir cuándo no es deseada. Las aventuras de Patora en *Patoruzú* siguen la fórmula de la comedia de enredos donde se enamora de cualquier hombre a quien inmediatamente denomina "mi tipo" y se pelea con su hermano, que intenta impedir situaciones que se presentan como "sus locuras".

"La Fiera" muestra un mundo al revés donde una mujer actúa siguiendo un patrón de comportamiento masculino, que, según José E. Burucúa (2007) y su análisis de las *Pathosformel*[12] de la representación de lo reidero, podríamos

---

11 Agradezco a Cristian Palacios por recordarme a este personaje.

12 *Pathosformel* es un concepto utilizado, aunque nunca definido, por Aby Warburg. Para Burucúa, "Una *Pathosformel* es un conglomerado de formas representativas y significantes, históricamente determinado en el momento de su primera síntesis, que refuerza la comprensión del sentido de lo representado mediante la inducción de un campo afectivo donde se desenvuelven las emociones precisas y bipolares que una cultura subraya como experiencia básica de la vida social. Cada *Pathosformel* se transmite a lo largo de las generaciones que construyen progresivamente un horizonte de civilización, atraviesa etapas de latencia, de recuperación, de apropiaciones entusiastas y metamorfosis" (Burucúa, 2007, pp. 15-16).

inscribir en la risa carnavalesca[13] que invierte la *Pathosformel* del señorío, del dominio, de la *majestas*. Si tal *Pathosformel* tiene como sujeto que ejerce la dominación en el orden sexual hegemónico al varón blanco heterosexual, quienes asumen su papel al someterla a una inversión radical son las mujeres. He aquí cuando las mujeres como sujetos subalternos invierten el orden jerárquico que las somete, que irrumpe la risa irreverente y festiva propia del carnaval.

Para Bajtín, la risa carnavalesca es "ambivalente: alegre y llena de alborozo, pero al mismo tiempo burlona y sarcástica, niega y afirma, amortaja y resucita a la vez. [...] expresa una opinión sobre un mundo en plena evolución en el que están incluidos los que ríen" (Bajtín, 1988, p. 17). Esta ambivalencia diferencia la risa carnavalesca de la risa satírica, de naturaleza negativa en cuanto destructora de su objeto de burla, y de la risa agradable, destinada únicamente a divertir, ligera y desprovista de profundidad y fuerza. Es más, Bajtín le reconoce a la risa carnavalesca un carácter utópico y de cosmovisión por cuanto se dirige contra toda concepción de superioridad. Es en esta clave que la propuesta de Maitena se inscribe en una risa no sexista ya que al invertir los roles desmonta, expone y ridiculiza la jerarquía de los géneros impuesta por el sistema patriarcal.

Son desconocidas las reacciones que generó esta tira. Si bien *SexHUM®* tuvo un correo de lectores muy profuso y activo, no hemos encontrado cartas publicadas sobre "La Fiera" o dirigidas a Maitena. Pero la autora recuerda que entre sus colegas varones, no acostumbrados a verse ridiculizados por mujeres, sí hubo reacciones. Es más, según Maitena,

> la Fiera nació [...] para burlarme del tipo de humor sobre sexo que hacían mis compañeros varones, donde la mujer siempre

---

13 Burucúa sigue aquí a Mijaíl Bajtín (1988) y su análisis sobre la risa popular en la Edad Media y en el Renacimiento, en especial, aquella que surge en el Carnaval.

> era objeto de deseo, pero nunca deseaba. La Fiera estaba prendida fuego. [...] No me acuerdo cuál de mis compañeros comentó que trataba a los hombres como si fueran una aceituna: se los comía y después escupía el carozo. Dijeron que era ninfómana, misógina, homofóbica y racista, la acusaron de hembrista [sic] y a mí de ser igual o peor que los machistas, entre otras cosas por no incluir nunca un personaje masculino como héroe de mis historietas (Maitena, 2015, p. 6).

IV.

"La Fiera" salió por tres años en *SexHUM®* y al mismo tiempo, a partir de 1988, Maitena respondió a esa crítica sobre la ausencia de un protagonista varón en sus trabajos con una historieta cómica que se burlaba de manera más directa de los hombres y de la masculinidad hegemónica a partir del estereotipo del galán: "El Langa". Como "La Fiera", el nombre también apelaba al lunfardo, que al invertir las sílabas de galán habilitaba significados críticos: el langa es el que actúa como galán, quien pretende aparentar ser un ganador y se manda la parte, pero en realidad no lo es. La historieta fue parte de *SexHUM® Ilustrado*, una versión más lujuriosa y atrevida de *SexHUM®* que apareció en diciembre de 1986 con una periodicidad mensual, casi cien páginas y con un énfasis en el material visual sobre las notas escritas. Como ya era práctica recurrente entre los distintos emprendimientos de La Urraca, los colaboradores eran en su mayoría los mismos dibujantes que *HUM®* y *SexHUM®*.

A diferencia de "La Fiera", "El Langa" es una historieta cómica de 6 páginas por entrega que presenta más cantidad de personajes secundarios y escenografías más detalladas, aun cuando priman los cuadros cortos. Las historias también tienen un patrón argumental que se reitera en cada entrega, y la locación por excelencia es la oficina en la cual el protagonista, Daniel Frentelli, trabaja. Sin embargo, la oficina queda representada como un espacio de sociabilidad privilegiado entre hombres, los compañeros de trabajo. La historieta pone el foco en ese grupo y cómo entre hombres validan su masculinidad: la legitiman con sus comentarios y risas, cuando hablan entre sí de mujeres, festejan sus "conquistas" -el protagonista en un momento se jacta: "Pst! La reventé, quedó pidiendo agua..." (Maitena, 2015, p. 125)-; intercambian consejos y pareceres –Frentelli explica "... tiene que ser más corta, loco! Te copa una mina, vas, te la avanzás y listo!" (Maitena, 2015, p. 116)-, se dan aliento –en un episodio, Frentelli y un colega arman un programa para salir con dos chicas y se felicitan mutuamente: "–¡León!", "–¡Macho!" (Maitena, 2015, p. 127) – y establecen alianzas para tener éxito con las mujeres.

Con la elección del apellido del protagonista Maitena parece evocar a esos personajes unidimensionales del humor gráfico argentino que se hicieron célebres entre los años 1930 y 1950, como Fúlmine, un yettatore de Guillermo Divito, Amorrotto de Oski, Piantadino de Adolfo Mazzone, entre muchos otros. De aquella galería, Frentelli parece ser una versión nueva y original de Falluteli, otro personaje de oficina. Aquel personaje de Divito era un oficinista trepador, oportunista y coimero, alcahuete del jefe, que a diferencia de Frentelli es odiado por sus compañeros y también por los lectores. El apellido Frentelli italianiza la acción de encarar a las mujeres y eso es lo que el protagonista hace insistentemente y por lo cual es celebrado por sus compañeros. A Frentelli no lo odian sus compañeros de trabajo, sino que lo idolatran, lo consideran un maestro en el arte de galantear y él mismo asume una posición pedagógica frente a ellos: "no tenés maestro, Pst!", le dice a un compañero que le cuenta los detalles de cómo acordó una cita con una chica que le gusta (Maitena, 2015, p. 126). Al identificarlo a Frentelli como maestro y al resto de sus compañeros como aprendices, Maitena sagazmente revela las jerarquías que se establecen dentro de los grupos y, en este caso puntual, desvela que detrás de un grupo de hombres y del género masculino se tejen distintas categorías identitarias. Como señala Robert W. Connell (1997), hay que "reconocer múltiples masculinidades" en tanto la masculinidad hegemónica no es algo fijo sino que también es "una posición siempre disputable" (p. 39). Asimismo, la mirada de los pares varones es la que aprueba y certifica la hombría y la autoridad masculina. El alardeo entre sí de sus logros no es otra cosa que un intento de conseguir su aprobación (Kimmel, 1997).

En su exploración y su teorización del género, Kate Bornstein llega de manera creativa a partir de la pirámide alimenticia a la idea de la "pirámide de género/identidad/poder" (Pérez, 2015). Bornstein, que define al género como "una dinámica jerárquica que se esconde detrás de y se pone en juego a través de cada una de sólo dos identidades monogenéricas socialmente privilegiadas" (Pérez, 2015, p. 191): el género masculino y el femenino, nos propone imaginar que es a través de la metáfora piramidal cómo la cultura occidental distribuye el poder y se configura el sistema de género.

Mientras que en la cima de esa pirámide se representa una identidad de género perfecta, el "género perfecto" –el hombre y la mujer "de verdad"–, que a todos nos enseñaron a ser, a ser como o ser gustado por; en el ancho de la pirámide se representa la cantidad de personas, mientras más alto vamos en la pirámide, hay menos personas que pertenecen al género perfecto. Es así que, desde el punto de vista de la cima de la pirámide, hay una actitud de perfección y todo lo que no encaja con ella es menos, es gente que tiene un género menos perfecto, o es el Otro. Estas variaciones son las que aparecen representadas y burladas en las historietas cómicas de Maitena, a la vez que se expone que "En términos de género, en cualquier grupo de varones habrá algunos que serán más 'verdaderos' en tanto varones que otros" (Pérez, 2015, p. 190).

En el universo de la oficina, en relación con sus colegas, Frentelli se ubica en la cima de la pirámide: sería lo más cercano al género masculino perfecto, tomando algunos atributos propuestos por Bornstein (Pérez, 2015) y por Kimmel (1997) y agregando otros, podemos caracterizarlo como: un varón sano, de mediana edad, delgado, de tez blanca, rubio, clase media, atractivo de acuerdo con los estándares culturales, heterosexual, orientado de manera binaria, profesional con trabajo presuntamente estable (aunque no se sabe bien de qué trabaja), posee todos los derechos disponibles por ley, y usa el poder para estar por encima de otros: se afirma como un "hombre verdadero". Sus compañeros de oficina comparten varios de estos atributos, pero están unos peldaños más abajo que el langa, especialmente porque no cumplen con algún atributo de belleza culturalmente hegemónico: el "Gordo", como su apodo lo delata, está excedido en peso, y otro, que en la historieta no tiene nombre ni apodo, es el feo, tiene una nariz prominente. Esas diferencias se ponen en juego en la supuesta suerte que tienen con las mujeres y en la seguridad que tienen para iniciar el cortejo de una mujer. En efecto, en el grupo los hombres se dividen entre los (supuestamente) "ganadores", como el langa, y los (aparentemente) "perdedores" con las mujeres, como son el conjunto de sus compañeros que festejan a Frentelli y quieren ser como él.

Imagen 2. Extracto de "El Langa" de Maitena, *SexHUM® Ilustrado*, 1988

Fuente: Maitena (2015, pp. 136 y 134).

Decimos "supuestamente y "aparentemente" porque esa pirámide de género/identidad/poder emerge de las relaciones y prácticas de género que se dan en el universo de la oficina. Los amigos le creen a Frentelli pero Maitena, impiadosa, les revela a los lectores lo que su personaje oculta, para así tornar cómica la historia: que este no pudo llegar a gran cosa con la vendedora de ropa con la que se encerró en el baño, que se quedó dormido cuando el trío con dos chicas estaba por empezar, que la muchacha despampanante de la barra del bar que ignoraba a todo el mundo tampoco quiso tener nada con él, y así con el resto de sus historias al punto de que el balance final es negativo: en ocho meses logró concretar apenas dos encuentros sexuales (Maitena, 2015, p. 147). Al terminar el año, Frentelli concluye primero con un autoelogio: "... otra vez este año zafé como un duque [de "caer de marido"]. ¡Frentelli viejo nomás!", pero luego se sincera: "... aunque más que no caer en ninguna [relación], podríamos decir que nadie me dio bola..." (Maitena, 2015, p. 156).

Pero Maitena no se queda allí y da un paso más: mientras Frentelli oculta sus fracasos, quienes sí tienen más éxito que él son sus compañeros, ellos sí tienen éxito con las mujeres y logran concretar los encuentros sexuales. Mientras Frentelli alardea con que va a tener éxito y va a cortejar a la muchacha más bonita que está en la barra del bar, su compañero narigón se queda con los otros en la mesa pero termina teniendo sexo oral con una chica que tenía sentada a un lado (Maitena, 2015, pp. 134-136), o en la salida de a cuatro, Frentelli está más interesado en la cita de su amigo que en su cita, que es una muchacha más baja en altura y no tan delgada. Durante la noche, hay un cambio de parejas y mientras el langa con su nueva cita van a un bar más tranquilo para que ella le diga el horóscopo chino, su amigo sí va con la muchacha que el langa ignoró a un hotel alojamiento (Maitena, 2015, p. 131). Es con esta última decisión argumentativa que queda expuesta y ridiculizada la virilidad en general y la "masculinidad *hegemónica*, la imagen de masculinidad de aquellos hombres que controlan el poder, que ha llegado a ser la norma" (Kimmel, 1997, p. 51); en particular, Maitena propone considerar que no es necesario estar en la cima del poder ni ser el máximo exponente en hombría para disfrutar de un encuentro sexual, sino que este es más placentero cuanto menos forzado es.

Por último, cabe mencionar cómo aparecen representadas las mujeres en "El Langa". Las chicas también se dividen en grupos: aquellas que están más cerca de la cima de la pirámide de género/poder: las jóvenes y bonitas, objeto de deseo y conquista de los hombres, y las "otras", que al ser menos agraciadas físicamente pasan desapercibidas y quedan relegadas a un segundo plano. De igual modo que sucede con los hombres, son estas últimas las que más ganan en el amor y en el sexo. Pero las "mujeres perfectas" de "El Langa" no aparecen ellas ejerciendo poder alguno, son puestas en la cima por los hombres, no por otras mujeres. En todo caso sobresale que las mujeres, estén en uno y otro grupo, no son sumisas ni tontas, tienen sus propios objetivos y deseos, y van por ellos, en muchos casos haciendo naufragar el plan del langa o dejándolo en ridículo. El punto de vista de una autora mujer queda plasmado en la representación de estas mujeres que "encaran, no arrugan, desean y deciden qué hacer con sus cuerpos. Son ellas las que lo dejan a él con las ganas" (Gociol y Rosemberg, 2003, p. 94).

SexHUM® Ilustrada no tenía correo de lectores, motivo por el cual tampoco en este caso contamos con información acerca de la recepción de "El Langa" entre los y las lectoras, salvo lo ya dicho sobre Maitena y *SexHUM®*. Sin embargo, resulta interesante el hecho de que en la misma revista y de manera simultánea se publicó "El Peor" de Javierdo, O'Kif y Pancu como "contracara reivindicadora" de la masculinidad, desde la mirada masculina (Gociol y Rosemberg, 2003, p. 95). Gastón Bernardou es "El Peor", un joven cadete de oficina que se la pasa escuchando música y al que, sin hacer nada, las mujeres, todas ellas jóvenes y bonitas, le entregan su cuerpo: "Puras máquinas sexuales, ellas casi ni hablan antes de desnudarse. Y él, por supuesto, deja hacer y disfruta de esos levantes" (Gociol y Rosemberg, 2003, p. 95).

V.

En un artículo clásico, Oscar Steimberg (2013) señala que un aspecto distintivo del humor gráfico, esto es, de un humor que no es oral ni presencial sino que está mediatizado por el medio de prensa que funciona de soporte, es que la enunciación del humorista se produce como autor social, es decir, se confunde con un segmento sociocultural definido con quien se comparte un modo de hacer, una manera de intercambiar información o de sufrir y comentar los problemas políticos. Este grupo o segmento sociocultural puede ser una fracción de clase o sector profesional, una generación o un grupo etario, una corriente político-partidaria, intelectual, artística o literaria (Steimberg, 2013, pp. 182-183) y, podríamos agregar, una posición de género. La irrupción de humoristas mujeres puso en evidencia que ese humorista que se erigía como autor social ya no es necesariamente un hombre que habla/dibuja y hace una propuesta reidera en nombre de un universal. Historietas como "La Fiera" y "El Langa" tenían como novedad proponerles a los hombres lectores de la revista que se entreguen a una opción reidera proveniente de una humorista que asume una autoría social y por lo tanto les pide dejar en suspenso temporalmente el poder que su género les confiere y animarse a reírse de sí mismos. Es decir, asumir una risa humorística cuando en realidad se trata de una risa cómica, como por décadas hicieron las mujeres ante las producciones cómicas hechas por humoristas hombres. Por su parte, las lectoras de *SexHUM®* y *SexHUM® Ilustrado* que se rieron con estas historietas de Maitena tuvieron la posibilidad de reírse de los hombres y de su virilidad, y tal vez más de una pudo compartir una risa cómplice o aunque sea imaginarla.

Bibliografía

Acevedo, M. (2018). Humor como espacio de dialogismo sexogenérico: del canon y el contracanon a la constelación crítica. *Ártemis*, vol. XXVI, n.° 1, jul.-dic., 29-52.

Atwood, M. y Martínez-Zalce, G. (1995). La creación del personaje masculino. *Debate Feminista*, 11. https://doi.org/10.22201/cieg.2594066xe.1995.11.1835.

Bajtín, M. (1988). *La cultura popular en la Edad Media y en el Renacimiento. El contexto de François Rabelais*. Madrid: Alianza.

Berger, P. (1999). *Risa redentora. La dimensión cómica de la experiencia humana*. Barcelona, Kairós.

Bergson, H. (2009). *La risa. Ensayo sobre el significado de lo cómico*. Buenos Aires: Losada.

Bourdieu, P. (2010). *La dominación masculina y otros ensayos.* Buenos Aires: La Página/Anagrama.

Bourdieu, P. (2005). Una revolución conservadora en la edición en *Intelectuales, política y poder* (pp. 223-264). Buenos Aires: Eudeba.

Burkart, M. (2024a). HUM®, Andrés Cascioli y Ediciones de la Urraca: La creación de una posición progresista en el campo de la prensa argentina. *Exlibris*, n.°13, 13-43.

Burkart, M. (2024b). Cuando los chistes son producidos por mujeres: el humor "no sexista" de Maitena (1987-1988) y el humor "feminista" de Mora Sarquis (2018-2020). En P. Bertúa, C. Torre (coords.), L. Arnés, N. Domínguez, M. J. Punte (dirs.), *Historia feminista de la literatura argentina: fronteras de la literatura. Lenguajes, géneros y transmedialidad* (pp. 613-645). Villa María: Eduvim.

Burkart, M. (2020). Trazos interrumpidos: humoristas mujeres en la prensa de humor (Argentina, 1974-1984). *Tempo & Argumento*, vol. 12, n.° 31, 1-42.

Burkart, M. (2018). Claire Bretécher en la revista *HUM®* (1979-1984). (O cómo hacer para que el humor gráfico argentino deje de ser una cuestión de hombres). *Ártemis*, vol. XXVI, n.º 16-28.

Burkart, M. (2017). *De Satiricón a HUM®. Risa, cultura y política en los años setenta*. Buenos Aires: Miño & Dávila.

Burucúa, J. E. (2007). *La imagen y la risa*. Mérida: Periférica.

Caliskan, S. (1995). Is There Such a Thing as Women's Humor? *American Studies International,* vol. 33, n.° 2 (October, 1995), pp. 49-59.

Carlino, F. (2020). -¿Mujeres que se qué? -¡Que se quejan! El postfeminismo crítico en la voz de las mujeres de los cómics de Maitena Burundarena. *Temas de mujeres,* año 16, n.° 16, 93-125.

Cerra, M. (2016). La representación de la mujer en la obra Maitena. En A. M. Peppino Barale (coord.), *Narrativa gráfica. Los entresijos de la historieta* (pp. 165-1979). Ciudad de México: Universidad Autónoma Metropolitana.

Connell, R. W. (1997). La organización social de la masculinidad. En T. Valdés y J. Olavarría (eds.), Masculinidad/es. Poder y crisis (pp. 31-48). Santiago de Chile: Ediciones de las Mujeres n.° 24.

Gárate Chateau, M. (2023). *La creación de un monstruo.* Santiago: Ediciones Universidad Alberto Hurtado.

Gociol, J. y Rosemberg, D. (2003). *La historieta argentina.* Buenos Aires: Ediciones de la Flor.

Gombrich, E. H. (1997). Magia, mito y metáfora: reflexiones sobre la sátira pictórica. Ponencia presentada en el *XXIII Congreso Internacional de Historia del Arte.* Estrasburgo, 1989. En *Gombrich Esencial* (pp. 331-353). Madrid, Debate. (*The Essential Gombrich*. London, Phaidon Press, 1996).

Gray, F. (1994). *Women and laughter.* Hampshire: Macmillan.

Guil, B. (2017). Venus de papel. Sobre las representaciones eróticas femeninas en la revista *SexHumor* (1984-1999). Tesis de grado. Licenciatura en Humanidades, Universidad de San Andrés, Victoria.

Itkin, S. (1988). Mujeres humoristas: hacia una sonrisa sin sexismo. *Feminaria,* año I, n.° 2, 22-26.

Kimmel, M. (1997). Homofobia, temor, vergüenza y silencio en la identidad masculina. En T. Valdés y J. Olavarría (eds.), Masculinidad/es. Poder y crisis. Santiago de Chile: Ediciones de las Mujeres n.° 24, pp. 49-62.

Lerner, G. (2022). *La creación del patriarcado*. Buenos Aires: Paidós.

Maitena (2015). *Lo peor de Maitena*. Buenos Aires: Sudamericana.

Marshall, N. y D'Anna, S. (1985). *Mis memorias*. Buenos Aires: Editorial Moreno.

Melchior-Bonnet, S. (2023). *La risa de las mujeres. Una historia de poder*. Madrid: Alianza.

Milanesio, N. (2021). *El destape. La cultura sexual en la Argentina después de la dictadura*, Buenos Aires: Siglo XXI.

Moi, T. (2001). La teoría feminista y la sociología de la cultura de Pierre Bourdieu. *Feminaria*, año XIV, n.° 26-27, 1-20.

Muñiz, J. C. (2006). *Sex humor: el sexo de los argentinos*. Buenos Aires: Musimundo.

Palacios, C. (2021). El autor como mueca. Modos de subjetivación en el humor argentino contemporáneo. En M. Burkart, D. Fraticelli y T. Várnagy (comps.), *Arruinando chistes. Panorama de los estudios del humor y lo cómico* (pp. 57-72). Buenos Aires, Teseo, pp. 57-72.

Pecheny, M. (2010). Parece que no fue ayer: el legado político de la Ley de Divorcio en perspectiva de derechos sexuales. En R. Gargarella, M. V. Murillo y M. Pecheny, *Discutir Alfonsín* (pp. 85-113). Buenos Aires: Siglo XXI.

Pérez, M. (2015). ¿Quién está en la cima? (¿y por qué estamos abajo?) (¿y es ese realmente un lugar tan malo para estar?). *Ártemis* [S. l.], vol. 20. Disponible en: https://periodicos.ufpb.br/index.php/artemis/article/view/27060.

Raznovich, D. (1994). Algunas cuestiones sobre el humor feminista. *Feminaria*, año VII, n.° 13, 29-30.

Raznovich, D. (2005). El humor de las humoristas. En *Dossier feministes* n.º 8: "Humor y Mujeres: ¿Lo pillas?". Instituto de Investigación Feminista de la Universitat

Jaume I, pp. 15-22. http://repositori.uji.es/xmlui/handle/10234/12092.

Rosa, M. L. (2014). *Legados de libertad. El arte feminista en la efervescencia democrática*, Buenos Aires: Biblos.

Steimberg, O. (2013). Sobre algunos temas y problemas del análisis del humor gráfico. En *Leyendo historietas. Textos sobre relatos visuales y humor gráfico* (pp. 172-192). Buenos Aires: Eterna Cadencia.

Traversa, O. (2009). Notas acerca de lo reidero en las tapas de las revistas. *Figuraciones. Teoría y crítica de artes*, n.°5.

Vazquez, L. (2008). Heroínas dibujadas: Bellas y secundarias. *Jornadas de Cuerpo y Cultura de la UNLP*, 15 al 17 de mayo de 2008, La Plata. Disponible en https://tinyurl.com/nhbkarxv.

La caricatura argentina en la construcción global de un estereotipo de los afro-descendientes a principios del siglo XX

João Paulo Rodrigues

Según Adolfo Bioy Casares, durante un almuerzo en su casa en enero de 1963, Jorge Luis Borges y el también escritor Juan José Hernández hablaron sobre la similitud entre los negros y los monos. El motivo de la conversación sería la inexistencia de negros en Argentina, quienes de estar presentes en este país causarían "problemas", a diferencia de los "gringos" y judíos, que no representaban ninguna amenaza. Aunque el autor de *El Aleph* argumentó que no se trataba de supuestas similitudes físicas, sí había "algo evidente en los negros que nos rechaza. Por eso los argentinos vemos a los brasileros como macacos" (Bioy Casares, 2006, p. 859). Unos años más tarde, durante otra conversación, esta vez con el editor y traductor norteamericano Norton Thomas di Giovanni, Borges confesó ser "racista", porque si tuviera el poder "limpiaría" los Estados Unidos y Brasil de negros. Este último, aseguraba el escritor, estaba amenazado con convertirse en "África", debido a su población de color. Ante la incredulidad de Di Giovanni, Borges concluyó la conversación repitiendo el diagnóstico: "nos parece un país de macacos" (Bioy Casares, 2006, p. 1263).

Aunque el informe es escueto y solo permite suponer posibles ironías o provocaciones por parte de Borges, los dos extractos del diario personal dan fe de la perpetuidad de tres aspectos del racismo en su forma argentina: Brasil como alteridad racial, la negritud definida por su africanidad y el color de la piel como justificación para el uso de epítetos ofensivos que deshumanizan al otro. Un cuarto elemento, no presente explícitamente en el relato de Bioy Casares pero que constituye el repertorio de esta forma de racismo argentino, es el intento de hacer reír con la asociación entre negros y monos.

La articulación del primer y del cuarto aspectos (alteridad y humor), más restringidos, con los otros dos (africanidad y deshumanización), más amplios, es el foco principal de este texto. Su principal argumento es que el racismo anti-negro como marca específica de la rivalidad argentina contra Brasil es parte de la historia de la circulación global de un imaginario que vincula a los africanos con los simios, circulación que explica por qué entre los principales vectores del racismo argentino, las representaciones pictóricas –con énfasis en las caricaturas– son tan importantes.

En este capítulo, hacemos el siguiente recorrido: discutimos el estrecho vínculo entre los enfrentamientos bélicos, la propaganda y la caricatura, refiriéndonos particularmente al caso sudamericano a partir de la Guerra de la Triple Alianza (1864-1870). A continuación, presentamos el concepto de *simianización* como un sesgo interpretativo del proceso de creación de un estereotipo que afecta a los africanos negros y afrodescendientes en el espacio atlántico desde el siglo XVIII. Por último, abordamos el éxito de la equiparación entre brasileños y monos en la caricatura argentina a principios del siglo XX.

Guerra y caricatura

Desde sus inicios renacentistas, la guerra ha sido un estímulo muy propicio para la caricatura, utilizando el ridículo como herramienta satírica. En esta actividad se destacan nociones como jerarquía, honor, heroísmo, virilidad (o masculinidad) y sacrificio. La guerra se convirtió rápidamente en una fuente de material creativo para las operaciones más básicas del humor, como la inversión y el rebajamiento. Además, para el humorista (así como para el militar), el tipo más fácil de "cargar" en contra es precisamente un enemigo real o presunto. Significativamente, la palabra *charge* en francés (que pasó sin traducir al portugués) significa tanto caricatura como un ataque en el campo de batalla.

Las décadas de 1860 a 1880 en los países de la América del Sur involucrados en confrontaciones bélicas fueron pródigas de caricaturas a partir de las cuales las revistas ilustradas ponían su arte a servicio del esfuerzo patriótico y el blanco de lo cómico en el extranjero. La movilización en la sociedad civil, marcada por el ánimo en pro de la nación creó una demanda por el comentario satírico que buscaba rebajar los ejércitos y los líderes enemigos. Durante la Guerra de la Triple Alianza, *Cabichuí* y *El Centinela* en Paraguay, *Revista Ilustrada* y *Diabo Coxo* en Brasil, y *El Mosquito* en Argentina se destacaron en el comentario gráfico cómico del evento bélico. Durante la Guerra del Pacífico, *El Padre Cobos*, en Chile, fue implacable en la producción de ilustraciones satíricas sobre Perú y Bolivia. Este desarrollo de la caricatura ocurrió en medio de intensos conflictos que los contemporáneos percibieron como definidores en la formación de las jóvenes nacionalidades del continente y, por lo tanto, creadores de una novedosa sensibilidad respecto la nación como signo central de las representaciones artísticas y del discurso político (Alambert, 2000; Baratta, 2012).

En este capítulo trataré sobre caricaturas de épocas de guerra y de épocas de paz que insinúan la posibilidad de conflicto, en el contexto más limitado de las relaciones entre Argentina y Brasil. Argumento que esa construcción del "otro" nacional en la ilustración de los dos países sostuvo un imaginario belicista en torno a la "guerra", la "batalla", el "conflicto", el "enfrentamiento militar", a tal punto que reelaboró –al menos en Argentina– el antiguo imaginario del género del grotesco por el cual se procede a un rebajamiento de aquel que es blanco de reproche o crítica. Creo que se puede decir que los dibujantes argentinos de fines del siglo XIX e inicios del XX se encuadran dentro del diagnóstico de Gilbert Millat sobre la "crónica gráfica" (Millat, 2008, p. 16): la caricatura expresa contenidos emocionales ("pulsiones" y "fobias") a través de sus calidades metafóricas, se torna potente por su facilidad y rapidez de lectura y decodificación, de tal manera que puede ser instrumentalizada por el patriotismo, especialmente en tiempos de guerra, cuando los mensajes no deben ser ambiguos, una vez que la idea de unión interna y repulsa al extranjero debe ser comprendida sin complicaciones.

La representación más constante de los soldados y oficiales brasileños durante la Guerra de la Triple Alianza fue la de monos, como se ve en el ejemplo de la figura 1. Debido a las caricaturas de los líderes militares y sus tropas como animales, la historiografía destaca la deshumanización del enemigo como marca saliente de la prensa de los países beligerantes, la cual tuvo un fuerte cariz racial (Capdevila, 2008; Pires, 2018). La prensa ilustrada brasileña se refería a los paraguayos como "guaraníes" y "salvajes". La prensa ilustrada paraguaya llamaba a los brasileños "macacos" (figura 1). Esta representación no se restringió al país de Solano López,[1] y continuó hasta el siglo XX, de forma que es necesario insertarla en el movimiento global de la iconología del racismo. Acá pretendo argumentar que ella se popularizó en la región del Río de la Plata en una dinámica bilateral de atritos entre Argentina y Brasil, pero el repertorio tenía procedencia más amplia, en la difusión de vínculos tejidos entre, de un lado, africanos y afro-descendientes y, de otro, los simios.

---

1 Según el viajero y periodista británico Richard Francis Burton, el apodo también circuló entre las tropas argentinas (Burton, 1870, pp. 12-13).

Figura 1. Anónimo, *El Centinela* (Asunción de Paraguay), 05/09/1867: soldados brasileños llevando el ataúd de los presidentes de Argentina y Uruguay y el emperador de Brasil.

La simianización

Como apuntan Burucúa y Kwiatkowski (2012), la caricatura es un género que ambiciona desvelar verdades profundas e incómodas, principalmente cuando recurre al repertorio de lo monstruoso y animalesco, destacando la desproporcionalidad, lo feo y lo repugnante para alcanzar un humor insolente. Así, se vuelve fácil entender que la representación de los brasileños como monos buscaba hacer evidente una característica "salvaje". Pero ¿por qué exactamente el mono fue elegido por los caricaturistas argentinos entre fines del siglo XIX e inicios del XX? Una razón está en la difusión a partir de la Europa del setecientos y ochocientos, de la simianización de poblaciones africanas de color de piel oscura.

Según Hunt, Mills y Sebastiani (2015, p. 12), la simianización es un "estereotipo del mono" que "aunque utilizado en innúmeros contextos [...] adquirió formas particularmente maliciosas en relación a África y personas de ascendencia africana". Los primeros en impulsar el vínculo entre africanos negros y monos fueron algunos naturalistas y filósofos europeos de la Ilustración, como el alumno de Carl Linnaeus, Christian Emmanuel Hoppius (figura 2), o el jurista James Burnet, lord Monbodd (Sebastiani, 2015). El avance del abolicionismo fortaleció este género de simianización, politizando un debate de anatomía comparada sobre los límites entre los humanos y los monos. La perspectiva de deslegitimación de la esclavitud de africanos fue combatida con la deshumanización de estos a través de la ciencia, la cual se valió de grabados e ilustraciones para mostrar las similitudes entre personas negras y monos (Sebastiani, 2019).

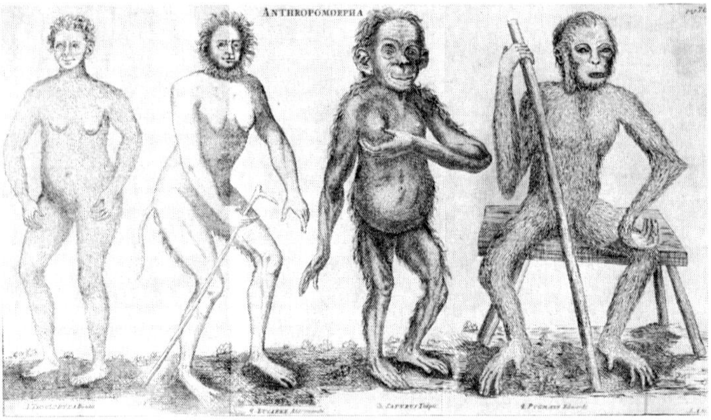

Figura 2. C. E. Hoppius, *Anthropomorpha*, 1763. De izquierda a derecha: un "troglodita", un "demonio", un "sátiro" (chimpancé) y un pigmeo.

Luego, en el siglo XIX, la frontera entre humanos y simios siguió siendo borrada como parte de la deshumanización puesta en marcha por la discriminación racial a través de representaciones o de fórmulas supuestamente científicas. También llegó al imaginario pictórico y gráfico (publicidad, historietas, caricaturas, grabados), y a la cultura de masas del siglo XX, como en la película *King Kong*, de 1933. La historia del gorila gigante y monstruoso que se enamora de una rubia estadounidense es solo el punto culminante de una serie de imágenes de orangutanes, chimpancés y gorilas que secuestran mujeres europeas, como por ejemplo el grabado de un cuento de Gustave Flaubert de 1837; dos esculturas de Émmanuel Frémiet, de 1859 y 1887; la portada de mayo de 1920 del semanario satírico berlinés *Kladderadatsch* (Hund, 2015). Este proceso de acercar el negro a los simios también se vio reforzado por los zoológicos humanos, exhibiciones públicas, bastante populares en Europa y Estados Unidos, de grupos de "salvajes" (africanos, nativos americanos, asiáticos y polinesios), a menudo junto a los animales que vivían en las mismas regiones, ocasiones en las que expositores, visitantes y comentaristas constataron las supuestas "similitudes" de negros y orangutanes, chimpancés y babuinos (Buckner, 2010; Bancel, Blanchard, Boëtsch, Deroo, Lemaire, 2004).

Las caricaturas argentinas del período evidencian que, si bien la simianización comparte un sentido amplio de deshumanización presente en el canon pictórico euroamericano, también contiene un significado más preciso en la construcción de la imagen de los brasileños por los argentinos. Además, marcan el paso de representaciones dramáticas, respetables o responsables, a cómicas, burlescas o satíricas.

De los conflictos bélicos a la rivalidad en el fútbol

La simianización de los brasileños es un recurso de estereotipia usado desde fines del siglo XIX hasta la actualidad en Argentina. Con el pretexto, inicialmente, de disputas diplomáticas, las caricaturas ayudaron a crear una dinámica de ataques y contraataques, apropiaciones y reapropiaciones entre la prensa argentina y la prensa brasileña, facilitadas por ser este el momento de auge, tanto en Buenos Aires como en Río de Janeiro, de semanarios ilustrados como *El Mosquito, Don Quijote, Revista Ilustrada* y, más tarde, *Caras y Caretas, P.B.T., Fon-Fon, O Malho* y *Careta*, que alcanzaron un enorme éxito por sus caricaturas y textos de humor. Después de 1910, las caricaturas también hacen referencia a la creciente rivalidad futbolística, fomentada desde los primeros partidos entre equipos argentinos y brasileños.

En la figura 3, vemos un ejemplo de la simianización en la caricatura argentina de finales del siglo XIX en el cual se articulan el tema bélico y gobernantes brasileños comandando soldados-monos. En este caso, se trata de una referencia a las tensas negociaciones entre Argentina y Brasil respecto a los tratados de paz de la Guerra de la Triple Alianza, que generaron fricciones entre los dos países sobre el tratamiento dado al vencido Paraguay. En la parte superior, se ve al expresidente y ministro plenipotenciario ante el gobierno brasileño Bartolomé Mitre y al ministro de Relaciones Exteriores Manuel Augusto de Montes de Oca en una postura de enfrentamiento, mientras que abajo el emperador D. Pedro II comanda un grupo de monos que forjan armas: "Trabajemos, muchachos, ocupémonos de las armas, mientras ellos se ocupan de... Montes de Oca". El mensaje es claro: mientras los líderes argentinos discuten, los brasileños se preparan para la guerra.

Figura 3. Henri Stein, *El Mosquito*, 28 de abril de 1872.

En la figura 4, vemos otro ejemplo de casi tres décadas después, lo que atestigua la fuerza del estereotipo. En el contexto del conflicto por el territorio del Acre entre Bolivia y Brasil (1899-1904), vemos a un soldado brasileño amenazando con su bayoneta la inviolabilidad del territorio boliviano, representado por la carta sellada y por la delgada y despeinada Marianne (que simboliza la fragilidad de la República de Bolivia), mientras es aplaudido por Emilio Mitre, director de *La Nación*, un diario conocido por ser favorable a las posiciones brasileñas en el ámbito internacional. En la leyenda, se lee: "Lo del Acre no es macana según dicen los diarios, podrá ser al fin y al postre un solemne macacazo [sic]".

Figura 4. Eduardo Sojo, *Don Quijote*, 15 de febrero de 1903.

Figura 5. Ríos, *La República*, 1.° de marzo de 1935.

El último ejemplo (figura 5) muestra un cambio en el tópico que motivó la simianización de los brasileños en la caricatura argentina a principios del siglo XX. En este período se verifica una transición de los conflictos bélicos al fútbol, deporte que, como se sabe, rápidamente se había popularizado tanto en Argentina como en Brasil. En marzo de 1934, se especuló con que River Plate, club que es conocido como "los millonarios", iba a hacer una gira por Río de Janeiro y San Pablo. Pero las negociaciones fracasaron. En febrero de 1935, el equipo finalmente fue contratado para hacer amistosos en estas dos ciudades, oportunidad en la cual debutó la joven promesa y futuro ídolo José Manuel Moreno, quien había ganado varios campeonatos *amateurs* por las divisiones inferiores en 1934, lo cual está indicado por la lista de estos logros en la caricatura publicada con ocasión del retorno del equipo a Buenos Aires ("1934 – 4ª división – 2ª división – 1ª división internacional"). Encima de esta referencia, dos pequeños monos comentan, utilizando un curioso "portunhol", las cualidades de Moreno: "Piramidal", dice uno de ellos; "Non tein caroso, mas tein jueguito" –literalmente "Piramidal; no tiene bulto, pero tiene jueguito". El diálogo es interesante y revelador de la fuerza del estereotipo, pues utiliza algunas jergas brasileñas para no dejar dudas sobre quiénes representaban los monos: "piramidal" significa "excepcional", siendo muy utilizado en la década de 1930 para caracterizar bailes y desfiles de carnaval animados y concurridos en Río de Janeiro (recordemos que la gira ocurrió durante el mes en que normalmente se celebra la fiesta). "Caroso", o "caroço" (la forma correcta en portugués) significa literalmente "bulto", pero era utilizado en el comercio para designar a la persona que entra en una tienda, mira las mercancías por largo tiempo, hace preguntas sobre los productos, pero no compra nada. El diálogo, por lo tanto, podría traducirse más o menos así: "Excepcional, finalmente veremos a la estrella millonaria", o "esta vez no hubo engaños, finalmente veremos los partidos de los equipos brasileños contra River Plate".

Consideraciones finales

Johnson (1980) identificó en la caricatura norteamericana de los siglos XIX y XX el uso constante de una serie de tipos que representaban a los latinoamericanos (mujeres, niños, negros y mestizos), cada uno de los cuales señalaba una determinada característica que sería típica de estos pueblos (la fragilidad, la infantilidad, la salvajería y la violencia). No es sorprendente que la simianización, forma que se inserta en el mismo racismo que motivó estos estereotipos, busque destacar algunos de estos elementos como atributos típicos de la negritud: la bestialidad y la infantilidad. Un capítulo de la historia de los estereotipos racistas se elaboró justamente en Argentina, con un blanco específico: los brasileños. Aunque las caricaturas parecen haberse vuelto raras o incluso haber desaparecido, el apodo de "monos" para referirse a los brasileños estuvo presente en la prensa argentina durante la Copa de 1978, como se ve en una noticia del diario *Crónica* (Benítez, Marcarian, Juncal y Zicavo, 1978, pp. 10-11), y durante el torneo de fútbol de los Juegos Olímpicos de 1996, como en el famoso titular del diario *Olé* que decía: "Que vengan los macacos" (1996).

La caricatura argentina de finales del siglo XIX se reapropió de un tema explorado intensamente por la caricatura de guerra paraguaya, la cual utilizaba una aproximación entre negros y simios corriente en varios tipos de textos e imágenes que circulaban entre Europa y América. La caricatura argentina continuó reelaborando este tema durante la primera década del siglo siguiente, en un contexto de continuos conflictos diplomáticos, lo que estimuló así una alineación patriótica entre el público, los caricaturistas y los gobiernos. A partir de 1920, cuando desaparecieron los focos de tensión diplomática y el fútbol se volvió definitivamente popular, en particular los partidos entre equipos argentinos y brasileños, este deporte proporcionó el pretexto para la supervivencia del estereotipo.

El imaginario del género grotesco que está en el origen de la caricatura como género gráfico, en particular la animalización del objeto de la sátira como forma de menosprecio, sirvió perfectamente para que estas caricaturas de brasileños como monos fueran efectivas, en la medida en que su decodificación se basaba en un estereotipo de gran circulación en el mundo atlántico, y que la animalización lograba condensar de forma fácilmente comprensible un mensaje de ridiculización mediante el menosprecio y la degradación.

La amplitud de la posibilidad de decodificación es una de las marcas del género de imágenes en las que se encuadra la caricatura. La desproporcionalidad corporal, lo feo y lo repugnante, cuando se asocian a animales, poseen un fuerte atractivo caricaturesco y caracterizan un tipo de humor por rebajamiento bastante efectivo. Como una serie de atributos estaban asociados al supuesto parentesco o supuesta igualdad entre negros y simios, tales como la brutalidad y la inteligencia inferior, la simianización como recurso de identificación de los brasileños en el contexto de la rivalidad de Argentina hacia Brasil es un buen ejemplo de lo que Aby Warburg (2005, p. 466) calificó como "cultura figurativa cuya lengua [es] comprendida internacionalmente".

Las caricaturas a que hacemos referencia muestran que, si bien la simianización comparte un sentido más general de deshumanización presente en el canon artístico y científico euroamericano, también tiene un significado más preciso en la construcción de una imagen burlesca de los brasileños junto a los argentinos, la cual aún circula bajo otras formas en la actualidad -y no solamente en Argentina, como demuestran las recientes actitudes racistas de hinchas españoles a jugadores afrodescendientes brasileños que ahí juegan (Alberto y Tavares, 2023; Sánchez, Pulido y Villar, 2024).

Bibliografía

Alambert, F. (2000). O Brasil no espelho do Paraguai. En Mota, C. G. (org.), *Viagem incompleta: a experiência brasileira (1500-2000)*. São Paulo: Editora SENAC.

Alberto, F. V. B. & Tavares, N. O. (2023). O outro lado do "jogo bonito": a interseção entre racismo, futebol, política e diplomacia à luz do caso Vinicius Júnior. *Boletim NEAAPE, 7* (2), 16-27. Recuperado de http://neaape.com.br/boletim-neaape/.

Andrews, G. R. (1980). *The Afro-Argentines of Buenos Aires: 1800-1900.* Madison: The University of Wisconsin Press.

Bachollet, R.; Debost, J.-B.; Lelieur, A.-C.; Peyrière, M.-C. (1992). *Négripub: l'image des Noirs dans la publicité.* Paris: Somogy.

Bancel, N., Blanchard, P., Boëtsch, G., Deroo, É., Lemaire, S. (2004). *Zoo humains: au temps des exhibitions humaines.* Paris: La Découverte.

Baratta, M. V. (2012). La identidad nacional durante la Guerra del Paraguay. Representaciones, lenguajes políticos y conceptos en el diario *La Nación Argentina* (1862-1870). *Almanack, 3,* 82-98.

Baratta, M. V. (2015). ¿Aliados o enemigos? Las representaciones de Brasil en el debate público argentino durante la Guerra de Paraguay, 1864-1870. *Revista de Historia, 172,* 43-75.

Benítez, I., Marcarian, E., Juncal, J. & Zicavo, E. (1978, 23 de junio). Triplete de "macacos". *Crónica,* pp. 10-11.

Burton, F. (1870). *Letters from the Battle-Fields of Paraguay.* Londres: Tinsley Brothers.

Burucúa, J. E., Kwiatkowski, N. (2012). Estudio introductorio. En F. Grose. *Principios de la caricatura, seguidos de un ensayo sobre la pintura cómica* (pp. 11-71). Buenos Aires: Katz.

Capdevila, L. (2008). Métissage et genre de la nation dans la presse de guerre paraguayenne (Cabichuí et El Centinela, 1867-1868). *Nuevo Mundo, Mundos Nuevos, 8.* Recuperado de https://journals.openedition.org/nuevomundo/29453.

Ciarlo, D. (2011). *Advertising empire. Race and visual culture in imperial Germany.* Cambridge: Harvard University Press.

Correa, S. M. de S. (2021). "Gorilas" no imaginário colonial: fantasias sexuais em torno do liame entre o humano e o bestial. *Anuário Antropológico, 46* (2), 36-65.

Geler, L. (2010). *Andares negros, caminos blancos: afro-porteños, Estado y nación (Argentina a fines del siglo XIX)*. Rosario: Prohistoria.

Gené, M. & Malosetti Costa, L. (2013). *Atrapados por la imagen: arte y política en la cultura impresa argentina*. Buenos Aires: Edhasa.

Gené, M. & Malosetti Costa, L. (2009). *Impresiones porteñas: imagen y palabra en la historia cultural de Buenos Aires*. Buenos Aires: Edhasa.

Ghidoli, M. L. (2016). *Estereotipos en negro: representaciones y autorrepresentaciones visuales de afroporteños en el siglo XIX*. Rosario: Prohistoria.

Gombrich, E. H. (2002). *Arte e ilusión. Estudio sobre la psicología de la representación pictórica*. Nueva York: Phaidon.

Hund, W. D. (2015). Racist King Kong fantasies: from Shakespeare's monster to Stalin's ape-man. En Hund, W. D., Mills, C. W. & Sebastiani, S. (2015), *Simianization. Apes, gender, class, and race* (pp. 43-73). Zurique: Lit Verlag.

Hund, W. D., Mills, C. W. & Sebastiani, S. (2015). *Simianization. Apes, gender, class, and race*. Zurique: Lit Verlag.

Johansson, M. L. (2016). Dibujando la nación, desdibujando al enemigo: imágenes de movilización bélica en la prensa de guerra paraguaya, 1867-1868. *Anuario de Historia de América Latina, 53*, 211-226.

Milbury-Steen, S. L. (1980). *European and African stereotypes in twentieth-Century ficcion*. Londres: MacMillan.

Olé (1996, 31 de julio). Que vengan los macacos. *Olé*, p. 1.

Pires, A. L., Jr. (2018). *A imprensa em guerra. Caricaturas e Guerra do Paraguai*. Rio de Janeiro: Multifoco.

Pulido Zaragoza, J., Sánchez de la Nieta, M. A. & Villar Cirujano, E. (2024). El tratamiento del racismo en la prensa deportiva online española: el caso Vinicius. *ICONO, 14, 22* (2). Recuperado de https://doi.org/10.33732/ri14.v22i2.2077.

Richey, J. (2016). The macaquitos affair. Soccer, blackness, and Brazil as Argentina's racial other, 1919-1929. *Radical History Review, 125,* 116-136.

Sebastiani, S. (2019). A "monster with human visage": the orangutan, savagery, and the borders of humanity in the global Enlightenment. *History of the Human Sciences, 20*(10), 1-20.

Silva, R. F. A. M. da (2005). Os macaquitos na Bruzundanga: racismo, folclore e nação em Lima Barreto (1881-1922). En S. Chalhoub, M. de S. Neves y L. A. de M. Pereira. *História em cousas miúdas. Capítulos de história social da crônica no Brasil* (pp. 158-197). Campinas: Editora da Unicamp.

Sosa Vota, M. S. (2017). Rivalidades históricas: la imagen de Brasil en la prensa ilustrada porteña a finales del siglo XIX. *Revista Eletrônica da ANPHLAC, 22,* 118-146. Recuperado de https://anphlac.emnuvens.com.br/anphlac/article/view/2659.

Telles, Â. C. da M. (2010). *Desenhando a nação. Revistas ilustradas do Rio de Janeiro e de Buenos Aires nas décadas de 1860-1870.* Brasília: Fundação Alexandre de Gusmão.

Toral, A. A. de (1995). A participação dos negros escravos na Guerra do Paraguai. *Estudos Avançados, 9*(24), 287-296.

Warburg, A. (2005). *El renacimiento del paganismo. Aportaciones a la historia cultural del Renascimiento europeo.* Madrid: Alianza.

IV.

Los circuitos de la risa

Construcción de colectivos a partir de los conceptos de "popular" y "artístico" de lo reidero en la Argentina durante la década del sesenta

BERNARDO SUÁREZ

Sobre la risa, lo reidero y los rientes

Algunos de los estudios que abordan el fenómeno de lo reidero se han detenido en el carácter social de la risa para especificar así una de sus propiedades. Esto daría cuenta, entre otras cosas, de dos particularidades. La primera remite a por qué no nos causan gracia las mismas situaciones o expresiones. La risa sería, según Bergson, la expresión de cierto colectivo que se identifica con ese particular. Así lo detalla el autor:

> Un hombre, a quien le preguntaron por qué no lloraba al oír un sermón que a todo el auditorio movía a llanto, respondió: "No soy de esta parroquia". Lo que este hombre pensaba de las lágrimas, podría explicarse más exactamente de la risa. Por muy espontánea que se la crea, siempre oculta un prejuicio de asociación y hasta de complicidad con otros rientes efectivos o imaginarios (Bergson, 2002, p. 13).

En efecto, a algunos les puede causar gracia cierto tipo de humor, como por ejemplo el denominado "negro", mientras que a otros no, y tal vez prefieran el que se aproxima a un estilo absurdo, o costumbrista, y así. Existiría un tipo de humor que algunos definen como "británico" y al que le asignan ciertas propiedades identificables resultantes de estereotipar algunas características de los habitantes de ese lugar. En otras oportunidades suele utilizarse la caricatura para mofarse de alguna colectividad; es el caso, por ejemplo, de los "chistes de gallegos", que probablemente no les causen gracia a los habitantes de esa región.

La segunda de sus propiedades da cuenta de cierto alcance de ese efecto social que produce la risa. Esta propiedad tiene que ver con la disposición del soporte y las posibilidades y limitaciones que posee. Cuando la representación se produce con la particularidad que Dubatti (2011) llama convivio -esto es, la co-presencia de cuerpos sin intermediación tecnológica "en una encrucijada territorial cronotópica (unidad de tiempo y espacio) cotidiana (una sala, la calle, un bar, una casa, etc., en el tiempo presente)" (p. 35) -, el efecto reidero parece operar ahí por una especie de contagio. Se trataría, según Bergson, de una pequeña comunidad riente. Por esta especificidad es que, en algunas comedias televisivas o programas de *sketches*, suelen ubicarse tribunas con rientes o, en otros casos, recurrirse a las risas grabadas. Este procedimiento estaría buscando un sentido de colectividad riente en la situación que Dubatti (2011) denomina tecnovivivo: "Las presencias se encuentran mediatizadas por algún dispositivo técnico como la televisión o la radio" (p. 35). Se figura así el efecto producido por el convivio en una sala teatral. Fraticelli (2019) llama a este recurso de las risas en *off* "simulacro de la espectación" (p. 49). Y detalla que comenzó en las transmisiones de radio que incluyeron público en vivo para luego pasar a la televisión. Las risas en *off* agregarían, además, la figuración en el dispositivo de esa cuarta pared del teatro; en efecto, el lugar del público queda vedado o desplazado por sinécdoque a la visión que provee la cámara de televisión.

Llegados a este punto resulta relevante considerar la importancia de atender a determinadas formas reideras que responden a colectivos específicos de identificación. En esta oportunidad nos detendremos para puntuar un fenómeno risible -un entrecruzamiento entre dos líneas reideras- que tiene su ubicación espacio-temporal en la Ciudad de Buenos Aires en la década del sesenta del siglo pasado.

La década del sesenta significó un cambio cultural y social en general que encontró su correlato también en el ámbito local. Algunas razones pueden rastrearse en el advenimiento de una generación que creció en la posguerra y marcó una diferencia en los valores y estilos de vida respecto de sus predecesores, en los avances científicos y tecnológicos, en la visibilidad de minorías, entre otros. Todo ello en un contexto signado también por el avance de los medios de comunicación masiva y los adelantos tecnológicos en general. Respecto al campo del arte, durante ese período se desarrolló en distintas ciudades del mundo -Londres, París, Nueva York- lo que se conoció como postvanguardia: "(...) el prefijo 'post' puede significar, eventual no necesariamente 'lo que viene después', pero principalmente significa 'lo que es consecuencia de', lo que asume el legado de la vanguardia" (Dubatti, 2003, p. 21).

Esta búsqueda de la experimentación a través del arte llegó también a la Ciudad de Buenos Aires. Atendiendo a ese contexto, describiremos y daremos cuenta de la intersección de dos tipos risibles que responden a distintos colectivos de identificación que llamaremos, *a priori*, "risa popular" y "risa experimental". No se trata, evidentemente, de fenómenos locales ni que hayan irrumpido solamente en esa delimitación espacio-temporal. Ambas expresiones pueden rastrearse tanto en décadas anteriores como en el contexto internacional. Sin embargo, la detención en ese espacio nodal permitirá tanto una observación sincrónica del fenómeno como un rastreo de alguna de sus directrices diacrónicas. Es importante destacar también que ambas líneas continuarán desarrollándose posteriormente tanto en los medios de comunicación para la primera, o en la conformación de nuevos espacios de expresión como el café concert, *underground*, la *performance* y el *stand up* para la segunda. Finalmente, muchos de esos contenidos reideros trasvasarán dispositivos, soportes y mutarán sus formas hasta llegar a nuestros días como *gifs*, videos o memes (Fraticelli, 2019, p. 3).

Respecto de los colectivos que se determinan a partir de la configuración de estos dispositivos, resulta importante destacar también que más allá de esa entrada en fase entre instancias de producción y de reconocimiento que posibilita la caracterización de las tipologías reideras, puede observarse cierto tipo de movilidad. En efecto, dentro del campo de efectos de sentido posibles que detalla Verón (2004) como lecturas en reconocimiento, parte de esos colectivos pueden entrar en fase en un momento con una propuesta discursiva y luego con la otra. Es decir que, más allá de la identificación que un colectivo realice con una tipología reidera, eso no significa que una parte de sus actores no fluctúe también por momentos hacia la otra propuesta.

Para el análisis que se presenta a continuación, utilizaremos conceptos y herramientas teórico-metodológicas de la teoría de los discursos sociales, en adelante TDS (Verón, 1998; 2004), que corresponde al campo de la sociosemiótica.

La risa popular

Existe una larga y profusa tradición en la República Argentina de expresiones artísticas vinculadas con la comicidad popular. Entre las características que presenta este tipo reidero podemos destacar su procedencia de distintos espacios de expresión; espacios que han servido de circulación y apropiación de herramientas para muchos artistas. Algunos provenientes del ámbito circense cobraron gran popularidad en el cine y luego en la televisión pasando también por la radio o el teatro. Ejemplos paradigmáticos serían, entre otros, los casos de Niní Marshall, Pepe Biondi, José Marrone, Carlos Balá y *Los cinco grandes del buen humor*.

Como puede observarse, una de las particularidades de que dan cuenta estos ejemplos precedentes es la flexibilidad y adaptación de los artistas para incursionar en espacios significantes que responden a características diferentes. En el teatro, por ejemplo, se focaliza en el trabajo corporal y en la puesta en escena, mientras que en la radio se trabaja con la recreación de escenografías a través del sonido y de la voz; la televisión, por su parte, permite acercamientos para dar cuenta así del trabajo gestual. Muchos eran actores y actrices, comediantes que comenzaron a desarrollar propuestas exitosas en la pantalla televisiva a fines de los cincuenta y principios de los sesenta procedentes de otros ambientes como el circo, los espectáculos de variedades, el teatro o la radio. En la novedad de esas propuestas que se producían a partir del desarrollo de los géneros televisivos, pueden rastrearse también apropiaciones y transformaciones de las formas previas en el discurso.

Resulta importante destacar que esa generación terminó por apropiarse de recursos, estrategias, rutinas y estilos de hacer reír que venían de la floreciente industria del entretenimiento norteamericana. Una primera oleada pertenece al cine mudo, en el que se destacan nombres como Chaplin o Harold Lloyd; pero luego, en el período conocido como entreguerras, se desarrolla un tipo de comicidad costumbrista y de características diáfanas dirigido a un público familiar. Aquí pueden nombrarse a *El Gordo y el Flaco*, *Los tres chiflados*, Abbott y Costello o Jerry Lewis y Dean Martin, entre otros. Los artistas locales se apropiaron de algunas rutinas que esos comediantes producían en el vodevil y las adaptaron para la escenografía local en el género rioplatense conocido como "revista" o en el teatro de variedades.

En el ámbito local, los artistas que circularon por los espacios significantes antes nombrados incorporaron a su producción discursiva reidera una serie de estrategias y recursos propios de cada escenario o dispositivo. Esas producciones figuraban dentro del dispositivo enunciativo, un destinatario de tipo familiar (Verón, 2004) que cuenta entre sus propiedades figuraciones que lo vinculan con la conformación del público de masas en el Río de la Plata. Específicamente con la pertenencia en sus orígenes a alguna de las colectividades europeas que llegaron a la Argentina hacia fines del siglo XIX y principios del XX. Muchos de estos recursos discursivos puestos en juego en el dispositivo reidero permiten que la circulación entre "en fase". Es decir que se establezca una vinculación entre las unidades significativas -los discursos- con sus condiciones sociales de producción o de reconocimiento. En este sentido, si aislamos algunos fragmentos de las producciones reideras de este primer tipo, encontraremos recurrencias en la constitución tópica de algunos *gags*. En efecto, una de esas recurrencias tiene que ver con los roles más o menos rígidos asignados al ámbito familiar y a las tareas domésticas. Si bien la década del sesenta significa la apertura de la mujer al mercado laboral y cambios notables en el rol asignado en la familia tipo de la generación de la posguerra, la organización familiar en la Argentina sigue respondiendo en gran medida a esa orientación tradicional. Los estereotipos sociales representados en los medios de comunicación dan cuenta tanto de esa rigidez como de su dificultad para el abandono.

A estas construcciones estereotípicas de los roles se suma también, a través del procedimiento de la caricatura, la representación del prototipo de alguna comunidad de inmigrantes. Todavía puede percibirse en el ámbito social aquello que aparecía marcado en décadas anteriores, por ejemplo, en el teatro del grotesco criollo en obras de directores como Armando Discépolo, o en algunos de los personajes cinematográficos de Nini Marshall (Catita, Cándida). Estas marcas en el discurso reidero en su instancia de producción que recurren a material proveniente de estereotipos, del habla de las colectividades y de sus especificidades resultan un elemento que permite al campo discusivo entrar en fase desde el discurso con su instancia de reconocimiento. Hay una suerte de intercambio discursivo, un "ida y vuelta", en el que algunos elementos, expresiones propias de esas instancias de reconocimiento reflejadas por los colectivos, son resignificadas en la instancia de producción. Puede decirse entonces que una de las características de lo reidero popular, especialmente en su etapa radial y televisiva, resulta de la formación de frases, latiguillos que luego circulaban como elementos discursivos identificatorios en el interior de esos colectivos. Veamos algunos ejemplos.

Carlos Balá (1925-2022) basó gran parte de su producción reidera en la creación de frases y expresiones graciosas. Muchas de ellas siguieron circulando en el habla popular hasta nuestros días en esos colectivos de extracción popular. El poner a prueba muchas de esas bromas en su etapa previa a la llegada a los medios, a bordo de ómnibus o en fiestas, le sirvió para medir también los distintos efectos que podían causar. Algunas veces producían gracia, pero en otras ocasiones cierta molestia al que era objeto de la broma. Expresiones como "Qué plato" para referirse a una situación graciosa tuvieron su origen en el programa de televisión *Los tres...* que se emitía en 1958 por Canal 7, y que lo tenía a Balá como comediante, acompañado por Locatti y Marchesin. La frase tuvo una relación directa con uno de los auspiciantes del programa: el Emporio de la Loza (Farfán, 2022, p. 143). Expresiones como "¡Qué fenómeno!" (Biondi), "¡Ay mamita querida!" (Marrone), entre tantas otras, eran usualmente escuchadas en conversaciones cotidianas.

Hay en esta tipología discursiva una particularidad que se desarrolla con la circulación de lo reidero en el soporte televisivo. La mirada a cámara, el gesto cómplice, se transforma en una estrategia enunciativa que apela a través de una modalización de la "intimidad" al enunciatario. En efecto, Biondi apelaba a este recurso reforzado al llevarse la mano al rostro para ocultar la boca a quienes compartían con él la situación diegética enunciativa, y hablarle directamente al espectador figurado por la cámara. En muchos casos, cuando eso ocurría, se trataba de alguna mención graciosa a la contextura física de un antagonista, o al estereotipo femenino que era objeto de la burla (en general, la suegra). Esta tipología discursiva figura en su dispositivo a un enunciatario de tipo familiar que responde, en cierta medida, a las características que asumía el soporte televisivo en ese momento histórico para la clase media argentina: el de la centralidad en la vida familiar en cuanto ventana al conocimiento del mundo. Esa centralidad se observaba en la forma en que la grilla televisiva incidía sobre las prácticas sociales y los roles asignados. Por ejemplo, el horario de la tarde era ocupado por las telenovelas ya que en la casa se encontraba el ama de casa; luego, con la llegada de los chicos de la escuela, se sumaban los programas infantiles y las series. A la hora de la cena, cuando el jefe de familia se unía a la dinámica doméstica, se presentaba el noticiero y, finalmente, los programas de interés general. Antes de las 22 horas esos programas estaban dirigidos a esa franja de público definida como familiar. Por lo general se ubicaban allí los de mayor *rating*. Es el caso de los programas cómicos y las telecomedias que se desarrollaban, generalmente, con una duración de media hora entre las 20 y las 21.30.

La risa experimental

Paralelamente a este fenómeno masivo de la risa que recurría a las formas costumbristas, se desarrollaron también en la Ciudad de Buenos Aires producciones artísticas que recurrían a otras formas expresivas para hacer reír. Si bien esto comenzó a gestarse y circular por una red alternativa de teatros y espacios pequeños, muchas de esas producciones recalaron durante esa década en el Instituto Di Tella. Algunas llegaron a ser muy conocidas, reconocidas y siguieron luego del cierre del Instituto en otros circuitos.

El Instituto Torcuato Di Tella (ITDT) fue creado en el año 1958 por la Fundación Di Tella en homenaje al empresario ítalo-argentino Torcuato Di Tella. Tendría su apogeo durante la década del sesenta hasta que, en la segunda mitad de esa década, comenzó a sufrir los hostigamientos por parte del gobierno de facto del general Juan Carlos Onganía (1966-1970), quien terminó por clausurarlo en 1970. Este centro de investigación cultural adquirió relevancia local e internacional, especialmente en el período en que Jorge Romero Brest se hizo cargo del Centro de Artes Visuales (CAV). Paralelamente al CAV se creó, en el marco del ITDT, el Centro de Experimentación Audiovisual (CEA), dirigido por Roberto Villanueva. Ya en su denominación se deja entrever la voluntad de cruzar artes consideradas tradicionales con otras, como las audiovisuales, que se encontraban en pleno desarrollo. Su propuesta, en el año 1964, da cuenta de la intención por provocar "una suerte de renacimiento del teatro en la calle Florida" (García, 2021, p. 174). Los espectáculos que allí se producían intentaban captar a un público que circulaba por ese perímetro del microcentro que se conoció como "la manzana loca" y en la cual el Di Tella cumplió la función de epicentro.

Más allá de la resultante y de la identificación de esas propuestas con este colectivo, en algunas ocasiones la llegada de algunas producciones artísticas al Di Tella parece haber sido fruto de la casualidad. Claro que luego de ese encuentro casual con un espacio donde presentar la propuesta, el desarrollo y la continuación tenían que ver, seguramente, con la entrada en fase del discurso con su colectivo. Este particular aparece en el testimonio de Jorge Maronna, integrante de *Les Luthiers*, una de las producciones reideras experimentales que más éxito tuvieron en ese escenario: "No teníamos previsto pasar por el Di Tella. Eso fue un accidente. Veníamos de un mundo tan distinto" (Massana, 2004, p. 184). Sin embargo, otro integrante del grupo, que en aquellos años aún se presentaba bajo el nombre de *I Musicisti*, Carlos Nuñez Cortes, agrega que la propuesta pareció adecuarse a lo que estaba buscando Roberto Villanueva, director de CEA: "Marcos [Mundstock] me dijo: 'Miren que hay un lugar así, con tales características'. Entonces fuimos con nuestro espectáculo y a partir de ahí comenzamos a frecuentar las exposiciones, los *happenings...*" (Massana, 2004, p. 185).

Suele escucharse, respecto a propuestas artísticas como las ofrecidas por el grupo musical humorístico *Les Luthiers*, que realizaban un tipo de humor "elitista" o para pocos. Lo cierto es que, desde el análisis, puede observarse la configuración de otro tipo reidero. En efecto, en su producción se detalla que, en principio, recurrían a la parodia de característica burlesca sobre espectáculos de ópera y música clásica; sin embargo, con el tiempo, ese repertorio paródico se fue extendiendo a otros géneros musicales considerados populares, como la samba, el tango, incluso el rock. Pero, a nivel de la instancia de reconocimiento, el grupo sigue figurando en el dispositivo un destinatario que busca lo reidero más allá del estereotipo, o que lo reconoce en forma de burla. Hay una producción de sentido más cercana al humor que a lo cómico, es decir que busca develar, criticar y no solo burlar. Esta es la forma como, en el dispositivo, este tipo reidero busca entrar en fase con su colectivo de identificación. Es el caso, por ejemplo, de "La tanda" (*Muchas gracias de nada*, 1979), en el que dan cuenta, con un discurso irónico, de una mordaz reflexión sobre los programas cómicos televisivos: "Homenaje a nuestra tan vapuleada televisión; a su audacia que ya es coraje, a su fino manejo del absurdo y a sus muestras de humor, que se perciben incluso en los programas cómicos" (citado en Suárez, 2013, p. 101).

En este sentido, a nivel del dispositivo, el discurso figura una entrada en fase con la representación que circula en ese colectivo de los medios de comunicación. En sus comienzos, el grupo liderado por Gerardo Masana se reunía e "improvisaban cantos y escuchaban novedades musicales" (Samper Pizano, 1997, p. 16). Así se enteran de un disco de Gerard Hoffnung (1925-1958), un músico nacido en Alemania y nacionalizado inglés, "que hacía música-humor en los años cincuenta" (p. 14) y que significó una fuente de inspiración para el futuro grupo. Aunque también, como señala Samper Pizano, "había otros antecedentes sobre bromas musicales –uno de ellos en España, Los Bemoles, que *Les Luthiers* desconocían- el género era insólito en Buenos Aires" (p. 19). Estos elementos resultan apropiaciones que terminarán por darle forma a esa expresión en la instancia de producción. Un hecho importante a destacar es que en 1965 son invitados a *Telecataplúm*, programa televisivo originado en la República Oriental del Uruguay por un grupo de humoristas y comediantes que luego se trasladó a la televisión argentina en los canales 13 y 11; y allí se presentan con el nombre de *I Musicisti*. No es menor el detalle al dar cuenta de que si bien ese grupo humorístico recurría en cierta medida a tipos costumbristas, también se aventuraba en la experimentación a través de inclusión de la música y de las formas paródicas.

Así, estas expresiones suelen incluir en su producción mixturas con otras artes -la música o la danza, por ejemplo- como también recurrir a géneros y estilos diversos a través de la parodia y la ironía. En el marco del Di Tella se producían otras expresiones, como *Danse Bouquet* (1965) dirigida por Ana Kamien y Marilú Marini -creadoras del grupo *Danza actual*-, que utilizaba la parodia de la comedia musical clásica, pero cambiando el punto de vista (García, 2021, p. 244). Como eran amigos del grupo llamado *pop*, el espectáculo incluía la música de Miguel Ángel Rondano, vestuario de Delia Cancela y Pablo Mesejean, y diapositivas de Juan Stoppani. La obra presentaba una estructura de *sketches* en los que se parodiaba a la forma *ballet* y a la danza moderna utilizando para ello la mediación de otros lenguajes, como la historieta, o técnicas como la proyección de diapositivas acompañadas por *collages* musicales en un formato cuasi publicitario.

Por su parte, Alfredo Rodríguez Arias presentó su obra *Drácula* (1966-1967), en la que plantea un entrecruzamiento entre las artes visuales y el teatro. Ernesto Schoo afirmaba en *Primera Plana* que

> En más de un sentido el teatro mismo es sometido a una irónica transposición ideando un mecanismo de suspenso que hace reír por sí mismo [...]. El chiste comienza cuando a una historia obviamente angustiosa como la de Drácula se le asigna el clima de una romanza tropical, fragmentada por briosas irrupciones musicales [Sonny and Cher, The Rolling Stones] que nos recuerdan el tiempo que vivimos (*Primera Plana*, 23 de agosto de 1966, citado en Pinta, 2014, p. 8).

En la confluencia entre el *music-hall* y la sátira, Norman Briski presenta *Mens sana in corpore sano* (1966), con la actuación de Nacha Guevara, su pareja de entonces, y la participación de integrantes del grupo *I Musicisti*. Una parodia musical de la música clásica desde la ópera hasta los géneros populares, en la que se incluyó la ejecución de instrumentos informales. *Primera Plana* opinó al respecto: "Alucinante metáfora de la soledad y la incomunicación disfrazada con música, cielos hollywoodenses y jingles publicitarios de las píldoras anticonceptivas" (*Primera Plana*, 20 de septiembre de 1966, citado en King, 1985, p. 136). Este tipo de espectáculos derivará en una línea de sátira social que desarrollarán entre otros Nacha Guevara, y que continuará en los escenarios de los florecientes café-concerts porteños. La propuesta del Di Tella resultó ecléctica y experimental. King (1985) es bastante categórico al respecto: "El Di Tella no creó nada, sino que reunió y respaldó (...) diversas iniciativas" (p. 55). Esta misma apreciación es compartida por Norman Briski:

> El Di Tella reúne, pero no une [...] No se siente pues, parte de un colectivo homogéneo [...]. Cuando yo veía lo que hacían en el grupo de Romero Brest sentía que no tenía nada que ver con eso, con ellos [...] tuve la suerte de encajar ahí haciendo lo que quería (García, 2021, p. 43).

En este sentido, Longoni y Mestman (2008) afirman que "El lugar del Di Tella fue, más que el de 'creador' o descubridor de la vanguardia, el de 'impulsor' y dinamizador de tendencias que ya venían desarrollándose y que, en todo caso, la excedían" (p. 25).

Los artistas que se encuadraban en el estilo reidero experimental solían armar el discurso sobre la base de fragmentos de distintos productos de la cultura artística de ese momento. De este modo se figuraba un destinatario conocedor y *habitué* de distintas expresiones artísticas que, además, presentaba en su cosmovisión cierta mirada irónica sobre la realidad y circulaba por pequeños espacios que luego conformarán lo que se conoció como *underground*.

Síntesis y prospectiva

El contexto actual ha cambiado significativamente respecto del de la década del sesenta. La televisión ha perdido su centralidad en el ecosistema de los medios de comunicación; la visibilización de las minorías, la conciencia sobre el lugar de la mujer y las distintas formas de violencia física y simbólica han influido en las transformaciones de los tópicos y las modalizaciones del discurso reidero. La irrupción de internet con las nuevas formas de circulación discursiva terminaron por conformar un nuevo panorama.

Las dos líneas reideras que han sido objeto de este trabajo continuaron y se transformaron en medio de esos nuevos escenarios, adaptándose también a la movilidad que significó la formación y transformación de los colectivos de identificación. En este sentido, algunas observaciones sobre el fenómeno pueden dar cuenta de cierta absorción y asimilación de lo que denominamos como "risa popular" en formatos televisivos como la "tira". Esta forma de expresión combina lo serio y lo cómico en una trama episódica de características costumbristas. Por otra parte, la "risa experimental" circula por distintos escenarios en expresiones como el *stand up*, experiencias performáticas y obras que incluyen a modo de *collage* música y cuadros de danza, modalizados con formas de lo reidero cercanas al humor, el absurdo, la ironía y la parodia. Mientras tanto, la red, como gran catalizador, da cuenta de la circulación de las formas de lo reidero, y unas y otras se resignifican en los nuevos formatos del *streaming, podcasts, gifs* y memes.

Bibliografía

Bergson, H. (2002). *La risa. Ensayo sobre el significado de lo cómico*. Buenos Aires: Losada.

Dubatti, J. (2011). *Introducción a los Estudios Teatrales*. Ciudad de México: Libros de Godot.

Dubatti, J. (2003). *El convivio teatral. Teoría y práctica del teatro comparado*. Buenos Aires: Atuel.

Farfán, E. (2022). *Carlitos Balá. Lo mejor de mi repertorio*. Buenos Aires: Galerna.

Fraticelli, D. (2019). *El ocaso triunfal de los programas cómicos. De Viendo a Biondi a Peter Capusotto y sus videos*. Buenos Aires: Teseo.

García, F. (2021). *El Di Tella. Historia de un fenómeno cultural*. Buenos Aires: Paidós.

King, J. (1985). *El Di Tella*. Buenos Aires: Asunto impreso Ediciones.

Longoni, A. y Mestman, M. (2008). *Del Di Tella a Tucumán Arde. Vanguardia Artística y política en el 68 en la Argentina*. Buenos Aires: Eudeba.

Masana, S. (2004). *Gerardo Masana y la fundación de Les Luthiers*. Buenos Aires: Norma.

Pinta, M. F. (2014). Pop! La puesta en escena de nuestro 'folklore urbano'. *Caiana. Revista de Historia del Arte y Cultura Visual del Centro Argentino de Investigadores de Arte (CAIA)*, (4), 1-15.

Samper Pizano, D. (1997). *Les Luthiers de la L a la S*. Buenos Aires: Ediciones de la Flor.

Suárez, B. (2013). *Discurso humorístico. Una mirada desde la polifonía enunciativa a los textos de Les Luthiers*. Buenos Aires: Eudeba.

Verón, E. (2004). *Fragmentos de un tejido*. Barcelona: Gedisa.

Verón, E. (1998). *La semiosis social. Fragmentos de una teoría de la discursividad*. Barcelona: Gedisa.

Madrugando la posmodernidad

Metaficciones humorísticas en los años sesenta y setenta

LAURA CILENTO

> Martín Fierro ve una posibilidad arquitectónica en un baúl 'innovation' [...] sin que esto le impida poseer -como las mejores familias- un álbum de retratos que hojea de vez en cuando, para descubrirse a través de un antepasado... o reírse de su cuello y de su corbata.
>
> Oliverio Girondo, *Manifiesto de la revista Martín Fierro* (1924)

> The case of being trapped inside an outworn literary tradition may be taken as a special symptom of the feeling that we are all trapped in our systems for measuring and understanding the world; that in fact is no 'reality' except our systems of measuring.[1]
>
> Forrest-Thompson, citado por Patricia Waugh (1984)

Entre las décadas de 1960 y 1970 eclosionó una respuesta dialéctica ante el dilema entre crítica o inmersión en los consumos masivos, ambivalencia que caracterizaría lo que, en términos de la teoría cultural, se reconoció como posmodernidad. Precisamente, el final de la "Gran Divi-

1 Nuestra traducción: "el caso de estar atrapados dentro de una tradición literaria en desuso puede ser tomado como un síntoma especial del sentimiento de que estamos todos atrapados en nuestros sistemas de medición y comprensión del mundo: de que, de hecho, no hay 'realidad' excepto nuestros sistemas de medición".

sión"[2] (Huyssen, 2006) entre arte elevado y arte de masas marca nuevas fórmulas de compromiso, que incluyen una revisión de los fundamentos (y las restricciones) que las instituciones habían grabado como una suerte de "letra chica" en las modalidades de apreciación cultural.

Susan Sontag, en sus artículos para las revistas culturales de esas décadas, que reunió en *Contra la interpretación* (1966), pensó en esos términos y desde su experiencia receptora los fenómenos que comenta. Reivindica ese lugar para decir en "Treinta años después..." (su prólogo evocativo):

> Las jerarquías (alto/bajo) y polaridades (forma/contenido, intelecto/sentimiento), que desafiaba, eran las que inhibían la correcta comprensión de la obra nueva que yo admiraba. [...] Estaba -estoy- a favor de una cultura plural, polimorfa. Entonces, ¿ninguna jerarquía? Ciertamente, hay una jerarquía. Si debo elegir entre The Doors y Dostoievski, entonces -naturalmente- elegiré Dostoievski. Pero ¿tengo que elegir? (Sontag, 2005, p. 14).

Tomaremos prestada su posición receptora, propia de un privilegiado testimonio de época, para interrogarnos acerca de cómo los grandes públicos tramitaban las nuevas ofertas culturales, especialmente en un período en el que el consumo de medios masivos y la modernización del arte entraron en diálogo para dinamizarse mutuamente. También para preguntarnos cómo participaron los medios periodísticos de este escenario. Y, más precisamente, esos dispositivos periodísticos de "complejidad agregada" que son las revistas humorísticas.

---

2 Tenemos en cuenta el planteo de Huyssen (2006) porque lo que denomina Gran División, es decir "el tipo de discurso que insiste en una distinción categórica entre arte elevado y cultura de masas" (p. 8) resulta crucial para explicar la separación entre modernismo y posmodernismo. Ambos períodos culturales sostienen una relación diferente con la cultura de masas; incluso el posmodernismo puede definirse como la recusación absoluta de la dicotomía alto/bajo.

El trabajo se asomará a la revisión de los imaginarios populares de ese período a través de las revistas de humor argentinas, con su capacidad de diseñar comunidades a partir de sus objetivos satíricos y su poder enjuiciatorio de la actualidad, incluyendo los medios mismos que forman parte de la esfera comunicativa. Aunque, complementariamente, lo hace con herramientas artísticas de su propio espectro de experimentación, con lo cual abre el interrogante acerca de cuántas competencias estéticas nuevas fomenta en su lectorado.

Las dos revistas humorísticas elegidas, *La Hipotenusa* (1967) y *Satiricón* (en sus dos etapas iniciales, entre 1972 y 1976), compartirán con sus lectorados nuevas estrategias artísticas y analíticas y, desde su propia dinámica experimental, un horizonte de acuerdos nuevos sobre lo que vale la pena consumir, revisar y valorar tanto de las tradiciones populares como de las tendencias de las posvanguardias,[3] en años marcados por el "agite" del Arte Pop, pero también de supervivencias del pasado, con sus géneros y estéticas populares locales, que podían ser tramitados tanto afectiva como distantemente.

En sus intentos por fijar sentidos de pertenencia a una comunidad moderna en rápido proceso de cambio, abierta ideológicamente y que comienza a aceptar la irrupción de las culturas internacionalizadas por la reconocida por entonces como "penetración cultural", estas revistas intentarían entablar diversas polémicas culturales que abrirían a sus lectores/as, y ensayarían alguna posición entre los polos de la inclusión y la condena. Partimos del presupuesto, siguiendo a Gómez Haro, de que a medida que el sistema del arte se hizo más desarrollado y autoconsciente, el humor dejó de ser subestimado y pasó a situarse "no por encima de

---

3 Este artículo selecciona y profundiza un caso dentro del horizonte de emergencia de una historieta de humor pop, que tratamos panorámicamente en el capítulo "Historietas de humor en la década pop, 1966-1976" para el proyecto *Una historia colectiva. Miradas sobre la historieta argentina*, coordinado por Facundo Vázquez (en prensa).

la línea que separa el verdadero arte del arte trivial, sino en el justo medio de esa dicotomía" (2013, pp. 10-11).

El escenario de visibilización máxima de esas polémicas, dentro de la revista, es el de las historietas satíricas a cargo de un dibujante fijo: Osvaldo Pérez D'Elías, que apareció de manera episódica en *La Hipotenusa* y que luego se institucionalizó en *Satiricón*, con guionistas anónimos o variables, pero destacando su marca visual y cosechando la identidad artística de una historieta muy novedosa para el público lector argentino, aunque ya consagrada en Estados Unidos.

En estas historietas, de manera visualmente concentrada, se exhibía un carnavalesco "bazar" donde, a expensas de una aparente parodia se acumulaban caóticamente personas y personajes que aparecían en los medios de masas, desde el cine, la radio y la televisión, hasta la historieta misma, tanto del campo del imaginario internacional popular como del imaginario cultural local. Proponemos que ese formato auspició un campo deliberativo donde se ponía en escena un interrogante crucial: ¿cómo harían los lectores-consumidores para lidiar con la crisis de las jerarquías artísticas, lo obsceno, lo ridículo, lo local y lo global, lo importante, lo trivial o lo frívolo?

Irónicamente

Con solo 14 números semanales (entre el 11 de mayo y el 10 de agosto de 1967), *La Hipotenusa*, a cargo de Helvio Botana como editor, de Luis Alberto Murray como director y con el arte de Juan Fresán, fue presentada como "Humor para gente en serio". En este caso, continuaba la línea de distinción propuesta por Miguel Brascó, el poeta, editor periodístico y proto "*influencer*" que precisamente había elegido esta revista para continuar su innovador suplemento humorístico-literario "Gregorio", aparecido previamente en *Leoplán* y anunciado como "suplemento de humor" "para argentinos inteligentes y mutantes en general". Es decir, no era para las familias, o para grupos etarios definidos, sino que ya consideraba una versión menos masiva, aunque en sus páginas se dedicó a polemizar con los productos que les estaban destinados a los públicos populares-masivos, como las historietas o la televisión. A su vez, se pensó a sí misma autónoma respecto de la situación política (de hecho, la dirección toleraba el gobierno de facto de Onganía) para explorar las nuevas tendencias artísticas y dar espacio a los humoristas gráficos debutantes, como Caloi, Bróccoli o Lorenzo "Lolo" Amengual. Ese "argentino inteligente" debía ser, entonces, más que "hallado", producido por la revista.

La posición buscada era la del justo medio, aunque en la práctica estaba más cerca de ser un gesto esnob y muy medido de ruptura con la dicotomía arte elevado-arte de masas. En esa interpelación a recortar sus lectores entre "argentinos inteligentes", exhibieron su gesto de dictar camino para orientar el gusto adhiriendo a una de las dos "sensibilidades" culturales que se definen como de recepción o consumo: *kitsch* y *camp*. Intentaron aproximarse a la segunda, que sostiene una actitud de reapropiación receptiva que en muchos aspectos puede compararse con el fenómeno que hoy denominamos consumo irónico.

Por su parte, el consumo irónico sostiene una ambivalencia entre denostar un objeto que se consume y disfrutar esa distancia desde una nueva capa de disfrute que no acepta la propuesta original, sino que genera mecanismos de "distinción" en el sentido de Bourdieu (2012), quien estuvo muy atento a las diferencias entre comunidades formadas en unas artes legítimas y quienes se hallan privados de esa formación y a la vez de esas inhibiciones. En los años sesenta, el *camp* fue entendido como un modo de distinguirse desde el punto de vista de la liberación del gusto y de la experiencia:

> El *connaisseur* de lo *camp* ha encontrado placeres más ingeniosos. No en la poesía latina, ni en los vinos raros, ni en las

> chaquetas de terciopelo, sino en los placeres más vulgares y comunes, en las artes de las masas. El mero uso no deshonra los objetos de su placer, puesto que él aprende a poseerlos de un modo raro. Lo camp -el dandismo de la época de la cultura de masas- no hace distinciones entre el objeto único y el objeto de producción masiva (Sontag, 2005, p. 372).

La autora norteamericana está auspiciando un lugar de distinción superadora de la Gran División; provoca un desplazamiento por el que, si lo moderno era, hacia fines del siglo XIX, ser un *connaisseur,* hacia 1964 lo es ser un consumidor, pero liberado y consciente, porque lo *camp* porta un "*esprit* democrático" (Sontag, 2005, p. 372) (aunque no se desprenda del capital cultural adquirido).

En la creación de *Satiricón,* el origen publicitario de sus responsables (Oscar Blotta (h) y Andrés Cascioli) tuvo menos pruritos cuando el proyecto asumió el formato del dispositivo enunciativo humorístico, donde todo el contenido acerca de la actualidad está atravesado por algún tipo de tratamiento jocoso. Ese registro estaba ligado a una exploración de nuevos márgenes para la libertad de expresión de ese período transicional que estaba reintentando una salida democrática con el retorno de Perón al país, aunque encontraran que el humor permitía autonomizarse relativamente de lo político. Dedicarse a una agenda social y de la vida privada ligada al cuestionamiento de los "usos y costumbres" de la moral burguesa les dio gran "éxito de escándalo". Evocando el impulso que generó el perfil de la revista, uno de sus creativos destacados, Mario Mactas, sintetizaba: querían un "mensuario experimental que tuviera un aire iconoclasta, irrespetuoso y divertido" (Biblioteca Nacional, 2022).

Si bien el destinatario de ventas era un público masivo, este público estaba modelizado desde el contenido como "porteño de clase media, media alta, de unos treinta años de edad, casado o próximo al matrimonio, moderno, culto e inconformista" (como resume Mara Burkart, 2017, p. 44), que tiene como bandera generacional una orientación a cuestionar valores y el *statu quo* en diversos terrenos privados y públicos.

En el número 10 (agosto de 1973) *Satiricón* se presenta en la "cocina" de la Redacción. Una foto tiene como epígrafe: "Inspiración. Tijera en mano, nuestro director artístico -Andrés Cascioli- diseña, inventa, crea a toda máquina en el quemante clima de cierre. Además -y se lo decimos de paso, como yapa- Cascioli es un exquisito decorador de mates con la inscripción 'Recuerdo de Mar del Plata'" (p. 36). La imagen lo muestra más ligado a la pereza del plagio que lo que el texto informa; de hecho, está recortando una tapa de revista entre unos cuantos ejemplares dispersos, donde asoman dos títulos exhibidos con intención: *Mad* y *Twen*. Aunque no sean los únicos referentes entre las revistas leídas y admiradas (pueden agregarse otra estadounidense y otra alemana, respectivamente: *Playboy* y *Pardon*), interesa en este caso la primera porque de ella se desprendió el formato también apropiado por la revista de Blotta: las historietas satíricas.[4]

Importando el nuevo formato/Sin derecho de aduana

El antepasado inmediato de la revista *Mad* en la vida de Harvey Kurtzman, su creador, habían sido las series de *comic books* que hizo para la empresa de William M. Gaines, EC (Entertainment Comics) y la Guerra de Corea. Precisamente, ese cruento conflicto le permitió crear para EC dos series de temas bélicos dentro de las ya existentes, donde predominaban los cuentos de terror (a los que, personalmente, detestaba). En una transición ordenada por la baja de ventas, asomó la idea de introducir comics humorísticos. Con el título completo de *Tales Calculated*

4 Diversos testimonios le reconocen a Blotta su voluntad importadora de la propuesta de *Mad*: v. Bernárdez y Rottman (1997) o Alicia Gallotti en Biblioteca Nacional Mariano Moreno (2022), cuando menciona a Blotta, el "papá de *Satiricón*" que tuvo contacto de primera mano con los modelos de las revistas estadounidenses y europeas. Más tarde, en el número 21 (agosto de 1974), aparece un "Reportaje subdesarrollado" (según la volanta) a Al Feldstein, editor de *Mad* desde la salida de Kurtzman, donde se hace explícita la apropiación admirativa.

to Drive You Mad, en agosto de 1952 Kurtzman delineó la fórmula de la revista en la que continuaría hasta 1956, y que dejó en un camino continuado hacia la masividad y la popularidad hasta 2018.

Kurtzman rescató la actitud irreverente que tenían las revistas de humor colegiales e inicialmente hizo un pastiche burlón de todos los géneros de historieta que él había transitado y que eran el *boom* de lecturas adolescentes (de hecho, cada número se armaba con cuatro historietas), para luego definirse más abiertamente por la sátira, que poco después impregnaría todas las otras secciones del formato revista y ampliaría como blanco a toda la cultura burguesa.

En lo formal, y siempre por indicaciones de Kurtzman, el lenguaje de la historieta comenzó a infiltrarse de elementos *nonsénsicos*, como palabras sueltas, deformaciones del yiddish o del polaco, detalles y pequeños *gags* visuales en las viñetas desplegables de apertura; la historia narrada estaba compuesta a partir de un patrón de secuencias cómicas con su propio remate o *punch line*.

Desde lo conceptual, la intención satírica estaba basaba en una búsqueda de "decir la verdad" (Schelly, 2015, p. 228) acerca de personajes icónicos de la cultura popular masiva, como Tarzán, El llanero solitario o Mickey Mouse. El acuse de recibo de la sátira dio como resultado una intimación legal de National Comics por ridiculizar a su personaje estrella, Superman (n.° 4, abril-mayo de 1953), que no avanzó por ampararse en que la sátira de una obra no era violación del *copyright*, a menos que fuese confundible con el original, riesgo que la parodia con intención satírica que practicaba *Mad* sorteaba a costa de "decir la verdad", es decir, de desnudar algunas de las características que resultaban más arbitrarias o flagrantemente violatorias de cualquier idea de verosimilitud.[5]

[5] Cuando definió las bases de su ideología humorístico-satírica, Kurtzman estableció la diferencia entre dos tipos de entretenimiento popular: contar al público acerca del mundo como le gustaría que fuera, o bien mostrar cómo "hemos estado viviendo con semejante humor del hacer-creer, con una radio del hacer-creer, y con películas del hacer-creer. De golpe vino la edad *del arte de la realidad, del criarse*

También fueron habituales las bromas internas, lo que favorecía una eliminación ficcional de las barreras del medio para crear la ilusión de compartir sentidos y sensibilidades con los lectores, ambas partes "del mismo lado" de la realidad que consumían y ante la que reaccionaban al unísono. En ese sentido, no fue casual que esa comunidad de lectores de *Mad* se ampliara rápidamente para incluir a no-lectores de historieta (Schelly, 2015, pp. 268-9).

Antes de abandonar la revista para seguir la propuesta de Hugh Hefner, creador de *Playboy*,[6] Kurtzman dejó delineados otros rasgos de la historieta satírica, que había dirigido hacia la literatura, la TV y el cine, en muchos casos tomando los clásicos. A comienzos de 1954, sin embargo, optimizó los blancos, y comenzó a introducir películas nuevas, de estreno reciente. Multiplicó los rasgos citacionales de su arte de tapa y de las publicidades (que no eran reales, porque la revista se financiaba con las ventas); principalmente, llevó *Mad* al formato revista para evitar las censuras de las comisiones que perseguían los contenidos "inconvenientes" de los *comic books*; les dio a las secciones estructura de "departamentos" especializados y logró imponer el personaje mascota que sería la marca identitaria de la revista hasta la actualidad: Alfred Neuman. También descubrió que podía tomar las declaraciones del senador McCarthy y hacerlas desenvolverse dentro de un formato de programa de entretenimientos, con lo que la historieta satírica que creó se asentó en un verdadero doble blanco: las audiencias anticomunistas del Senado y los juegos televisivos.

---

conscientemente" (mi traducción del original: "we had been living with make-believe humor, make-believe radio, make-believe movies. Suddenly came the age of reality art, of consciousness-raising", entrevista con T. Durgood citado en Schelly, 2015, p. 279. Resaltado mío).

6 Kurtzman se separó de Gaines en abril de 1956 (luego del número 27 de *Mad*) y siguió editando revistas de humor; *Trump*, para Hefner, y luego *Humbug* y *Help!*, de menor duración, pero siempre creadoras de un público que compartía la nueva sensibilidad humorística.

Para hacer reconocible el formato de las historietas satíricas importadas y apropiadas por nuestras revistas de humor, puede comenzarse por los dos intentos de *La Hipotenusa* que son dibujados, precisamente, por Osvaldo Pérez D'Elías (1943-2008), quien había estudiado en la Escuela Panamericana de Arte, había debutado en el humor gráfico en 1962, en *Rico Tipo* y colaboraba en *Tía Vicenta, Goles, TV Guía* y *El Gráfico*. Insuficientemente biografiado en nuestro medio local, a excepción de valiosas entradas de blogs especializados, fue reconocido en el Catálogo de la bienal cordobesa de 1979 como quien "monta adaptaciones de películas y teleteatros a la manera de *Mad*" (Trillo y Saccomano, 1979, s/p).

Si los colores primarios, vibrantes y saturados, y los *collages* de figuras antiguas del arte de tapa de Fresán dan cuenta de la adopción chillona del Arte Pop, la monocromía interna ofrece otro tipo de innovaciones, con D'Elías dibujando, para el número 1 (11 de mayo, 1967) "Demasiados hombres para Eva" y Daniel Giribaldi (a su vez, jefe de redacción) firmando el guion. La historieta apropiaba, discretamente, la sátira al-estilo-de-*Mad* a los programas televisivos o películas y lograba de esa manera, extrañamente aún para el público argentino, retomar un molde artístico reconocido por sus propios contenidos y su propio mundo de ficción, alimentado ahora con contenidos extraídos al mundo de los consumos *mass*mediáticos, que ingresaba a las viñetas como "tema pop".

"Demasiados hombres para Eva" tergiversa hiperbólicamente el nombre de la telenovela con libro de Nené Cascallar ("Cuatro hombres para Eva") aparecida con gran éxito en Canal 9 de Buenos Aires. La complicación deriva de una supuesta ninfomanía de la protagonista de la tira, a la que se alude como "Eva la insaciable" pero no se muestra hasta la última viñeta. El equipo del estudio televisivo es el que aparece trastornado porque, a modo de respuesta literal a la demanda, "llueven" candidatos, de toda índole, hombres públicos de carne y hueso, personajes históricos y de ficción gráfica: junto a actores del momento, como Jorge Barreiro y Rodolfo Bebán (protagonistas de la telenovela), otros como Sammy Davis Jr., pero también Pedro Picapiedras, Snoopy y Alfred Neuman. La resolución de la anécdota opera varios desplazamientos: la identidad de Eva no es la de la actriz conocida, sino que se trata de Mafalda, el personaje de Quino que termina eligiendo su Adán, el que la lleva a cambiar a Canal 13. Se la ve muy satisfecha en su atuendo de Eva (con el estereotipo de la hoja de parra), iniciando sus pasos hacia la empresa con la que hizo mejor negocio.

Imagen 1. *La Hipotenusa*, n.° 1, 11 de mayo de 1967.

Hay un atributo clave de esta modalidad historietística que hace insuficiente la categoría de parodia; no trabaja con el procedimiento repetido, lo que hubiese significado que la historieta replicara, con algún tipo de distancia, el mundo ficcional, o bien contara "a la manera de" un melodrama romántico alguna anécdota estereotipada. "Demasiados hombres para Eva" lo que hace es reconstruir el "detrás de la escena" de la creación de ficción. Es decir, se ocupa de mostrar el principio material de creación de ilusiones. No son, entonces, procedimientos ni contenidos los que se reproducen, sino el medio mismo como tema y objeto de representación. Como caso de intermedialidad transformacional (Schröfer, 2012), está signada por el desplazamiento y los fenómenos de representación: un medio representado dentro de otro medio, con las referencias al medio representado muy explícitas o marcadas, vinculable con lo que se conoce como remediación.[7]

Otra variante dentro de la remediación es la del número 5 (8 de junio de 1967), "¿Quién es cuál?", cuando con guion de Eduardo Mignogna, Pérez D'Elías aborda como blanco de ridiculización el género televisivo de los programas de entretenimientos donde se debe adivinar la identidad de un personaje camuflado, que en este caso es un dúo de mellizas (Pili y Mili) famoso en los medios masivos locales en ese momento. Los paneles de participantes en ese programa televisivo remediado por la historieta dan cuenta del grado de contaminación referencial, que altera nuevamente la coherencia estilística de los dibujos: Charles de Gaulle convive con el boxeador argentino Horacio Acavallo, el actor de revistas musicales Fidel Pintos y la famosa y *best-seller* Silvina Bullrich, y a su vez con Daniel el Travieso, más Charlie Brown, Mafalda y Felipe: caricatura realista y personaje *cartoon* dan cuenta de una incongruencia mayor en el

---

[7] Bolter y Gruskin (2011) llaman remediación a la representación de un medio en otro medio; a diferencia de la simple "versión", el formato del medio remediado es uno de los contenidos que el medio remediante deja visible, en este caso la historieta es el medio remediante y los medios remediados son los otros medios que conforman tanto la cultura y el arte de masas como los medios artísticos de la cultura elevada o legitimada.

nivel del imaginario, que el guion asume explícitamente en su naturaleza de "imaginario internacional popular", para tomar términos de Renato Ortiz.

Para el sociólogo brasileño, este imaginario resulta de la configuración de un espacio de memoria colectiva habitado por lo que deja un mundo afectado por la globalización económica y la desterritorialización, es decir, "objetos compartidos a gran escala" que "balizan el espacio mundial" (Ortiz, 2004, p. 115), son debidos a "una educación, temática y visual, propiciada por el cine, la televisión, la historieta" (Ortiz, 2004, p. 123) y no constituyen otra cosa que un inventario de productos imagéticos, en el sentido de doble faz de la imagen: materialista (lo que se ve impreso en la realidad, física o virtual) y mítica (encubridora y reveladora de ideología, como lo propuso el Roland Barthes de *Mitologías* [1957]).

Como si la representación visual de tanta diversidad resultara un tanto "forzada" en el momento de *La Hipotenusa,* hay un defecto de edición que puede resultar significativo. Muy tempranamente dentro de la trayectoria de las historietas satíricas, Kurtzman había cambiado la tipografía manual por la tipografía mecánica estándar, y de idéntica forma lo resolvieron entre la primera y esta segunda historieta satírica de *La Hipotenusa,* aunque con evidente falta de maquetación y corrección: la tipografía es tan pequeña que, sumado a la elección de la negrita, resulta ilegible. A pesar del esfuerzo extra de lectura, los textos, muy amanerados en su ironía, dan cuenta de la incomodidad frente a la contaminación del imaginario. El globo de texto del presentador televisivo anuncia su programa: "¡Más apasionante que el Gran Bonete! ¡Más divertido que Antón Pirulero! ¡Más arriesgado que ir al Di Tella! Y, sin duda, incomparablemente más culto que jugar al doctor, a la mamá o a las visitas..." (*LH,*[8] n.° 5, 8 de junio de 1967, p. 26).

[8] Cuando se realice cita sintética de las revistas del corpus se utilizarán abreviaturas.

El imaginario internacional popular configura nuevos tipos de identidades,[9] tal como advierten simulando una moraleja en el texto de cierre: "¡Así es la tevé de grande! [...] Aprendan de la tevé los inmoralistas del cine: sin necesidad de desvestirse ante la cámara se puede arrancar del público el más artístico de los bostezos" (*LH*, n.° 5, 8 de junio de 1967, p. 28). La contaminación expresa el temor ante lo que aparenta ser la abolición del sistema de jerarquías entre las artes mayores y menores, mientras que la alusión al cine puede explicarse por la firma del guion (el escritor, publicista y luego director de *Evita, quien quiera oír que oiga* o *El faro*, entre otras). Cierra las opciones sobre el "lector inteligente" que pretendía recortar esta revista, de acuerdo con una noción más cercana a la distinción que a la inclusión o la comprensión de los nuevos mitos.

Satiricón 1/Pantalla chica y pantalla grande en viñetas

La pantalla chica

En *Satiricón* Pérez D'Elías continuó ensayando la misma sección de manera constante, con mucha mayor atención respecto del modelo *Mad*,[10] de modo que aportó a la estabilización y a una controversia interna mucho más compleja entre la "memoria colectiva internacional popular" y las identidades colectivas nacionales que, para el grupo que comenzaba a nuclear la revista, formaban parte de una

---

9 Renato Ortiz, retoma García Canclini (2018), logró poner el foco en cómo la cultura de ese momento de "reorganización mediática y trasnacional" obligaba a repensar las relaciones entre la creación artística, los hábitos de consumo y los lugares de acceso a los bienes.

10 No consideramos en este trabajo al resto de los historietistas pop que trabajaron con niveles de sátira y parodia sus experimentos en *Satiricón*, como el caso de Roberto Fontanarrosa, Sanzol, Grondona White o Aldo Rivero, por desarrollar otras resoluciones del lenguaje de la historieta, menos remediales y menos cercanas al modelo de *Mad*.

búsqueda de relectura de los gustos populares gestados en nuestra "edad de oro" de la industria cultural. Su interés revisionista es permanente, mirando hacia atrás y rescatando (o enterrando, según el caso) los "mitos argentinos" que sobreviven junto con los nuevos, tal como se ve en las caricaturas de tapa o en las entrevistas a Niní Marshall o Luis Sandrini, entre los primeros, y al boxeador Ringo Bonavena o la actriz Isabel Sarli, entre los segundos.

Notoriamente, en los primeros números siguieron los pasos evolutivos del modelo estadounidense de historieta satírica. En el número 2 (diciembre de 1972) aparece un formato germinal, con "La película publicitaria que todavía no lanzó la 'nueva fuerza'", un *storyboard* simulado, que formaba la sección "Robos y hurtos", en alusión a los "departamentos" que organizaban temáticamente las notas de *Mad*, y compuesto con viñetas sin globo, con texto al pie. El copete cuenta que alguien del equipo tuvo la oportunidad de robarlo para llevar al público una información exclusiva. La ficción del hallazgo auspicia que una historieta cubra las lagunas de la realidad actual, en este caso política. Comienzan las deformaciones caricaturescas: el empresario ganadero Julio Chamizo será denominado aquí Tulio Chorizo.

Avanza Pérez D'Elías con el formato más convencional en el número 5 (marzo de 1973) con "Perón en la clínica de la doctora Aslan en Rumania", donde el líder que estaba en pleno "operativo retorno" a la Argentina, por error o exceso de dosis, queda rejuvenecido e intenta acciones casi golpistas para tomar el poder, para desesperación de Cámpora. A Mario Mactas, como firma explícita del guion, se le pueden atribuir la conformación anecdótica más cohesiva y ciertos elementos narrativos verbales que entran en la viñeta como cartuchos.

Luego de una ausencia de la sección en el número 6, el siguiente (n.° 7, mayo de 1973) presenta una versión más compleja de la historieta satírica, con la remediación de la telenovela *Carmiña*, rebautizada escatológicamente, sin firma y con un copete que editorializa:

> La mecánica del príncipe azul, explotada hasta el vómito, resurge ahora con fuerza y éxito, seguramente "porque el público así lo pide". La detestable cúspide de este fenómeno es "Carmiña" (para nosotros, de ahora en más, "Caquiña"), telenovela en capítulos de Abel Santa Cruz, un doctor en filosofía y letras que es muy pero muy culto y extremadamente genial como narrador, pero hace estas porquerías lamentables de puro travieso y loquito que es (p. 37).

El blanco satírico queda asentado; la manipulación del gusto del público por un género menor, vulgarizado por autores que por capital cultural deberían hacer mejores obras, que envía a una (aún) inagotable discusión acerca de la mala calidad de los contenidos televisivos, e invita a colocarse, risa mediante, en una situación lectora crítica y de juicio. El despliegue anecdótico es degradante, comenzando desde una primera viñeta donde Carmiña, con la cara de la actriz María de los Ángeles Medrano (la más famosa de las encarnaciones de una protagonista de varias *remakes* argentinas y latinoamericanas) acaba de enamorar al compatriota de otra ficción: el "gallego" Manolito de Quino. El decurso de la historia rescata el conflicto base del amor interclases como procedimiento de "pareja imposible" revertido en los finales felices. Solo que, con los acentos chabacanos que va cobrando esta operación degradatoria, Carmiña/Caquiña deja de ser la novia de un muchacho de su clase (como en su telenovela) y alterna la cama no solo con el hijo-del-patrón, sino con el líder político del contexto de la tira televisiva: Hipólito Yrigoyen. Escenas de cama y sexo que la televisión solía evitar están actualizadas tanto en las imágenes como en el registro de la heroína ("¡Coño! ¡Este tío es un hijo de eso que no se puede decir porque es pecado!", dice ella mientras espía por el ojo de la cerradura, en primer plano, una escena de sexo del hijo de su patrona con la candidata oficial). Las dos viñetas finales quiebran los contratos ficcionales con dos contaminaciones de relevancia: en la escena del casamiento, irrumpe el personaje de la otra telenovela de éxito, Rolando Rivas (creado por Alberto Migré), con un taxi Ford T (¡de la época de *Carmiña*!), para alentar a la pareja: "¡Ánimo, ánimo! ¡Es fácil el casamiento entre clases! Mírenme a mí y verán...", aunque la pareja imposible seguirá siéndolo. La última imagen muestra el impedimento definitivo para el casamiento: caen las ropas y se revela que Carmiña era el generalísimo Franco, en misión ultrasecreta en la Argentina. No obstante, el Novio (el actor Arturo Puig) no renuncia a su amor, aunque sugiere que ya estaba al tanto de una posible naturaleza masculina de la mucamita gallega.

Para lograr estas dos viñetas desopilantes, introducen dos procedimientos de manipulación del estatuto ficcional del texto; en la viñeta de la ceremonia nupcial, la irrupción de otro mundo telenovelesco, donde el personaje se presenta explícitamente como un ente de naturaleza televisiva, y en el último, una imposible metamorfosis que implica la introyección de un ser de la serie histórico-política real en el argumento ficcional televisivo (anacrónico, por añadidura).

Estas incongruencias y sus efectos cómicohumorísticos están montados sobre una serie de momentos autorreflexivos acerca de la creación misma y sus capacidades de transgresión de reglas, que forman parte de la categoría de metaficción. Patricia Waugh la definió como una escritura de ficción que autoconsciente y sistemáticamente conduce la atención a su estatuto de artefacto, a los efectos de instalar preguntas acerca de la relación entre ficción y realidad (1984, p. 2). Es decir, la metaficción está lejos de tratarse de una actividad de producción lúdica, con sus "trucos narrativos" de narradores explícitos, lectores dramatizados, cajas chinas y citas culturales o parodias, como reza la vulgata de la teoría narratológica. Waugh (1984) lleva a considerar los aspectos de señalamiento y crítica que quedan al descubierto e invitan a pensar que así como los trucos narrativos crean la ilusión de vida ficcional, la realidad misma puede estar formando parte de una (otra) ficción socialmente construida (p. 51).

La década del sesenta creó el horizonte, agrega la autora, para explorar esta sensibilidad fundada en un interés cultural general: cómo los seres humanos reflejan, construyen y median su experiencia del mundo. La ficción artística es un universo de prueba para responder este interrogante, y también para operar desde la sospecha y la crítica, interpelando y activando a los receptores, acerca de las ideologías opresivas que naturalizan la experiencia. Consumos irónicos de lo *kitsch* y de lo cursi o lo chabacano o de "mal gusto", sensibilidad *camp*, lectura metaficcional son todas respuestas con diverso grado y magnitud de actitud deconstructiva.

No es casual que la creación de un género específico de lectores retome el lema de *La Hipotenusa*, y redoble la apuesta: "*Satiricón* es un asunto para argentinos inteligentes y vanidosos", dice el artículo editorial que firma el Director, Oscar Blotta, en el número 2 (diciembre de 1972, p. 14). En el decálogo "Nuestro credo" (*S*, n.° 10, agosto de 1973), cuando proclaman "Ante todo nosotros, después la realidad y el personaje", aparece el individualismo hedonista que marcaba Gilles Lipovetsky (2003) para los tiempos posmodernos del humor y que traza esos límites que envuelven a los creadores de la revista y a sus lectores en un acuerdo de prescindencia y de disfrute crítico del devenir.

En estos términos dirige su elogiosa carta de lectores Delia de Rubens, donde confiesa que su disgusto inicial de que "plagiaran des-fa-cha-ta-da-men-te a *MAD*" se transformó en satisfacción al comprobar las ventajas respecto de la estadounidense: "es mucho más cáustica y tiene artículos que son mucho más serios", y fundamentalmente,

> el hecho de ser más "liberada" que MAD y tener algo del toque PLAYBOY (supongo que por mera coincidencia), sumado al fundamental hecho de referirse a una realidad en la que estoy inserta, la hacen ser deseada, esperada y devorada en casa. Felicitaciones de todo corazón por llenar un vacío muy sentido en nuestro país, por criticar todo lo falso que nos rodea, por denunciar la hipocresía y las "poses" en las que vivimos sumergidos (*S*, 12, octubre de 1973, p. 5).

La pantalla grande

En un artículo de 2013, Grady Hendrix analizó la función mediadora de las sátiras de cine de la revista *Mad*: para buena parte de las generaciones de *fans* la revista se trató de su primer contacto con el mundo de los filmes clásicos. El medio era otro: el impreso blanco y negro, lleno de chistes y juegos de palabras que fueron antecesores de las bromas internas de directores modernos como David Lynch o Charlie Kaufman. *Mad* -concluye Hendrix- venía deconstruyendo, metanarrativizando y posmodernizando las películas desde su primera sátira cinematográfica, en 1954.

Ese contacto con la cultura de las películas industriales y de su sistema de estrellas y directores fue adoptado por *Satiricón* en gran cantidad de historietas satíricas, comenzando por "El último tango en Lanús" (*S*, n.° 8, junio de 1973). Un número después, en julio, aparecería la historieta satírica "Vida, obra y leyenda de 'José Moreira'", ampliada a cuatro páginas en las que la ingeniería de la metaficción integraría los imaginarios populares locales de la literatura gauchesca, el cine nacional y la política de estricta actualidad. Concurren las firmas, en este caso, de sátira política con blanco en la figura de José Ignacio Rucci (José Moreira): guion a cargo de Mario Mactas y Carlos Ulanovsky, "adaptado para historieta por Oskar Blotta" e ilustrado por D'Elías.

El crecimiento artístico de la sección se hace notable por su capacidad de apropiar y desplegar las posibilidades que ofrecía la "movie satire" de *Mad*, especialmente en el desarrollo más cuidadoso de la base mimética de la caricatura, para la que la revista norteamericana había contado con Mort (Morris) Drucker (1919-2020) como artista emblemático. Su huella visual cristaliza en la "Vida, obra y leyenda de José Moreira": la caricatura de D'Elías se hace más elaborada que en números anteriores y potencia el efecto de parecido con el personaje real (más allá de los componentes hiperbólicos), lo que permite seguir muy de cerca el elenco de personajes públicos individualizados y el juego metaficcional que conduce al reconocimiento y la risa.

Fue con Drucker con quien, en la era post-Kurtzman de *Mad*, la fórmula artística de la historieta satírica completó el desarrollo de su complejo mecanismo de referencias, citas y remediación. Continuó las viñetas desplegables iniciales con escenas de conjunto abigarradas de personajes, chistes internos y el juego ambivalente de que la caricatura representara al personaje con la cara del actor/actriz que estaba en la memoria inmediata del público, hasta llegar a la ruptura de la cuarta pared para que los personajes miren o hablen a los lectores.

De la primera novelización del personaje histórico Juan Moreira, la muy leída (y adaptada) novela en folletín para *La Patria Argentina* que Eduardo Gutiérrez entregó entre noviembre de 1879 y enero de 1880, tomaron algunos ejes de definición del personaje que adaptaron a la trayectoria de Rucci: el guardaespaldas de Alsina ahora lo es de Perón, aunque esa función en la historieta se desplaza y se desdobla. Rucci-Moreira aparece castigado en el cepo, en la viñeta desplegable de apertura, "por haber discutido con su patrón el pacto social" (*S*, n.° 9, julio de 1973, p. 36), ante la mirada de varios gauchos-obreros que reclaman su liberación. Luego oscila entre su poder real para organizar la interna del movimiento obrero que él encabeza, así como el "pacto social", con la Confederación General de Empresas (que dirigía José Bel Gelbard), con una condición de marginado social, desocupado que en este caso busca trabajo como guardaespaldas de dos empresarios del espectáculo. Los delitos que el folletín trataba de manera serializada también aparecen en una secuencia de varias viñetas donde el gesto heroico se degrada en una irresponsable sucesión de torpezas (aplastar un gato de un portazo; matar hormigas bailando un malambo; matar a su tío al cebarle un mate hirviendo y a su tía, confundiendo jarabe con kerosene).

Es que el gaucho desclasado, perseguido y en lucha contra la autoridad reencarna en un personaje cuyas similitudes resultan forzadas, y precisamente esa falta de méritos de Rucci para ser el héroe gauchesco es la que crea la incongruencia cómicohumorística, ya que sus rasgos originales de sindicalista-del-interior-del-país-delegado-de-Perón-burócrata-negociador (a juicio de Mactas/Ulanovsky) son el blanco de la sátira: las torpezas asesinas del personaje se atribuyen a que es bruto. El personaje-persona quiebra la cuarta pared para mirar al lector, mientras el narrador del cartucho refuerza: "Moreira, bruto pero consciente, hace la 'V' de la victoria con B larga" (*S*, n.°

9, julio de 1973, p. 36), o se refugia en una tapera con luces y un ejemplar de *Satiricón* para decidir el curso de la negociación política mientras se limpia las uñas con un tenedor. El manejo de las convenciones gráficas de esa viñeta es altamente metaficcional: incluye el chiste interno (una representación de la propia revista como material de lectura condicionada, en el que destaca el "Curso libre de divulgación sexual" dibujado por Oski) y unas onomatopeyas con palabras que suenan como tales, pero son en realidad siglas de las diversas vertientes sindicales: UOM (Unión Obrera Metalúrgica, principal organización sindical) o SITRAC (Sindicato de Trabajadores de ConCord, vinculados con las protestas cordobesas).

El contacto de Moreira-Rucci con la muerte lleva hacia los planteos del cine de Favio (y del de Bergman, también aludido) con su adaptación cinematográfica *Juan Moreira*, estrenada en mayo de ese mismo año, 1973. La historieta satírica salva dos veces a su protagonista de su destino funesto: la primera, por la intervención alegórica de la Parca (con cara de Tita Merello), y la segunda porque en esta oportunidad logra escapar por el paredón del prostíbulo en el que había sido originalmente herido por la espalda, para asomarse y descubrir un campo nudista, con el fondo de un éxito musical de Favio, y habitado por la conjunción cambalachesca de personajes de diversa índole (Oscar Alende, Ricardo Balbín, el conductor Nicolás "Pipo" Mancera, la periodista Blackie, la vedette Libertad Leblanc, Sati, la mascota de la revista y Mafalda). El tercer contacto con la muerte llegaría para el Rucci de carne y hueso poco después, el 23 de septiembre, y no estaría aliviado por ningún ejército de personajes, sino complicado por 20 balazos de origen desconocido (luego reivindicados por un sector de Montoneros).

En un copete inicial, el equipo de autores justifica la elección de la película, y dan cuenta de que lo importante, en este cine de autor, es que se trata del "mayor éxito de la Historia del Cine Nacional" (*S*, 9, julio, p. 36) y no proponen ningún juicio cuestionador de ese parámetro (no es el blanco en este caso). La historieta satírica, de todos modos, produce algunas apariciones del mismo Favio caricaturizado. En la escena de la búsqueda de empleo como guardaespaldas de productores del espectáculo, Moreira-Rucci convive con otra conjunción de personajes públicos (imagen 2) y el mismo Favio tomando mate y mirando a los lectores.

Imagen 2. *Satiricón*, n.° 9, julio de 1973.

En la última viñeta, luego de que la historia de Moreira-Rucci culminara en la viñeta anterior con un cursi "Fin", Favio reaparece en la platea, en el más acá de la pantalla donde supuestamente acaba de proyectarse la "película" de Moreira-Rucci, se autoelogia y aprueba lo que acaba de ver.

La historieta se movió un nivel en su grado de ficcionalidad para revelar el marco narrativo básico, el de la platea en la sala de la proyección, desnudando un truco metaficcional intermedial por excelencia: la ilusión de que leyendo una historieta hemos asistido a una película. Algunos personajes públicos acompañan a Favio en esta platea: los directores Hugo del Carril y Leopoldo Torre Nilsson, rompiendo la cuarta pared ellos también para mirarnos y celebrar. La escena se completa con otros espectadores de espaldas, cumpliendo estrictamente con la cuarta pared y aplaudiendo aún: Perón y su "sobrino" Héctor Cámpora, los dos presidentes que tuvo la Argentina ese año.

Satiricón 2/Letras de corrido y saltos de página

Entre literatos

> *Zona astral donde la imaginación de los hombres fabrica con líneas de fuerzas los fantasmas que los acosan o recrean en sus sueños.*
> **Hombre cúbico** –Si yo tuviera brazos le daría a usted una lección.
> **Rocambole** –Eso les pasa a ustedes, que son aprendices de fantasmas, pero yo soy Rocambole desde que tengo uso de inteligencia.
> **Demonio** –¡Qué gracia!... También a usted lo fabricó la imaginación de un novelista.
> **Galán** –De cualquier modo, el hombre es esclavo de su sueño... Es decir, esclavo nuestro.
>
> Roberto Arlt, *300 millones* (1932)

La conciencia de que todo lo que se produce en el campo de la alta cultura pasa por el tamiz mediático, y por el dispositivo de enunciación jocoso de una revista humorística, tiene una interesante mirada retrospectiva en "Justicias: Las venganzas de Roberto Arlt" (*S*, n.° 12, octubre de 1973).

"Cierta noche en extremo lluviosa", comienza el relato con pastiche novelístico, una serie de personajes públicos reciben una llamada misteriosa que los convoca para hablar sobre Roberto Arlt al día siguiente, en el *hall* del Teatro San Martín. Los niveles de realidad e irrealidad se cruzan en nuevas variantes y D'Elías imagina para ello otra composición gráfica, en la que las viñetas están abiertas y se aproximan a una mayor, rota, que contiene la imagen de Arlt sosteniendo el tubo telefónico, más grande, suelto e infiltrándose en las demás viñetas a través del globo de diálogo. La ignorancia de los convocados queda así expuesta frente a la omnisciencia de los lectores, que reconocen al autor de *El juguete rabioso* por su puntillosa y agigantada caricatura.

La lista de invitados incluye tanto a representantes de la alta cultura como de la popular: por un lado, Mirta Arlt, la hija del escritor; Alfredo Alcón y Torre Nilsson, actor y director respectivamente de la versión cinematográfica de *Los siete locos*, estrenada en mayo de 1973; Ulysses Petit de Murat, como responsable de Argentores y un grupo de intelectuales que analizan la obra de Arlt y su valor revolucionario, entre quienes se encuentran Julio Cortázar y Abelardo Castillo. Por otro lado, los autores-blanco que elige *Satiricón* para cuestionar la telenovela, Abel Santa Cruz y Alberto Migré. Arlt los convoca por ser, dice, "los productores de la literatura televisiva que los argentinos consumen casi diariamente" (*S*, n.°12, octubre de 1973, p. 13).

Todos ellos comparten un defecto satirizable que ya anticipaba el copete: subirse al carro del mérito ajeno,

> Entonces sí vinieron los reconocimientos, los que siempre dicen en los reportajes que fueron sus amigos y recuerdan un mechón, los que cuentan anécdotas todo el tiempo haciendo

> hincapié en sus faltas de ortografía, su hija Mirta, cancerbero de su memoria y sus derechos, dueña de sus huesos y su talento. También llegaron las fastuosas puestas en escena de sus obras, el cine, la gloria *postmortem* (*S*, n.° 12, octubre de 1973, p. 12).

Para todos ellos, es decir, el aparato del campo intelectual y los líderes del *rating* romántico televisivo, Arlt les reserva la venganza oculta: una lluvia que no es la del introito novelesco, sino el orín que dispara sobre la multitud reunida. D'Elías, para esta viñeta, podría haber tomado como documentación alguna ilustración de *Los viajes de Gulliver* (1726), de Jonathan Swift, uno de los "padres" de la sátira contemporánea.

Escatológica, la historieta vuelve sobre el detrás de la escena, reúne a todas las víctimas de la justicia vengadora en una desmitificación ridiculizante. *Satiricón*, en esta homologación de jerarquías altas y bajas, se hace eco de las discusiones que bajaron y subieron por esas escalas verticales del valor artístico, para proponer una cultura diversa y horizontal, alineada con esa figura omnirreceptiva que es el consumidor, a quien esta ficción sobre los creadores de ficción incita a embarcarse en un gesto crítico.[11]

Satiricón toma mucho más conscientemente que *La Hipotenusa* un formato importado, y lo llena de contenidos

---

11 Confróntese la perspectiva alineada con el punto de vista del espectador-consumidor que aparece tempranamente en Lawrence Alloway, vinculado al Independent Group de Londres y uno de los primeros teóricos del arte pop: el nuevo modelo de artista no sería el profeta o el chamán, "... but the critic, commentator, or observer of life who shared the same life experiences as the spectators and who provided the opportunity for critical reflection, celebration or just observation of the everyday" ("sino el crítico, comentador u observador de la vida que compartía las mismas experiencias vitales que los espectadores y quien proveía la oportunidad de reflexión crítica, celebración, o solo observación del cotidiano". Trad. nuestra), acorde con una concepción del arte como parte de una "red comunicacional" de diferentes discursos -cinematográficos, publicitarios, gráficos y de la moda, entre otros- antes que una entidad superior distinguida por su trascendencia y su observación desinteresada (Whiteley, 2004).

que le permiten replicar el juego-debate por la identidad local en la era de masas, sostenido a lo largo de la revista. Remedia obras de arte masivas y las asume como agenda periodística; les infiltra personajes locales presentes y pasados. Tiene una posición más plenamente asumida, por lo que se permite proponer un consumo que más que irónico resulta satírico, mediante una exploración estética de creciente complejidad visual y metaficcional.

Triste, solitario/*Last but not least*

Dos expansiones de este interés por la literatura argentina del pasado y sus relaciones con el imaginario internacional popular cierran este recorrido por el corpus de *Satiricón*.

En junio de 1973 la editorial Corregidor sacaba a la calle la primera novela de Osvaldo Soriano, *Triste, solitario y final*. La historia que vincula a un actor de la industria cinematográfica estadounidense, Stan Laurel, con un personaje de la literatura policial negra, Philip Marlowe, en la que el autor-Soriano también queda implicado, dibuja un universo de ficción construido sobre la libertad de cruzar diversas ontologías y modos de existir en una intermedialidad que se hace deslumbrante por los juegos metaficcionales que auspicia.

El evento no pasó desapercibido para *Satiricón*, que le cedió un espacio a Soriano para que hablara sobre uno de esos universos que había ficcionalizado en su narrativa: el cine cómico. Incluido en la sección "Espectáculos" (una creación reciente, a cargo de Ricardo Parrotta), Soriano ofreció un ensayo donde seguía la pista de su propia historia como espectador-*fan* de los cortos de Laurel y Hardy, para terminar desnudando los mecanismos del "detrás de la escena" y tratar de esclarecer la relación entre la "fábrica de *gags*" y la satisfacción de los deseos imaginarios de la burguesía consumidora. Lo común a todas las catástrofes cómicas del dúo es que "La acción se acelera; los personajes dejan a su paso la destrucción, sin que haya violencia física. Solo hay destrucción de la propiedad privada. El clímax llega cuando ya no tienen más que romper" ("Cómo hacían reír el Gordo y el Flaco", *S*, n.° 12, septiembre de 1973, p. 59). Esta reflexión ilumina el camino de la ideología de la industria del cine en modo complementario al desmantelamiento de la ilusión que aborda su novela. En este caso, la risa metaficcional es risa críticamente amarga.

La última de estas expansiones para destacar es la que llevó el mismo D'Elías con su estética caricaturesca satírica y metaficcional en un medio netamente especializado en historieta: la revista *Skorpio*. Con guiones de Carlos Trillo, ambos firmaron la serie "Detective's Studio", que inició en diciembre de 1976 (*Libro de Oro*, n.° 2), continuó en la serie habitual de la revista n.° 28 del 28 febrero de 1977 y se prolongó (con frecuencia irregular) hasta el n.° 62.

Sin la carga satírica injuriante de *Satiricón*, continuó no obstante una desmitificación o deconstrucción del mundo de las estrellas del cine industrial, centrales en el imaginario popular internacional. El estudio de detectives tuvo un protagonista inicial, Bobo Conrad, que fue desplazado muy pronto por otro en el que se imprime el rostro y el gesto de un actor: Woody Allen, caricaturizado y rebautizado como Woodis. Es muy frecuente que sus clientes sean estrellas de cine "tristes, solitarias y finales", como las de Soriano, y que corran el telón de las miserias que se esconden detrás de la superficie estelar de los medios audiovisuales que las hicieron ricas y famosas.

La manera en la que estas historietas, en sus 6 a 8 páginas, se destacan por hacer visible la máquina de ilusiones en medio de los géneros clásicos que ofrece *Skorpio* (lejano oeste, terror, aventura) queda emblemáticamente representada en "El joven Frankenstein", episodio aparecido en el n.° 30.

El guion de Trillo ya no es una sucesión tan suelta de *gags* sino que tiene una historia básica más cohesiva. Un científico logró una fórmula que puede rejuvenecer a Boris

(Karloff) y renovar el género mismo del cine de terror. Deben vencer, con la ayuda de Woodis, los intentos de robar la fórmula de los más representativos actores de Hollywood: John Wayne, Fred Astaire, Bob Hope, hasta que el detective urge a Boris a usar la fórmula, que es arrebatada por su novia vieja y decrépita, cuyo rejuvenecimiento es instantáneo. La tramposa novia no era otra que Shirley Temple, dispuesta a tomar revancha y volver a ser "bella", "aniñada" y "feliz". Pero no lo logra: nadie la emplea en la industria del cine y mendiga, despeinada y sucia, en las calles. Los demás personajes-actores ayudan a reflexionar sobre esa supremacía material y temporal que destruye los mitos.

Esta elegía al pasado, por más masivo y exitoso que continúe siendo en la actualidad, es un rasgo común de estas extensiones de arte metaficcional. La risa va perdiendo la agresividad satírica de la revista de Blotta. En su puesta en escena del imaginario internacional popular, tanto la novela de Soriano como el estudio de detectives de Trillo-D'Elías permiten el placer del reconocimiento, de la familiaridad, un puerto de llegada en un posible itinerario para evaluar cuánto de lo aprendido en una historieta de humor satírico coyuntural sirve para navegar en las aguas de los procedimientos posmodernos en otros medios.

Respecto de esos procedimientos innovadores, más ligados al medio remediante -historieta satírica- en su relación reproductiva del medio remediado -el cine y la televisión, o la cultura audiovisual en su conjunto-, merece destacarse la representación gráfica de las estrellas del espectáculo. Presentes como mitos en el imaginario, Edgar Morin (1966) deconstruye el fenómeno de ambivalencia que acarrea su aparición en las pantallas. La estrella es tanto un mito viviente (es estrella más allá de la pantalla) como la encarnación de un personaje. Cuando el espectador va al cine, ¿a cuál de los dos va a ver: al personaje o al actor-actriz?

Coloquialmente esa ambigüedad se aloja en frases como "Fui a ver una película de Marilyn Monroe". En términos de historieta satírica, es una herramienta altamente risible de hibridez caricaturesca: el personaje queda representado convencionalmente, de acuerdo con sus coordenadas, pero el rostro imprime la cara de la estrella. La incongruencia queda, gráficamente, a la vista, expuesta a la risa y tal vez a la perplejidad. Una perplejidad que acepte la complejidad de las artes de masas:

> Claro que la estrella es un mito: no solo ensueño, sino idea-fuerza. Lo propio del mito es insertarse o encarnarse de alguna forma en la vida. Si el mito de las estrellas se encarna tan asombrosamente en la realidad, ello se debe a que ha sido producido por esta realidad, es decir, la historia humana del siglo XX. Pero también se debe a que la realidad humana se alimenta de lo imaginario al punto de ser ella misma semi-imaginaria (Morin, 1966, pp. 217-220).

La metaficción como una función intermedial puede suponerse que auspició exitosamente la capacidad de metalectura, la tramitación analítica de los afectos ligados al pasado cultural local, así como los aspectos materiales y decadencia histórica, biológica y económica. Todo lleva a suponer una comunidad que aprende convenciones de la historieta como lectura de ficción humorística al tiempo que aprende -porque esa ficción es reflexiva- a procesar las contradicciones culturales, desmitifica lo que la oferta cultural seria construye, pero no abandona bucear en sus propias fantasías. Elige, como diría Susan Sontag, no elegir.

Bibliografía

Bernárdez, J. y Rottman, D. (1997). *Ni Yanquis, ni marxistas... humoristas*. Buenos Aires: Editorial de Belgrano.

Biblioteca Nacional Mariano Moreno, Buenos Aires, Argentina (2022). *La revista que empieza donde las demás terminan: homenaje a* Satiricón [Video]. YouTube. https://www.youtube.com/watch?v=Ke2VtbdN_TE.

Bolter, D. y Gruskin, R. (2011). Inmediatez, hipermediación, remediación. *CIC. Cuadernos de Información y comunicación*. Universidad Complutense, 16, 29-57.

Bourdieu, P. (2012). *La distinción. Criterios y bases sociales del gusto*. Buenos Aires: Taurus.

Burkart, M. (2017). *De Satiricón a HUM®. Risa, cultura y política en los años setenta*. Buenos Aires: Miño y Dávila.

García Canclini, N. (2018). La cultura internacional-popular en el siglo XXI. *Ciências Sociais Em Revista, 54* (2), 161-166. https://doi.org/10.4013/csu.2018.54.2.02.

Gómez Haro, L. (2013). *Del humor en el arte contemporáneo: teoría y práctica*. Universidad Jaume I.

Hendrix, G. (2013). Cahiers du CinéMAD. *Film Comment*, marzo-abril. https://tinyurl.com/msze6487.

Huyssen, A. (2006). *Después de la Gran División. Modernismo, cultura de masas, posmodernismo*. Rosario: Adriana Hidalgo.

Lipovetsky, G. (2003 [1983]). *La era del vacío. Ensayos sobre el individualismo contemporáneo*. Barcelona: Anagrama.

Morin, E. (1966). *Las estrellas del cine*. Buenos Aires: Eudeba.

Ortiz, R. (2004). Una cultura internacional-popular. En *Mundialización y cultura*. Santiago de Chile: Cultura Libre/Andrés Bello, 113-149.

Schelly, B. (2015). *Harvey Kurtzman. The Man Who Created Mad and Revolutionized Humor in America*. Seattle: Fantagraphics.

Schröfer, J. (2012). Four Models of Intermediality. En Herzogenrath, B. *Travels in intermedia[lity]*. Hanover: Dartmouth College Press, pp. 15-36.

Sontag, S. (2005). *Contra la interpretación*. Buenos Aires: Taurus.

Trillo, C. y Saccomano, G. (1979). La historieta y el humor argentinos: algunos datos para una historia. *Primera Bienal Internacional y Cuarta Bienal Argentina de Humor e Historieta. Catálogo*. Córdoba: Municipalidad de Córdoba.

Waugh, P. (1984). *Metafiction. The Theory and Practice of Self-Conscious Fiction*. London/New York: Methuen.

Whiteley, N. (2004). Introduction. En Lawrence Alloway, "Pop since 1949". *Artforum*, 43, 2, octubre, https://www.artforum.com/issue/2004/october-2004-253415/.

"Hola a todos, yo soy el León"

Colectivos en busca de sus paradestinatarios, de la sátira a la representación cómica

NICOLÁS CANEDO

Hola a todos, yo soy el león
rugió la bestia en medio de la avenida.[1]

La Renga, *Panic Show*

Las formas de hacer política son moldeadas por las formas de mediatización de su época. Donald Trump, posiblemente el presidente más emblemático de la última década, fue previamente la estrella de un *reality show*, género televisivo que se caracteriza por sus personajes estridentes, llamativos y con una propensión al agravio personal y el conflicto para hacerse notar (Da Empoli, 2024 [2019]). Su actitud, que dio muchísimo *rating* al programa *The Apprentice* ("El Aprendiz"), marcó un estilo de campaña, primero, y de ejercer el poder, después. Pero Trump no estaba solo. Llegó a la presidencia confrontando con el supuesto elitismo de la política, la cultura y el periodismo mainstream (Nagle, 2017), representados en varios agentes corporativos y mediáticos poderosos. Para ello contó con el apoyo de los llamados "nuevos medios": blogueros, usuarios anónimos de *Reddit* y *4chan*, *youtubers* y todo tipo de generadores de contenido digital, agitadores *online* que veían en el excéntrico multimillonario un promotor de sus mismos valores, entre ellos la

---

1 Canción de La Renga con la que Javier Milei musicaliza sus presentaciones y actos (a veces incluso la canta*a capella*).

defensa del anonimato en las redes sociales y de la "libertad de expresión" como licencia social para agraviar, insultar y ejercer formas de comedia degradante contra otros (Ruocco, 2023; Da Empoli, 2024). Tal y como señala Fraticelli (2023), "[c]on las redes, lo cómico, siempre vivo en la vida social por ser uno de sus componentes constitutivos, se mediatiza en las redes de una forma desalmada" (p. 45). Esto implica, no solo la proliferación de lo reidero hacia campos discursivos antes reservados para enfoques más bien serios, sino formas de hacer reír previamente censuradas o excluidas de los medios históricos por su carácter ofensivo y cruel, que ahora son estilos "aceptables" de debate público (Fraticelli, 2023; Canedo, 2023a). El objetivo es provocar, llamar la atención y ser visibles. Así, referentes como Donald Trump, secundados por hordas anónimas de comentadores digitales, logran influir en el debate público y generar consensos de opinión favorables a su agenda política. El uso de memes de internet es parte de esta estrategia.

Nos interesa aquí problematizar algunos casos de utilización de memes y discursos reideros por parte del colectivo libertario, es decir, el que se conforma alrededor de Javier Milei, actual presidente de la Argentina, como enunciador y dirigente político. Muy al estilo de Trump (en quien el mandatario se ve gustosamente reflejado), Milei implementó un plan similar para llegar a la Casa Rosada en 2023. Desde entonces, ejerce el poder recurriendo a descalificaciones estratégicas de sus rivales y críticos con publicaciones *online*, a veces propias, a veces de sus seguidores. La presente reflexión busca proponer hipótesis con relación a tres aspectos de la comunicación política contemporánea en su recurso a lo reidero: 1) los *colectivos* propiamente dichos, 2) lo que en otros trabajos hemos llamado *consigna de participación* y 3) la *propuesta reidera*.

1. Los colectivos

Un colectivo de identificación política, siguiendo a Verón (1987), es el que se conforma a partir del discurso o los discursos políticos de un líder (en este caso Javier Milei) en relación con sus *prodestinatarios*,[2] aquellos con quienes comparte una "*creencia presupuesta*" (Verón, 1987, p. 17), como puede ser la necesidad de retirar al Estado y sus regulaciones de todas las áreas posibles de la vida social y económica, o la culpabilización de la "clase política" por los problemas que aquejan al país. La *hipermediatización* implicó la expansión de la mediatización hacia el conjunto de la vida social, incluyendo las instituciones, individuos y colectivos (Fraticelli, 2019, p. 52). Esto conlleva la confluencia, y en cierta medida, hibridación con los colectivos de identificación política, especialmente aquellos -como el mileísmo y el trumpismo- conformados a través de los nuevos sistemas de intercambio mediáticos. En este entorno, los colectivos políticos adoptan características de los colectivos mediáticos: convergencia de un público mediatizado, individuación de sus integrantes (como se ve en la proliferación de enunciadores no necesariamente orgánicos al partido, y sin embargo influyentes) y "una interacción con baja mediación institucional habilitada a promover saltos de escala" (Fraticelli, 2019, p. 54). Todo ello explica la permeabilidad de estos colectivos y sus líderes para con formas heterodoxas y disruptivas de enunciación política como las que se indagarán a continuación, así como también su búsqueda de incidir, a través de aquellas, en los medios históricos (prensa, radio, TV), promoviendo *fake news*, fijando sus encuadres y caracterizaciones en las opiniones y discursos que circulan a través de ellos. Esto nos lleva a las consignas participativas.

---

2 Como es sabido, Eliseo Verón definió entre las particularidades del discurso político su multidestinación, que comprende *prodestinatarios* (quienes comparten la creencia y valores del enunciador), *contradestinatarios* (quienes poseen la creencia y valores opuestos) y *paradestinatarios* o "indecisos" a quienes se busca convencer (Verón, 1987). Estos conceptos serán retomados a lo largo de este artículo.

2. Consignas de participación

Tanto los memes de internet como otro tipo de publicaciones en redes sociales tienden a seguir patrones y fórmulas preestablecidas que se replican en un juego de permanencia con variaciones estratégicas (Milner, 2016), primero por imitación, luego por la inferencia y comprensión de una serie de reglas tácitas de composición. Llamamos "consigna participativa" a este conjunto de reglas tácitas que favorecen la rápida proliferación de discursos y enunciados de propiedades similares, tanto retóricas, temáticas como enunciativas (Canedo y Urbanitsch, 2024). De algún modo siguen la mecánica de los géneros discursivos, alguna vez teorizada por Bajtín, aunque su carácter más bien efímero y rápidamente cambiante nos hace dudar de que se trate estrictamente de géneros, siendo más bien efímeros y descartables.

Este concepto sugiere -como su nombre indica- que la participación memética puede estructurarse en torno a ciertas reglas implícitas y, por lo tanto, orientarse. Sin embargo, es importante aclarar que esta orientación no responde exclusivamente a decisiones premeditadas de individuos o grupos específicos, sino que surge de la dinámica colectiva dentro de los sistemas de intercambio discursivos digitales.[3] Son las interacciones, la repetición y la amplificación de ciertos formatos exitosos los que terminan definiendo las tendencias predominantes.

Si bien figuras como Javier Milei o ciertos *influencers* juegan un rol clave en la legitimación y difusión de algunos de estos memes, sus decisiones no pueden entenderse como una manipulación unilateral sobre una audiencia pasiva. Por el contrario, la circulación y transformación de estas consignas participativas obedecen a un proceso de co-construcción en el que

---

3 Adoptamos la noción de sistemas de intercambios discursivos mediáticos de José Luis Fernández (2021).

múltiples usuarios aportan variaciones, resignifican mensajes y contribuyen a su viralización.

Nuestra postura se sitúa, entonces, en un punto intermedio entre dos visiones extremas: la "conspiracionista" de una estrategia orquestada desde arriba, en la que unos pocos manipulan a muchos (lo que resulta poco plausible dada la naturaleza descentralizada de las redes sociales), y la "caótica", de una aleatoriedad absoluta, sin patrones discernibles (lo que contradice la observación empírica de la recurrencia de ciertos encuadres, motivos y lógicas en la comunicación digital). En este sentido, el análisis de las consignas participativas permite comprender cómo ciertos discursos logran estabilidad y alcance dentro del ecosistema mediático, sin reducir su éxito a los factores del cálculo y la estrategia, también existentes.

3. Propuesta reidera

La propuesta reidera (Fraticelli, 2023) ocurre en el juego enunciativo entre quien cuenta un chiste, quien lo recibe y una tercera figura que es objeto de risa. A partir de esta dinámica, pueden distinguirse tres grandes regímenes: el humor, que implica reírse de uno mismo; lo cómico degradante, que busca ridiculizar a un oponente; y lo cómico laudatorio, que sirve para exaltar una figura, en este caso política. En el caso del mileísmo, los memes analizados combinan principalmente los dos últimos registros: la burla hacia sus adversarios -especialmente el kirchnerismo- y la construcción de Milei como un líder heroico mediante representaciones simbólicas como el león (aspecto que se desarrollará en este artículo).

Sin embargo, la propuesta reidera de un meme o publicación risible no es estática, sino que puede variar de un régimen a otro según el posicionamiento de los distintos enunciadores hipermediáticos que lo difunden. La participación de diversos usuarios -especialmente aquellos políticamente alineados- puede modificar el sentido original de un chiste, ya sea reforzándolo o desplazándolo hacia otro registro. De este modo, bromas colectivas que comienzan como sátiras o burlas pueden transformarse en situaciones cómicas, y viceversa, lo que genera efectos estratégicos en la conversación pública: enaltecer y proteger a las figuras de un colectivo al tiempo que se denosta a las contrarias. Sobre esta hipótesis discurre el análisis a continuación.

Si bien el uso político de memes y discursos reideros no es exclusivo de La Libertad Avanza, este espacio ha sido particularmente prolífico en su producción y ha demostrado contar con una comunidad digital altamente activa, capaz de influir en la conversación pública a través de su participación y estrategias de intervención. Colectivos políticos con fuerte presencia en entornos digitales han empleado tácticas similares: la *alt-right* estadounidense durante la campaña de Donald Trump en 2016 (Nagle, 2017; Ruocco, 2023); los colectivos a favor y en contra de la Ley de Interrupción Voluntaria del Embarazo (IVE) durante su tratamiento legislativo en el Congreso (Fraticelli, 2023); el peronismo en Argentina, con sátiras dirigidas contra el expresidente Mauricio Macri (Canedo, Urbanitsch y Sierra, 2019) y, más recientemente, en la campaña de 2023, en la que produjo memes participativos que promovían una visión crítica de las ideas de Javier Milei (Canedo, 2023b). Estos casos sugieren que la instrumentalización política del humor hipermediático no es un fenómeno aislado, sino parte de una transformación más amplia del debate público en entornos hipermediatizados. El presente análisis del mileísmo permite, por lo tanto, establecer hipótesis que podrían extrapolarse al estudio de la comunicación política digital en general.

4. Un leoncito tierno

El 22 de octubre de 2023, Argentina celebró elecciones presidenciales en un contexto político marcado por un cambio de protagonismo. Juntos por el Cambio,[4] el principal espacio opositor al peronismo desde 2015, quedó fuera del balotaje. Fue desplazado por La Libertad Avanza, un partido emergente liderado por Javier Milei, un economista de extrema derecha que apenas contaba con dos años como diputado nacional. Su campaña se centró en antagonizar con la clase política en su conjunto, lo que le permitió captar apoyos en sectores populares históricamente esquivos para Juntos por el Cambio.

Con la segunda vuelta electoral por delante, Milei necesitaba atraer el voto antiperonista, luego de un tenso debate en el que acusó a la candidata de Juntos por el Cambio, Patricia Bullrich, de haber puesto "bombas en jardines de infantes" durante su militancia en los años setenta. Unos días después de la elección (el 25 de octubre), Milei publicó en sus redes sociales una imagen generada por inteligencia artificial: un león abrazando a un patito (en alusión al apodo de la candidata, "Pato"), rodeados de argentinos sonrientes con banderas y el amanecer de fondo (imagen 1). La imagen connotaba la unión de ambos dirigentes como signo del nacimiento de una nueva esperanza para los argentinos. En los estudios del canal de televisión por cable Todo Noticias (TN), donde se cruzó y se abrazó con Bullrich -con una gigantografía de la ilustración de fondo (imagen 2)-, Milei se refirió a la publicación con entusiasmo: "Hice un posteo, un meme, que la rompí". Con esa acción, consolidaba su alianza con el sector antiperonista del espectro político y de la sociedad civil.

4 Coalición política conformada por Propuesta Republicana (PRO), la Unión Cívica Radical (UCR) y la Coalición Cívica (CC), entre otros. Se conformó en 2015 para competir con el entonces Frente para la Victoria (peronista/kirchnerista) con el nombre de "Cambiemos". Viró a Juntos por el Cambio en 2019, cuando incorporó al peronista de centroderecha Miguel Ángel Pichetto como candidato a vicepresidente en las elecciones de 2019. A menudo se refiere al colectivo de identificación de este espacio como "macrismo", en referencia a Mauricio Macri, líder del PRO que fue, hasta el día de hoy, el único presidente de Juntos por el Cambio (2015-2019).

Imagen 1. Publicación de Javier Milei del 25 de octubre de 2023. Imagen generada por inteligencia artificial que muestra a un león y un patito abrazados. 16,8 millones de reproducciones. Fuente: Twitter/X.

Imagen 2. Patricia Bullrich y Javier Milei se encuentran después de las elecciones generales, en los estudios del canal Todo Noticias, junto a los periodistas Edgardo Alfano y Marcelo Bonelli. De fondo se ve la ilustración de la imagen 1. Fuente: YouTube.

5. "Esos malditos roedores"

No era la primera vez que el candidato publicaba una imagen de ese estilo. Algunos días antes (el 12 de octubre), cuando Bullrich todavía estaba en carrera por la presidencia, Milei compartió en su cuenta de Instagram una imagen publicada el mes anterior por una cuenta libertaria de Twitter/X (imagen 3). En la pieza se muestra a un león feroz ahuyentando unas ratas. Como señala Sol Montero, ambas imágenes se sirven de la metáfora del león, aunque variando el estilo y la representación pictórica. En palabras de la investigadora, en la imagen del 12 de octubre (imagen 3) "[l]a estética de las figuras es realista, más allá del tamaño desproporcionado de las ratas, y la escena se sitúa en un paisaje yermo y desolado" (Montero, 2025, p. 102). En cambio, continúa Montero sobre la publicación del 25 de octubre (imagen 1), "esta segunda imagen es, a diferencia de la anterior, ingenua, infantil y no pretende ser realista". La primera publicación de la imagen en Twitter/X, por parte de esta cuenta de apoyo a Milei registra -al momento de escribir este artículo- menos de 10.000 visualizaciones (Twitter/X), mientras que la compartida de Milei del 12 de octubre en Instagram tiene un poco menos de 170.000 *likes*[5] (Montero, 2025), lo que da cuenta de la circulación ascendente (Carlón, 2020) y la amplificación en el alcance de esta pieza.

---

5 Vale la aclaración: los *likes* son una métrica de aprobación, mientras que las visualizaciones indican simplemente que una publicación fue vista una cierta cantidad de veces.

Imagen 3. Publicación de @saxan32 del 27 de septiembre de 2023 (9.559 visualizaciones). Imagen creada con inteligencia artificial que el propio Javier Milei compartiría en su cuenta de Instagram el 12 de octubre. Fuente: Twitter/X.

6. 2021: "Entonces el gato llamó al león"

Un antecedente temprano de este encuadre se remonta a la elección legislativa de 2021 y fue registrado por Juan Ruocco en su artículo de abril de 2022 "La anomalía Milei". Allí él discute una lectura del fenómeno Milei -muy difundida entre cierta intelectualidad progresista de ese momento- que caracterizaba al clamor por el economista como meramente "antipolítico" y algo instalado por los medios de comunicación, sin representatividad real o considerable. Por el contrario, Ruocco veía en Milei a un dirigente "bendecido por la Internet": que despertaba el entusiasmo de una gran cantidad de usuarios, mayormente jóvenes, muchos de ellos provenientes de sectores sociales medios/bajos.

> [D]urante la elección de diputados,[6] los militantes de Milei lanzaron en internet algo que bautizaron "operación cocker". El término cocker surge a partir del tuit del usuario @heraldobosio donde describe al fenotipo "vieja macrista" como sujetos con "pelo de cocker y la mirada perdida de Kurt Cobain".
> El objetivo de la Operación Cocker era justamente hacerle creer a través de memes de bajísima calidad a las viejas macristas que [Mauricio] Macri apoyaba a Milei y no a María Eugenia Vidal (candidata de [Horacio Rodríguez] Larreta). Así, empezaron a copar diferentes grupos de WhatsApp y Facebook de viejas y/o viejos macristas (a los que distinguían como Raúles y Mabeles) donde compartían los memes en cuestión (Ruocco, 2022).

Esta acción coordinada consistió en la creación de memes e imágenes virales en los que se realizaba una caracterización verosímil del Milei como un continuador natural del proyecto político de Mauricio Macri. Una de las piezas más conocidas, producidas por esta campaña informal, consiste en tres viñetas dispuestas verticalmente, en las que se muestran respectivamente a Cristina Kirchner, Axel Kicillof y Alberto Fernández (1); Mauricio Macri (2); y Javier Milei (3). En cada una de ellas, una inscripción va desarrollando el texto: "(1) *Las ratas eran muchas…*; (2) *… entonces el gato…*; (3) *… llamó al león*" (imagen 4).

---

6 Se refiere a la elección legislativa de 2021, donde Milei compitió como candidato a diputado por la Ciudad Autónoma de Buenos Aires y consiguió su primer cargo público. La candidata de Juntos por el Cambio para aquel distrito fue la exgobernadora de la provincia de Buenos Aires, María Eugenia Vidal.

Imagen 4. Publicación de 2021 como parte de una serie de memes del colectivo libertario, destinada a convencer a simpatizantes de Macri de un apoyo de este a Javier Milei. Fuente: Google.

La pieza es efectiva en tanto que logra retomar la oposición política macrismo/kirchnerismo y posiciona a Javier Milei -partidariamente ajeno a esta- como un "estadio superior" del macrismo mediante un desvío metonímico ingenioso, basado en los apodos de los protagonistas: "Macri Gato"[7] y "Milei León". A través de esta relación, la pieza construye una *metáfora zoológica escalonada*: del gato (pequeño, doméstico, afable) al león (grande, salvaje, agresivo), lo

---

[7] Se trata de un lema opositor al gobierno de Mauricio Macri que terminó fijando la asociación del expresidente con el animal, incluso por fuera de sus detractores. El propio Macri publicó un video en sus redes sociales, en 2018, donde respondió preguntas del público, en el que dijo que el apodo le parecía "ocurrente".

que refuerza así la idea de una radicalización de la oposición al peronismo.

La sátira política, cuyo blanco de burla es el kirchnerismo presentado como "ratas",[8] no solo ridiculiza al adversario, sino que brinda un marco de verosimilitud para la identificación de Milei como el nuevo líder antikirchnerista. Es decir, la denostación del contradestinatario mediante una comparación peyorativa no solo refuerza el antagonismo, sino que opera como un "colchón risible" sobre el cual replegarse, lo cual facilita la aceptación del nuevo encuadre simbólico. En este sentido, la operación discursiva no solo actúa como una burla hacia el oponente, sino que también funciona como un mecanismo de legitimación indirecta para Milei, así consolida la transferencia de verosimilitud desde la sátira al peronismo hacia la caracterización de Milei como el único capaz de enfrentarlo.

La Operación Cocker, relevada por Ruocco, no solo muestra una versión germinal del juego metafórico que se desarrollaría en la campaña presidencial de 2023, mediante la generación de imágenes de inteligencia artificial, sino que da cuenta del uso estratégico de los memes como forma de persuadir a los paradestinatarios, por parte del colectivo libertario, apelando a una analogía ingeniosa, por un lado, y a lo cómico degradante como forma de referir al contradestinatario en común, por otro. Encontramos que esta estructura se repite en las publicaciones de Javier Milei y sus seguidores, de octubre de 2023.

---

8 En las guías de pautas para *focus groups*, un ejercicio común consiste en preguntarles a los entrevistados a qué animales les recuerdan ciertos dirigentes políticos. Es usual que se designen como "ratas", "hienas" y otros seres carroñeros a aquellos por los cuales se tiene la menor estima, y, al contrario, como "leones", "halcones" o "águilas" (depredadores de cierta majestuosidad y belleza) a los mejor valorados. Durante muchos años María Eugenia Vidal, la exgobernadora de la provincia de Buenos Aires y una de las figuras más salientes del PRO, recibió por parte de sus votantes y partidarios el apodo de "la leona". Estos ejemplos dan cuenta de la longevidad y el arraigo de estas figuras imaginarias y arquetípicas en la percepción pública de la política.

Así se estableció un esquema discursivo recurrente que sería retomado y ampliado en la campaña presidencial. Si en 2021 la metáfora del león surgía como una continuación y potenciación del liderazgo macrista dentro del campo antikirchnerista, en 2023 esta misma figura sería resignificada dentro de una nueva estrategia: ya no solo como una opción dentro de la oposición, sino como el eje articulador de una coalición más amplia. Esto se observa en la evolución del repertorio visual de los memes, donde el león -heredero del "gato" en la contienda contra las "ratas"- aparece junto a nuevos aliados simbólicos, como el pato (Bullrich) y el propio gato (Macri), con el fin de proyectar un frente unificado de cara al balotaje.

7. 2023: el León y sus amigos

La variación estilística señalada en las imágenes 3 y 1 (en orden cronológico de aparición) coincide con el viraje en la estrategia de La Libertad Avanza, de la confrontación total con el sistema político de cara a las elecciones generales a la de conciliación con otros opositores al gobierno, de cara al balotaje. Sin embargo, esto comienza un poco antes de la publicación de Milei, en la participación digital de los usuarios. La primera publicación de este estilo la encontramos el mismo día de la elección (imagen 5). En ella se ven un pato y un león muy tiernos y amigables, sobre el fondo de una bandera argentina. El texto adjunto en el *tweet* reza: "*Y un día el Pato se alió al León* (sic)". Esta publicación -de un usuario sin muchos seguidores- tuvo un alcance moderado, con un poco más de 7.000 visualizaciones y 248 *likes*. En las respuestas, otro usuario comparte una imagen similar, como sumándose a la consigna (imagen 6).

Imagen 5. Imagen del león y el pato, en su versión amigable, publicada el 22 de octubre, es decir, el mismo día de la elección. 7.764 visualizaciones. Fuente: Twitter/X.

Imagen 6. Imagen publicada en respuesta a la publicación de la pieza en la imagen 5, también el 22 de octubre, con solo 269 visualizaciones. Fuente: Twitter/X.

Al día siguiente (el 23 de octubre), la imagen 5 fue retomada por una cuenta popular de humor antikirchnerista, *Coherencia Por Favor,* con el añadido de una inscripción textual: "Juntos por la Libertad" (fusión de las dos marcas partidarias llamadas a confluir en el voto) y su firma, en un cuerpo de letra más pequeño. En el *tweet,* el enunciador hipermediático interpela a los votantes de ambas fuerzas políticas: "Ahora vamos a ver cuán anti k[irchneristas] son los de juntos x el cambio y la libertad avanza" (imagen 8). La publicación registra casi 39.000 visualizaciones, muy por encima de la primera aparición de la pieza. Algunas horas antes ese día, otra cuenta antikirchnerista, *Kuka*[9] *News,* compartió una imagen de características similares (imagen 7) con el texto: "Se terminó la 'guerra' y comienza una nueva etapa, es juntos o sigue el régimen k[irchnersta], fanatismos a un lado. Sólo queda una oportunidad" (alrededor de 7.000 visualizaciones, una repercusión más modesta). Llama la atención el carácter serio e inminente en estos *tweets,* que desentona con la estética visual elegida, como una operación para fijar el sentido de estas piezas, en apariencia lúdicas y livianas, en un contexto político de seriedad. Esto hace pensar que están más marcadamente dirigidas a los paradestinatarios macristas, posiblemente indecisos de si dar o no su apoyo a Javier Milei en la segunda vuelta electoral. En el caso de *Coherencia Por Favor,* aunque esta cuenta empezó a mostrar simpatías por La Libertad Avanza durante el año electoral, su historia es de mucha cercanía y afinidad a Juntos por el Cambio.[10]

---

9 "Kuka" es una denominación peyorativa común para los kirchneristas, que los compara con cucarachas.

10 Los usuarios del colectivo peronista intentaron apelar también a los votantes de Macri creando cuentas y publicaciones parodia de *Coherencia Por Favor* que imitaron sus características placas de texto con mensajes tales como "Si no me quisiste antes del domingo no me vengas a buscar ahora", seguido de la firma "*Coherencia por favor*" (Canedo, 2023c). Se buscaba, por medio de ellas, disuadir a los exvotantes de Bullrich de acompañar a Milei.

Imagen 7. Publicación del 23 de octubre de *Kuka News*. 7.085 visualizaciones. Fuente: Twitter/X.

Imagen 8. Publicación del 23 de octubre de *Coherencia Por Favor* que reutiliza la imagen de la Imagen 5. 38.800 visualizaciones. Fuente: Twitter/X.

La participación de estas cuentas marca un cambio de etapa en la circulación de esta consigna participativa de tipo ascendente, en tanto que es retomada por enunciadores hipermediáticos de mayor alcance e influencia en el antikirchnerismo en general, pero especialmente en el macrismo. La inclusión del registro serio trae el componente prescriptivo (el del deber, en este caso, de unirse) (Verón, 1987), común en el discurso político. Veremos, a continuación, una tercera etapa con la participación de enunciadores hipermediáticos influyentes del colectivo libertario. Las imágenes 9, 10 y 11 (abajo) fueron publicadas por las cuentas *Usuarios siendo domados*, *TraductorTeAma* y *GordoAntiProgre* -muy activos e influyentes del mileísmo-, el 24 y el 25 de octubre, antes de la publicación de Milei. En estas imágenes se abre el juego de representaciones visuales a otros actores de la política, operación que será retomada por otras piezas más adelante: de Mauricio Macri, representado como un gato (imagen 11), de Myriam Bregman (reconocible en la imagen 9 por marcas como su cabellera rubia y blazer verde) y del gobernador de Córdoba, Juan Schiaretti (imágenes 9 y 13) mediante la inclusión del Fernet, bebida popular característica de su provincia. El enfoque serio, introducido en el nivel de los textos adjuntos de la etapa anterior, desaparece, y se da lugar nuevamente a las enunciaciones reideras y ficticias, aunque con la inclusión de *hashtags* que llaman a la unidad (imagen 11). De estas publicaciones, las de *Usuarios siendo domados* (9) y *TraductorTeAma* (10) tienen 174,8 mil y 124,6 mil visualizaciones, respectivamente, es decir, más que la de *Coherencia Por Favor.*

Imagen 9. Publicada el 24 de octubre de 2023. 174.800 visualizaciones. Fuente: Twitter/X.

Imagen 10. Publicada el 25 de octubre, algunas horas antes del *tweet* de Milei. 124.600 visualizaciones. Fuente: Twitter/X.

Imagen 11. Publicada el 25 de octubre de 2023, menos de una hora antes de la publicación de Milei. 929 visualizaciones. Fuente: Twitter/X.

Se puede ver en este lapso de tres días, desde la elección general al *tweet* de Milei del 25 de octubre, el ascenso y propagación de la consigna participativa:

- primero con la publicación de usuarios poco conocidos (imágenes 5 y 6. 7.764 y 269 visualizaciones, respectivamente) del 22 de octubre;
- seguida por la participación de *Kuka News* (imagen 7. 7.085 visualizaciones, un poco menos que la imagen 5), del 23 de octubre, que añade el encuadre serio en el texto del *tweet*, línea que repite *Coherencia Por Favor* (imagen 8) unas horas más tarde, reutilizando a su vez la imagen 5. Aquí se ve un salto cuantitativo notable: 38,8 mil visualizaciones.
- Finalmente, con la participación de cuentas influyentes del colectivo libertario: *Usuarios siendo domados* y *TraductorTeAma* (imágenes 9 y 10), y en menor medida *GordoAntiProgre* (imagen 11), cuyas publicaciones desarrollan y expanden la consigna a un variopinto club de

amigos de la oposición, se ve un nuevo salto en la cantidad de visualizaciones, que en los dos primeros casos superan cada una las 100.000.[11]

Así, la consigna de los animales políticos tiernos fue ganando impulso. Con el posteo de Milei esta consigna dará un "salto de fase" (Carlón, 2020) en su circulación ascendente, hacia el líder político que la retoma y recircula hacia su base de seguidores, la prensa y la opinión pública en general (recordemos la aparición de los dos dirigentes, esa misma noche, en el estudio de Todo Noticias, con una gigantografía de la imagen, de fondo. Imagen 2), como la consumación de ese acuerdo, que consolida además la instrucción memética para captar más participación y adhesiones políticas.

Luego de aquella publicación, otras cuentas en redes sociales, afines a los libertarios y al PRO compartieron imágenes generadas por inteligencia artificial donde distintos animales y personajes se mostraron unidos, ya sea en un clima festivo de camaradería (siempre con el león y el pato en roles prominentes y protagónicos), ya sea en pose de avanzar contra algún enemigo en común. Estos animales y personajes aludían a diversos actores y emblemas de la oposición: el gato que representa a Mauricio Macri (por el lema "Macri gato", originalmente opositor al expresidente); el *bulldog*, posiblemente referido a Ricardo López Murphy[12] -quien ha hecho campaña apelando a su parecido con esa

[11] Todas las métricas analizadas aquí son al momento de recolección del corpus, que en algunas piezas fue varios meses después de publicadas, por ende, la periodización de su alcance es una mera estimación. No puede descartarse que algunas de ellas hayan seguido creciendo en visualizaciones en los días posteriores.

[12] Ricardo López Murphy es un economista liberal que fue ministro del gobierno de Fernando de la Rúa (1999-2001), cofundador junto con Mauricio Macri de Propuesta Republicana (PRO), espacio que dejaría en sus inicios para volver en 2021 como candidato a diputado por la Ciudad de Buenos Aires para competir con Javier Milei, que amenazaba con sacarle votos al partido. Es conocido como "el bulldog" por sus rasgos faciales, similares a los de un perro de esta raza, apodo que el propio López Murphy acuñó para su campaña presidencial del año 2003.

raza de perros-, y la serpiente, reminiscente a la bandera de Gadsden[13] que los libertarios acuñaron como símbolo partidario (imagen 12. Esta pieza tiene 5,7 millones de visualizaciones, una de las más vistas de nuestro corpus). La ocurrencia en la elección de estos animales y motivos era insumo de risa, como muestra un *tweet* de la diputada libertaria electa Lilia Lemoine (imagen 13. 144.000 visualizaciones) que festeja la inclusión de una botella de Fernet ("me mató el Fernet, excelente").

Imagen 12. Publicación del 25 de octubre, unos minutos después de la de Milei, con el león (Milei), patos (Bullrich), un gato (Macri), un *bulldog* (posiblemente Ricardo López Murphy) y una serpiente que podría representar a la de la bandera de Gadsden, adoptada por el colectivo libertario como uno de sus emblemas. 5,7 millones de visualizaciones. Fuente: Twitter/X.

13 Bandera amarilla y negra, con un dibujo de una serpiente cascabel y el lema "*Don't tread on me*" (traducido como "*No me pisotees*") es un símbolo del liberalismo en Estados Unidos del cual se apropiaron los libertarios en otras partes del mundo, incluida la Argentina.

Imagen 13. El león y el pato comiendo panqueques (alusivos a Sergio Massa, el candidato del oficialismo) y tomando un Fernet (en referencia a Juan Schiaretti, otro de los candidatos a presidente). Imagen compartida el 25 de octubre (por la noche) por la diputada electa por La Libertad Avanza, Lilia Lemoine, una figura importante del colectivo libertario. 144 mil visualizaciones. Fuente: Twitter/X.

8. Representación cómica

La traducción visual de los actores políticos en un sistema amigable de animales y objetos, inherente a la consigna de participación, pueden relacionarse -dentro de la tipología reidera-con la *situación cómica,* donde "se eluden las censuras ligadas a la identidad partidaria que inhibirían el placer de la risa" (Fraticelli, 2023, p. 161), apelando así a las variadas simpatías de los votantes.

En este contexto, los memes del león y el pato operan bajo una lógica distinta a la de la sátira política tradicional. Mientras que esta tiende a consolidar a los convencidos mediante la ridiculización del oponente, la situación cómica genera una complicidad más amplia, en la que incluso votantes indecisos o simpatizantes moderados pueden verse interpelados sin sentirse atacados. Ya en un trabajo previo sobre la intervención de libertarios en consignas de participación exitosas pudimos ver cómo estos se aprovecharon de la visibilidad de un meme más volcado a la propuesta de la situación cómica, introduciendo elementos de sátira y comedia degradante contra la candidata Myriam Bregman (Canedo, 2024b). Aquí, en cambio, se da un movimiento de tipo inverso donde lo situacional cómico desplaza a lo satírico. La clave de esta estrategia radica en la ambigüedad interpretativa: al representar a la alteridad partidaria con figuras caricaturescas, pero no necesariamente ridiculizantes, los memes pueden circular en múltiples esferas digitales sin producir un rechazo inmediato.

Lo risible de estas imágenes es la superposición de alusiones y metáforas sobre distintos políticos, que invita a los lectores a identificarlos y a divertirse con la selección de motivos visuales para cada uno. Por supuesto, estas situaciones no reflejan una realidad objetiva, sino que construyen una nueva a partir del juego discursivo. Aunque lo risible de la situación cómica, como señala Fraticelli, no depende tanto de las situaciones efectivas en las que se encuentran los políticos de hecho sino de los discursos que las comentan, en este caso la remisión indicial con el "mundo de los hechos" es indirecta y lábil. La gracia parece estar casi totalmente depositada en las piezas, en tanto metadiscursos de la coyuntura política, especialmente en el juego de alusiones ocurrentes para con los distintos actores; en cómo cada enunciador/participante resuelve la consigna visual, selecciona qué políticos incluir y cómo representarlos. Por eso es que decidimos denominar a esta operación risible como *representación cómica*: un modo risible de representar a los actores, quizás más cercano a lo cómico laudatorio[14] que a lo degradante.

Sin embargo, esta lógica de lo amigable encuentra su límite en la referencia al candidato del oficialismo y

---

14 Aunque en ciertos casos tampoco llega a ser una exaltación.

contradestinatario de estos discursos, que aparece en la imagen 13 aludido mediante una torre de "panqueques" (alusivo a un mote crítico común para Sergio Massa)[15] a punto de ser devorada por el león. También, como ya se vio en casos anteriores, en el motivo de las ratas (imagen 10), alusivo al colectivo peronista/kirchnerista. En este punto específico, el tono de los memes se desplaza desde esa representación cómica -que podía apelar a simpatizantes externos- hacia la sátira política, que refuerza el antagonismo y la identidad grupal. Como señala Fraticelli (2023, p. 156), la sátira política no solo es una crítica "a la moral y la conducta de un político", sino que también opera como un mecanismo de validación interna dentro de los colectivos de pertenencia. La burla al adversario no solo lo degrada frente al público, sino que actúa como un ritual discursivo que refuerza la cohesión del grupo (la "parroquia", en términos de Bergson) y legitima su identidad en oposición al otro. Encontramos aquí un funcionamiento similar al de la Operación Cocker relevada por Ruocco: la sátira al contradestinatario no solo unifica a enunciador, pro y paradestinatario en un frente común, sino que también fortalece su sentido de pertenencia, en este caso al colectivo libertario, o al menos refuerza una afinidad con él.

La consigna participativa de los "animales políticos" (tal y como la hemos denominado aquí) parece ser una continuación y desarrollo de aquellos primeros memes con los que el colectivo libertario buscó ganar la adhesión del macrismo en la campaña de 2021. Por supuesto que estos no fueron los únicos producidos por este público políticamente orientado, ni el macrismo su único *target*

15 En la cultura popular argentina un "panqueque" es alguien que "se da vuelta", es decir que cambia fácil y frecuentemente de convicciones y posturas. Sergio Massa recibió este apodo por haber sido funcionario de los gobiernos de Néstor y Cristina Kirchner, luego opositor, luego aliado legislativo de Mauricio Macri, luego también su opositor y, finalmente, funcionario (presidente de la Cámara de Diputados y ministro de Economía) y eventual candidato del gobierno de Alberto Fernández y Cristina Kirchner.

de persuasión. El mileísmo ha empleado memes y discursos reideros para convencer a sectores socioeconómicos bajos (que no suelen ser la base electoral de Juntos por el Cambio) con promesas de condiciones de vida más dignas y mayor capacidad de consumo. Sin ir más lejos, una de las publicaciones más comentadas del candidato libertario, en los días previos al balotaje, fue una versión del meme *Morpheus' Choice* ("La decisión de Morfeo") en el que el conocido mentor de la saga fílmica *The Matrix* da a elegir al público entre -en la versión compartida por Milei- "tener dignidad" (la opción que representa votarlo a él) o "cagar en un balde"[16] (la opción de votarlo a Sergio Massa) (Canedo, 2023d). A su vez, muchos de sus seguidores más influyentes en las redes difundieron *fake news* sobre supuestas recomendaciones alimentarias del Gobierno de la Nación que incluían comer insectos y memes que comparaban a un Milei asador (promesa de un incremento en el consumo de carne) con un Sergio Massa que mandaba a sus votantes a "comer bichos". Si bien estas representaciones de miseria y escasez resuenan con el imaginario antiperonista del macrismo, son discursos dirigidos a colectivos socioeconómicos y no tanto partidarios, lo que demuestra que la cibermilitancia libertaria apuntó a la persuasión de distintos actores, variando sus consignas participativas y propuestas reideras.[17]

Todos esos casos son interesantes y reveladores sobre las formas que adquiere el discurso político en los medios digitales. Si aquí decidimos centrarnos en

---

16 Expresión retomada de un ciudadano de Gran Buenos Aires que expresó malestar ante cortes de luz en Avellaneda, en un móvil televisivo del canal de noticias A24, en marzo de 2023 (Canedo, 2023d).

17 Estas publicaciones suscitaron debates en las redes sociales sobre cuál era el *target* de su burla, con puntos de vista críticos sugiriendo que estos memes se reían de la gente pobre. El análisis de estas piezas excede los objetivos de este trabajo, pero supone un caso de interés para seguir observando.

los "animales políticos" no fue porque estas piezas nos parezcan necesariamente las más importantes (aunque la publicación de Milei del 25 de octubre haya marcado un hito de su carrera política, que es su alianza con Patricia Bullrich, y es todavía hoy muy recordada y analizada) sino porque en estas variaciones se puede señalar lo siguiente:

- *En el nivel de la consigna participativa,* la participación aquí indagada, en sus varias etapas, muestra un desarrollo de su estadio inicial en el que retoma la polaridad *león/ratas* para pasar, en las etapas siguientes, a la inclusión de otros actores y a su traducción risible en otros animales y objetos.
- *En el nivel de la propuesta reidera,* como hemos visto, se dio un reacomodamiento en el que la sátira política del contradestinatario pasa a un segundo lugar (el punto de apoyo) con respecto a la inclusión de la ocurrencia cómica, operación similar a la de la imagen 4 de la llamada Operación Cocker.
- Por último, *en el nivel de los colectivos,* este desarrollo de la consigna y reacomodamiento en la propuesta tiende justamente a la ampliación del colectivo de identificación, captando nuevos prodestinatarios.

Así, *desarrollo de la consigna participativa, reacomodamiento de la propuesta reidera* y *ampliación del colectivo* parecen tres labores estratégicas de la participación políticamente orientada en la discusión digital.

9. 2024: el reinado del León

Hay que resaltar que solamente en la campaña de cara al balotaje, que se jugó en la capacidad de ambos competidores para persuadir a otros colectivos partidarios, se dio este giro descrito en el apartado anterior. Una vez terminada la elección, la consigna de los animales políticos abandonó la lógica amistosa del balotaje para retomar el esquema binario original de amigos/enemigos, y así reafirmar la identidad del mileísmo en el poder. Otros colectivos partidarios volvieron a ser invisibilizados. Si en la campaña la consigna de los animales políticos sirvió como un dispositivo de acercamiento a otros sectores de la oposición al peronismo, tras la victoria su función se transformó: en lugar de integrar, debía reafirmar la confrontación contra la nueva oposición (el kirchnerismo, sí, pero también gobernadores, legisladores de otros espacios políticos, periodistas y críticos de las medidas del nuevo gobierno), posicionar a Milei como el líder de una cruzada contra el *statu quo*, ahora desde la cabeza del Estado.

En esta etapa, la representación visual del mileísmo en los memes adopta un esquema de tres actantes bien definidos: *el héroe*, encarnado por Milei como león, a veces con la banda y el bastón de presidente, otras veces en una escala gigantesca que lo separa de la ciudadanía común; *el adversario*, que ya no es solo el kirchnerismo, sino también organismos estatales como el INADI (imagen 15), figuras mediáticas opositoras y símbolos de la izquierda tradicional, como la bandera de la extinta URSS (imagen 16, con motivo de su primer discurso ante el Foro Económico de Davos, que para Milei representa al "socialismo"); y *el pueblo*, representado por masas de ciudadanos con banderas argentinas (imagen 14).

Aquí lo reidero se desdibuja y las piezas adquieren un carácter más bien serio, que incluso linda con lo solemne. Como veremos más adelante, esto no le impide a la consigna volver a la comedia degradante después (imágenes 17 y 18). En todo caso, la metáfora del león, ya establecida como parte del verosímil de la comunicación presidencial, permite suspensiones momentáneas del registro reidero, aunque no necesariamente del carácter adversativo. El desplazamiento indicado en el párrafo anterior muestra un cambio estructural en la puesta en relato a través de estas imágenes: ya no se trata de una lucha entre facciones partidarias, sino de un relato de confrontación entre el gobierno libertario y el aparato estatal, presentado como una estructura burocrática e ideologizada que obstaculiza la transformación del país. La continuidad de la consigna durante el primer año de gobierno, con Milei compartiendo muchas de estas imágenes, muestra que esta sigue operando como herramienta clave para movilizar a su base y reforzar su narrativa de liderazgo, más allá de lo reidero, que supo ocupar lugares centrales en tramos anteriores. Así como se observó un desplazamiento de la burla degradante a la representación cómica, aquí se verifica otro, de lo reidero a lo serio. Ambos son parte de una estrategia discursiva que responde a momentos específicos del ciclo político. Durante la campaña, el uso de imágenes amigables, como la del león y el pato, buscaba ampliar la coalición opositora y sumar votantes indecisos o provenientes de Juntos por el Cambio. Sin embargo, una vez en el poder, esta estrategia cede espacio a la enunciación más solemne que busca reforzar la identidad del colectivo libertario y conservar, mediante la insistente adversatividad, la polarización contra nuevos enemigos. El cambio de tono no responde a una mera evolución espontánea del discurso digital, sino a una táctica deliberada: primero atraer, luego consolidar. Este patrón también puede observarse en otras estrategias comunicacionales de líderes populistas que alternan entre gestos conciliadores y ataques virulentos según la etapa del proceso político en la que se encuentren.

Imagen 14. Publicación de la cuenta de Instagram de Javier Milei del 1.° de febrero de 2024 con motivo del envío al Congreso de su llamado Proyecto de Ley de Bases y Puntos de Partida para la Libertad de los Argentinos. 560.275 *likes*. Fuente: Instagram.

Imagen 15. Publicación de la cuenta de Instagram de Javier Milei del 22 de febrero de 2024 con motivo de la disolución del Instituto Nacional contra la Discriminación, la Xenofobia y el Racismo (INADI). 297.870 *likes*. Fuente: Instagram.

Imagen 16. Publicación de la cuenta de Instagram de Javier Milei del 18 de enero de 2024 donde el león destroza el emblema de la Unión Soviética en reminiscencia a la caída del Muro de Berlín. Fue publicada luego de su discurso ante el Foro Económico de Davos. El encuadre libertario de este evento fue el de un enfrentamiento de Milei con el socialismo mundial y tuvo la celebración y apoyo de referentes de la derecha norteamericana, como Elon Musk (Canedo, 2024a). 504.983 *likes*. Fuente: Instagram.

Con Milei presidente, sus opositores pasarían a ser representados no solo como ratas, sino también como mandriles, una denominación peyorativa que empezó a emplear para referirse a quienes pronosticaban el fracaso de sus políticas económicas ante indicadores positivos, como la baja de la inflación o de la brecha cambiaria. Esta imagen tiene una connotación sexual, ya que propone al mandril (conocido por su trasero rojizo) como metáfora risible de una persona sodomizada, en resonancia con una figura común en las expresiones populares y las canciones de cancha: la de "romperle el culo" (ganar, someter, doblegar) a un rival. Una *storie* de su cuenta de Instagram, de noviembre de 2024 (imagen 17), hacia el final de su primer año de mandato, muestra a un león con campera de cuero (como la que el propio Milei usa) que le ofrece un tarro de vaselina (lubricante) a un grupo de mandriles, lo cual explicita aún más la referencia a la penetración anal del chiste. Allí la cuenta de

Milei etiquetó a la agrupación Juventud Libertaria, presumiblemente la que realizó la publicación original.[18] Se trata, como ha hecho tantas veces, de una publicación de sus seguidores, que él comparte como exhibición de apoyo y celebración de su figura, como parece ocurrir también con la pieza alusiva al cierre del INADI, que lleva la marca "No la ven",[19] posiblemente una cuenta de apoyo.

Imagen 17. Captura de *TUGO News* (una cuenta crítica) de una *storie* de Instagram de Javier Milei en la que comparte la imagen del león dándole vaselina a los mandriles. 18 de noviembre de 2024. Fuente: Twitter/X.

---

18 No se encuentra, en el momento de escribir el artículo, el usuario etiquetado en la pieza. Existen muchas cuentas en Instagram atribuidas a esa agrupación.

19 Latiguillo con el que el presidente, sus funcionarios y aprobadores ridiculizan a las voces críticas.

Imagen 18. Publicación del 1.° de noviembre de 2024 de la cuenta de Instagram de Javier Milei en la que el león "saca a pasear" (expresión que se usa para sugerir que alguien vence argumentativamente a su interlocutor) a unos mandriles. 155.603 *likes*. Fuente: Instagram.

Debe notarse, a pesar de la popularidad de estas piezas, que el número de interacciones positivas tiende a ser menor cuando adquieren una tonalidad marcadamente descalificante o agresiva, ya sea con organismos como el INADI como con los críticos locales. Las imágenes 15 y 18, por ejemplo, muestran una menor cantidad de *likes* que la 14 (donde no hay un contradestinatario explícito) o la 16, en la que confronta con el "socialismo" (aunque es posible que esta publicación, como muchas otras durante la celebración del Foro Económico de Davos, haya traccionado una participación excepcional y momentánea de usuarios internacionales). Estos datos -aunque incompletos- acompañan las consideraciones anteriores sobre los niveles mayores de alcance en publicaciones que no son tan marcadamente adversativas, más bien celebratorias.

Conclusión apta para mandriles

En este trabajo exploramos, a partir de un caso específico, la interacción entre los colectivos de identificación política, las consignas de participación memética y las propuestas reideras. Nos centramos en la consigna de los animales políticos, una de las más prolíficas dentro del mileísmo, en la que participaron tanto usuarios con pocos seguidores como figuras influyentes del ecosistema digital, incluyendo al propio Javier Milei, primero como candidato y luego como presidente. A lo largo del análisis, observamos cómo esta consigna evolucionó y se reconfiguró en función de las distintas etapas del proceso electoral, adoptando variaciones estratégicas en su carga risible. Aunque no puede atribuirse a una intencionalidad única ni centralizada, su desarrollo demuestra un enfoque a todas luces estratégico.

Si bien la publicación de Milei del 25 de octubre de 2023 fue el punto de inflexión que llevó esta consigna al centro del debate público, rastreamos sus antecedentes en la denominada Operación Cocker durante la elección legislativa de 2021 (Ruocco, 2022) y en una serie de publicaciones previas que ya perfilaban su estructura discursiva. En el periodo inmediatamente anterior al *tweet* de Milei, identificamos varias etapas en las que la consigna ganó visibilidad, amplió su alcance y reconfiguró su propuesta reidera. En este proceso, la sátira al contradestinatario, centrada en la degradación del oponente (el kirchnerismo), dio paso a una estrategia basada en la representación cómica de otros actores políticos, por fuera de ese antagonismo nodal, que eran representados mediante figuras animales y objetos asociados de manera risible a su identidad pública. Esta transformación permitió una mayor inclusión de colectivos partidarios alternativos, e incorporó algunos de sus emblemas y símbolos al repertorio visual de la consigna.

Denominamos representación cómica a esta modalidad de lo risible que, sin ser necesariamente degradante ni aduladora, apela a la ocurrencia en la forma de representar a una figura pública. En este caso, la clave estuvo en la asociación de líderes políticos con animales o símbolos que mantenían cierta plausibilidad dentro del imaginario colectivo. Esta incorporación no solo aportó novedad a la consigna participativa, sino que también facilitó el reacomodamiento de la propuesta reidera y permitió la ampliación del colectivo de identificación, de modo que logró un impacto estratégico en la construcción de una comunidad de apoyo, es decir, nuevos prodestinatarios.

Finalizada la elección, la consigna experimentó un nuevo giro: regresó a su esquema original de confrontación binaria, con el héroe-león enfrentando a distintos adversarios. En esta nueva etapa, los oponentes no solo eran figuras políticas específicas, sino también instituciones gubernamentales, emblemas de la izquierda y voces críticas de su gestión. A este esquema se sumó un tercer actante: el pueblo, que, aunque ya aparecía en etapas previas, en esta última adquirió mayor protagonismo. Esto quizás se deba a que, como sugieren las métricas de interacción, el público general muestra una mayor receptividad hacia las piezas menos centradas en la descalificación agresiva, lo que refuerza la hipótesis de que las propuestas reideras cercanas a la situación cómica o a la representación cómica tienen una capacidad más inclusiva. El clima de festividad y camaradería de estas nuevas versiones del meme deja de lado las alteridades partidarias: es el de una relación bilateral entre el león y el pueblo. No obstante, como hemos observado, estas estrategias se entrelazan con la sátira y la burla degradante de manera colaborativa y estratégica, en función de las necesidades coyunturales que el colectivo político sabe interpretar y capitalizar; entre ellas, la de mantener visible y bien caracterizado al adversario: ya sean ratas o mandriles.

La consigna de los animales políticos, sus variaciones y desarrollo muestran que estas nuevas formas de discursividad política hipermediática son más efectivas en tanto que pueden modularse estratégicamente para distintos contextos y escenarios. Esto, desde luego, es imposible sin la participación activa y constante del colectivo. En definitiva, son los usuarios los aliados fundamentales y duraderos de estos nuevos líderes leoninos. Los patos y los gatos, en cambio, van y vienen.

Bibliografía

Canedo, N. (2023). El humor hipermediático: Una nueva era en la mediatización reidera, de Damián Fraticelli. *Signo y Seña,* (44). http://revistascientificas.filo.uba.ar/index.php/sys/article/view/14708.

Canedo, N. (2023). Empezó la Guerra de los Memes. *elDiarioAR,* 9 de septiembre. https://www.eldiarioar.com/politica/elecciones-2023/empezo-guerra-memes_1_10496561.html.

Canedo, N. (2023). Aluvión zoológico: de la beligerancia a los leones y gatitos en efervescencia mimosa. *elDiarioAR,* 28 de octubre. https://tinyurl.com/5c4nxt3d.

Canedo, N. (2023). Comer polenta y cagar en un balde: Milei se sube a la tradición de memes antiperonistas. *elDiarioAR,* 4 de noviembre. https://tinyurl.com/2jnyjf2b.

Canedo, N. (2024). Memes y fan art políticos: Imágenes en la conversación electoral argentina de 2023. *InMediaciones de la Comunicación,* 19 (2). https://tinyurl.com/38hhkz4c.

Canedo, N. (2024). Porno y videojuegos en Davos: los memes "viralizantes" que celebraron el discurso del Presidente. *elDiarioAR,* 20 de enero. https://tinyurl.com/2yhfpbtn.

Canedo, N., Urbanitsch, V. y Sierra, D. (2019). Llorando en el Colón. Retomas discursivas del g-20 en los Internet memes. Actas del 14° Congreso Mundial de Semiótica, International Association for Semiotic Studies. Ciudad Autónoma de Buenos Aires: Asociación Argentina de Semiótica y Universidad Nacional de las Artes.

Canedo, N. y Urbanitsch, V. (2024). Desde y hacia la política. Los memes de Internet en la nueva circulación de sentido sobre lo público. Del Coto, M. R. *Medios y retomas III. Reescrituras en tiempos de convergencia* (pp.77-103). Buenos Aires: Biblos.

Carlón, M. (2020). *Circulación del sentido y construcción de colectivos en una sociedad hipermediatizada*. San Luis: Nueva Editorial Universitaria.

Da Empoli, G. (2024). *Los ingenieros del caos*. Buenos Aires: Oberón.

Fernández, J. L. (2021). *Vidas mediáticas. Entre lo masivo y lo individual*. Buenos Aires: La Crujía.

Fraticelli, D. (2019). Los colectivos mediáticos de las redes. Algunas observaciones desde el humor ¿y más allá? *InMediaciones de la Comunicación*, 14 (1), 47-63. https://tinyurl.com/w3hxbc7z.

Fraticelli, D. (2023). *El Humor Hipermediático. Una nueva era en la mediatización reidera*. Buenos Aires: Teseo.

Milner, R. (2016). *The World Made Meme: Public Conversations and Participatory*. Media. Cambridge: The MIT Press.

Montero, S. (2025). *Avatares en el poder. Claves del discurso político en redes*. Buenos Aires: UNSAM.

Nagle, A. (2017). *Kill All Normies. The online culture wars from Tumblr and 4chan to the alt-right and Trump*. Alresford: Zero Books.

Ruocco, J. (2022) La anomalía Milei. cuatroveintiuno.com. 13 de abril. https://www.cuatroveintiuno.com/la-anomalia-milei/.

Ruocco, J. (2023). *¿La democracia en peligro? Cómo los memes y otros discursos marginales de Internet se apropiaron del debate público*. Buenos Aires: Paidós.

Verón, E. (1987). La palabra adversativa. En AA.VV. *El discurso político. Lenguajes y acontecimientos* (pp. 12-26). Buenos Aires: Hachette.

Construyendo una identidad colectiva

Un análisis de memes difundidos por la comunidad incel

Andrea Failla y Lucía Eugenia Villalba Cabreira

El proceso de socialización es el resultado de la interacción de factores individuales, grupales y sociales. Si bien numerosos autores sostienen que la familia constituye uno de los principales agentes en este proceso, la realidad es que hay muchos más, como el grupo de pares, la escuela y los medios de comunicación (Simkin y Becerra, 2013). En la actualidad, las redes sociales mediáticas son señaladas como un ámbito de socialización fundamental, sobre todo con relación a los nativos digitales (Acuña, 2011). Estos espacios permiten una interacción más inmediata y, al brindar la posibilidad de interactuar de manera anónima, facilitan la formación de comunidades y grupos. Sin embargo, en estos últimos tiempos se ha constatado que estos atributos han posibilitado la difusión de expresiones de odio de manera única y distinta (Giorgi y Kiffer, 2020). En este sentido, la cibersociedad no se articula como elemento anexo a la sociedad, sino que forma parte del *continuum* de las relaciones sociales en constante evolución (Machado, 2017).

Es por esta razón que este artículo busca aproximarse a los *incels* (*involuntary celibates*, traducido al español como célibes involuntarios), una comunidad virtual de hombres heterosexuales unidos por la creencia de que nunca conseguirán tener relaciones sexuales; ya sea por razones sexuales o biológicas, se sienten desplazados del mercado sexual. Este análisis se realizará a través de la forma en la que los *incels* emplean el humor. Como expone Burkart (2018), la experiencia de lo cómico se encuentra en todas las culturas porque es central y necesaria para el sostenimiento de la vida social. El humor es, además de una fuente de entretenimiento, una manera para percibir y acceder al conocimiento. Si, según Berger (1999), el humor puede poner en entredicho la realidad de la vida cotidiana, analizar de qué manera lo emplea una comunidad en particular puede ser revelador para acceder a su ideología.[1]

En específico, vamos a analizar memes producidos y difundidos por la comunidad *incel*. Este término se utiliza para referirse a un fragmento de cultura, generalmente un chiste, que va adquiriendo influencia a medida que se va transmitiendo en línea (Davison, 2009). Esta transmisión puede ser realizada usando diversas manifestaciones culturales, como música, tendencias de moda, frases o, es el caso de los ejemplos que tomaremos, imágenes. Cuando un meme es replicado puede sufrir alteraciones en su forma original, sin embargo, mantiene su esencia de manera que el referente sigue siendo reconocible. En este sentido, tienen un componente colaborativo en su creación, difusión y replicación (Rolán y Otero, 2017). Son una forma de participación y expresión de las comunidades que socializan de manera virtual, cuya expresión propicia el factor contagio por su carácter llamativo, satírico, humorístico o universal.

Los memes son mutaciones culturales, y por ende deben ser considerados a la hora de entender cómo y por qué las ideas y las sociedades cambian. Estos se han convertido en una herramienta de debate para todo tipo de temáticas, al punto que, en algunos casos, una vez ampliamente difundidos, generan reacciones ciudadanas con implicaciones

---

1 Las ideologías son principalmente algún tipo de ideas, es decir, son sistemas de creencias. Pueden ser desarrolladas gradualmente por los miembros de un grupo, por lo cual también se desintegran gradualmente; por ejemplo, cuando algunos miembros ya no creen en una causa y la abandonan (Van Dijk, 2005).

políticas (Cardoso y Atwell, 2011; Yoon, 2008; Carrasco y Sarmiento, 2020).

A su vez, como demostró Malosetti Costa (2002) en sus estudios sobre humor y política, las caricaturas refuerzan creencias preexistentes más que incitar a la violencia. Esta dinámica se puede aplicar a los memes que comparten los *incels* en redes sociales, su objetivo es construir sentido que fortalezca la identidad grupal, no cuestionarla o criticarla.

Considerando que a través de lo cómico se refuerzan estigmas, prejuicios y el orden social establecido, resulta central estudiar cómo los memes intervienen en la construcción de sentido para los grupos. Sobre todo, a través de las imágenes que difunden, ya que incluso las caricaturas más feroces no tienen como objetivo principal atacar o provocar violencia sino más bien cohesionar y tranquilizar a quienes ya están convencidos de algo, estableciendo conexiones entre lo familiar y no familiar (Malosetti Costa, 2002).

¿Cómo funciona la sociedad?

El primer eje de este análisis está enfocado en cómo la comunidad *incel* percibe a la sociedad. Para empezar, es importante destacar que este grupo pertenece a lo que en los últimos años se empezó a llamar desde las ciencias sociales, y por parte de las mismas comunidades virtuales, la *manosfera*. Este término engloba a todos los grupos y comunidades que tienen como preocupación principal los problemas de los hombres en defensa de la masculinidad hegemónica (Vargas, 2021). Los memes son uno de los medios de intercomunicación más frecuentes entre quienes la integran, y así se convierten en un lenguaje preponderante para expresar los sentimientos de celibato por parte de los *incels* (Aulia y Rosida, 2022).

Según la ideología grupal de los *incels*, los miembros de la sociedad están estratificados según su aspecto y posibilidad de acceso a relaciones sexuales. En el lugar privilegiado de la estructura masculina se encuentran los que ellos llaman "Chads", hombres comúnmente blancos que cumplen y exceden los estándares de belleza de la sociedad actual, gracias a lo cual pueden tener relaciones con quien deseen. En un peldaño más abajo se encuentran los "normies" (normales) o "Brads", que serían hombres de una belleza promedio, con quienes podría conformarse una mujer después de no conseguir tener relaciones con un *Chad*. Por último, están los *incels*, a quienes las mujeres nunca elegirían (Incels Wiki, 2022; Vargas, 2021).

Las mujeres que cumplen con los mismos criterios que los *Chads* son clasificadas como "Stacys", mujeres de una belleza extraordinaria que únicamente estarían con un *Chad*. A ellas les siguen las "Beckys", mujeres de belleza promedio que aspiran a salir con un *Chad*, pero en todo caso se conformarían con un *Brad*. No hay un término para las mujeres vírgenes porque el grupo no considera que esta sea una característica de carácter involuntario para este género, o un aspecto que las posicione en un rango inferior en la estructura social jerárquica (Failla, 2022).

En los memes que se irán mostrando en este apartado se puede apreciar esta catalogación de las personas de la sociedad. Es interesante la elección de caricaturas para ilustrar esta información. Los caricaturistas juegan con las metáforas, y producen metáforas visuales a partir de imágenes reconocidas y reconocibles para opinar, para provocar la risa a partir de un pacto con sus lectores/espectadores (Malosetti Costa, 2002). Esto es muy común en los memes de la comunidad *incel*, emplean ciertas caricaturas recurrentes en específico para enfatizar su mensaje.

Uno de los principales aspectos por el cual los *incels* se sienten menospreciados es por su apariencia física. Este es uno de los ejes más remarcados en su identidad grupal. Este sentimiento es extendido a toda la comunidad. Se considera que sus miembros no poseen la belleza suficiente para ser aceptados en la sociedad como pretendientes válidos.

Las mujeres serían una de las principales culpables de este hecho (desarrollaremos esta cuestión más adelante).

En la imagen 1 podemos ver cómo la estatura es una de las cuestiones clave que se tienen en cuenta para establecer los parámetros de belleza según la comunidad *incel*. Las primeras dos viñetas ilustran que las mujeres son capaces de ser consideradas atractivas tengan la estatura que tengan, no tienen limitaciones biológicas como los hombres. Esto se le atribuye al feminismo: según el pensamiento *incel*, la liberalización de las costumbres sexuales de los años sesenta expulsó a los hombres con menos belleza del mercado sexual, y creó una mayor competencia entre las mujeres por el resto de los hombres. Siguiendo una lógica mercantilista, se postula que el sexo es hoy en día más accesible y, a su vez, más restringido que nunca.

En resumen, hay un mercado sexual en el cual una minoría de hombres y la mayoría de las mujeres experimentan una gran acumulación de oferta y demanda de relaciones sexuales, mientras que el resto queda forzosamente expulsado del sistema (Houellebecq, 1999). Los estándares se basan en tres cuestiones clave: apariencia, dinero y estatus. Esto implica que las mujeres reciben atención, tengan la apariencia que tengan, mientras que los hombres no poseen los mismos privilegios. En la tercera viñeta un hombre alto recibe elogios por su altura, mientras que en la última aparece un hombre de baja estatura que provoca disgusto. Esto es reflejado en expresiones como "*yikes*", y que los otros personajes le exijan que tenga confianza o personalidad. Asimismo, es interesante que el hombre de menor estatura es representado con una figura que se asemeja a un *espectro*, una caricatura recurrente en memes para ilustrar tristeza o malestar.

Imagen 1

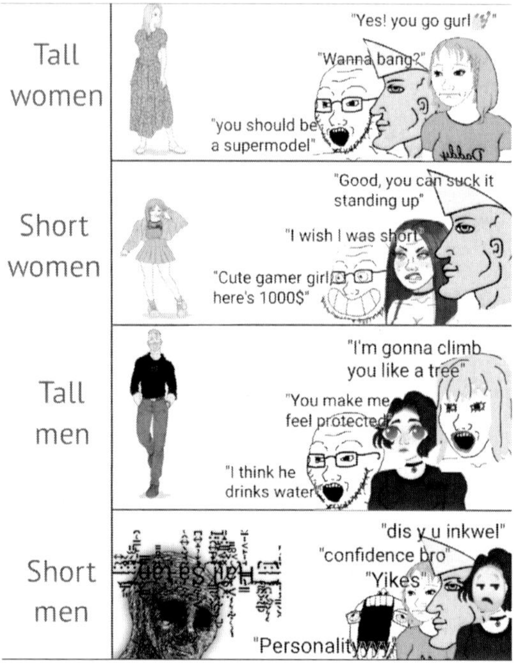

Fuente: Incels.is (6 de abril de 2023).

La imagen 2 termina de sedimentar estas ideas, mostrando cómo lo único que necesita un hombre para ser digno de ser amado o deseado es ajustarse a los parámetros de un arquetipo de apariencia física. Esto sugiere que la personalidad no juega un rol igualmente importante a la hora de configurarse como un sujeto deseable para una mujer. En la primera viñeta un *incel* le pide a un genio ser digno de ser amado, y le modifica el aspecto físico; su personalidad sigue siendo la misma, porque no era la que lo mantenía por fuera del mercado sexual.

Imagen 2

Fuente: Incels.is (11 de abril de 2023).

Dentro del grupo *incel* existen aquellos catalogados como "gymcel". Estos son aquellos miembros que intentan subir en la escala social o salir de su condición de *incel* yendo al gimnasio. Según Incels Wiki (2024c), ellos pretenden compensar su rostro poco atractivo con un cuerpo musculoso.

Imagen 3

Fuente: Incels.is (2024c).

En este meme encontramos una burla clara hacia aquellos que creen que pueden tener relaciones con mujeres a pesar de los límites biológicos que los definen como parte de la comunidad *incel*. Podemos observar cómo, a través del humor, se disciplina a los propios miembros del grupo, reforzando la creencia clave que define a la comunidad: el atractivo natural de un varón determina su acceso al mercado sexual.

Si ponemos el foco a los comentarios realizados a la publicación en el foro que contiene el meme encontramos que algunos individuos ni siquiera consideran que la persona que se encuentra a la derecha de la imagen sea un "gymcel"; opinan que ser petiso, estar en sus 40 y ser pelado es igual a una sentencia de muerte, y es una falta de respeto que pretenda ser parte de la categoría para los "verdaderos *gymcel*". Otro afirma que el gimnasio es solo para aquellos que ya son chicos lindos. Por último, nos gustaría cerrar esta sección con el siguiente comentario que reafirma aquello expresado a través del humor por quien publicó el meme: "Esa forma craneal, esos ojos beta medio muertos y esa barba pelirroja... ese hombre está tan acabado".[2]

¿Cuál es el rol de las mujeres?

Un segundo eje para analizar es cómo los memes de la comunidad *incel* cristalizan la mirada misógina que comparten como grupo. Lo explicado en el anterior apartado lleva a que los *incels* asuman a las mujeres como opresoras que no les permiten acceder a un derecho básico de todo hombre: las relaciones sexuales, excluyéndolos del mercado sexual (Failla, 2022).

En líneas generales, y sosteniendo una mirada binaria y heteronormada, los *incels* plantean que las mujeres tienen mayor poder para elegir con quién quieren tener relaciones sexuales, sobre todo tras los avances del feminismo. Pero ellas solo elegirían a quienes consideran con mejor estatus, dejando sin posibilidades a los hombres que no son *Chads* o *Brads*. A su vez, como se ve en la imagen 4, las mujeres tenderían siempre a priorizar estar en pareja con hombres blancos debido a que tienen mayor estatus de belleza.

2 Traducción propia.

Imagen 4

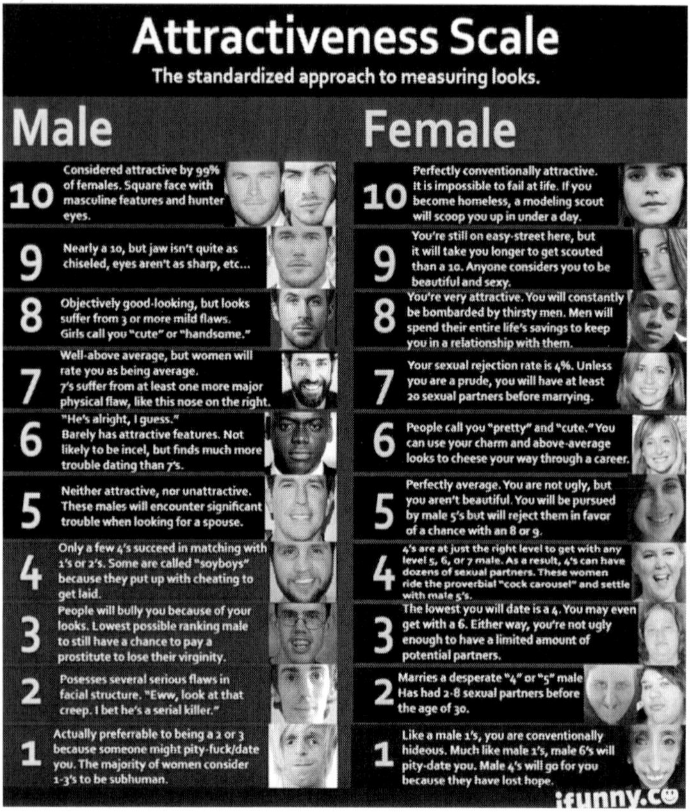

Fuente: iFunny.

El odio a las mujeres es un pilar para gran parte de la comunidad. Debido a este sentimiento, la forma más común de denominar a las mujeres dentro de la comunidad *incel* es "Foids" o "Femoids", que son distintas formas de combinar las palabras en inglés *female* (mujer) y *android* (androide), para sacarles parte de su condición de humanidad (Failla, 2022; Incels Wiki, 2022a). Los memes sobre mujeres no solo hacen referencia a la supuesta opresión femenina por sobre los hombres, sino que además apuntan a esta falta de humanidad.

Imagen 5

Fuente: iFunny (11 de julio de 2020).

La imagen 5 muestra cómo a través del humor y el sarcasmo se describen y reproducen estereotipos femeninos negativos que refuerzan la narrativa misógina de las mujeres que sostienen como grupo. Además, al clasificar despectivamente a veinte categorías de mujeres, ridiculizan las experiencias de todo un género y validan una mirada degradante sobre ellas. Algunos de los adjetivos utilizados para describirlas que podemos extrapolar son: frías, miserables, superficiales, resentidas, obsesivas, problemáticas, entre otros.

En la comunidad *incel* existe un profundo desprecio hacia el feminismo (Aulia y Rosida, 2022), fundamentado por la idea de que las feministas aseguran que los hombres tienen mayor poder social y opciones reproductivas, por lo que se les debe dar igualdad. Esta igualdad significa para los *incels* mayor poder y elección en manos de las mujeres, por lo que promovería activamente la desechabilidad masculina en la vida social. Entonces, a su entender, en la base del movimiento feminista se encuentra la evasión de responsabilidad colectiva de la distribución de afecto hacia los hombres por parte de las mujeres (Failla, 2022; Incels Wiki, 2022b).

Imagen 6

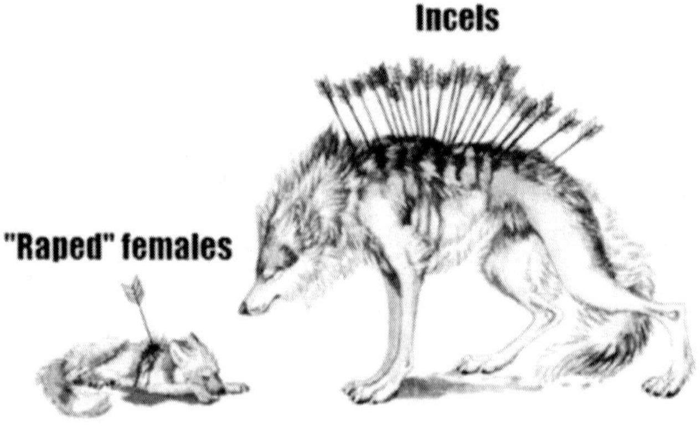

Fuente: Incel.is (2024b).

La imagen 6 representa la diferencia entre el sufrimiento de mujeres que han sido violadas y el que padecen aquellos que pertenecen a la comunidad *incel*. Este meme es publicado en el foro Incels.is con la siguiente bajada:

> Esto hizo estallar de rabia a IT[3] en su momento pero es verdad, conozco mujeres que fueron violadas que están completamente bien y tienen buenas vidas incluso luego de esto mientras el sufrimiento de los incels es de por vida, y ellos sufren sin la compasión de aquellos que los rodean.

Este meme afirma que los *incels* sufren en mayor proporción que una mujer que ha sido violada. Teniendo en cuenta que el humor y los memes proporcionan un marco para la reafirmación de su identidad colectiva, es relevante detenerse en los comentarios que recibe la publicación. Mostrando también la misoginia que se expresa muchas veces por miembros más radicalizados y la desestimación del sufrimiento de las mujeres, los comentarios aseguran que las "Foids disfrutan la violación, literalmente no hay sufrimiento" y "ellas tienen orgasmos por 'violación' también".[4]

Cabe aclarar que este meme es publicado en la sección "Blackpill" del foro, un subgrupo dentro de la comunidad que sostiene que quienes están en el nivel más bajo de la jerarquía social, debido a su aspecto y estatus, jamás podrán tener éxito en el mercado sexual. Por eso plantean que no hay soluciones individuales para el celibato, solo sistémicas, ya que las mujeres eligen a sus parejas por su físico. Esto dejaría a los *incels*, considerados "hombres genéticamente inferiores", permanentemente sin acceso al mercado sexual. Basan sus ideas en teorías evolutivas del comportamiento social y sexual, y encuentran una forma de "emancipación" al aceptar su posición de oprimidos y

---

3 Las siglas IT usadas en el comentario podrían referir a la abreviación del nombre del foro de Reddit /r/inceltears, que es descripto en la Wikipedia Incel como un movimiento neoliberal, anti-*incel* y lleno de odio en Reddit, dedicado a la incelofobia (traducción propia). No obstante, no se puede conocer con certeza la intención original del autor del comentario.

4 Traducción propia.

dejar de intentar acceder a dicho mercado (Failla, 2022; Incels Wiki 2022e).

La identidad *incel*

Por último, resulta importante detenerse en el humor que los miembros de la comunidad *incel* hacen sobre ellos mismos. Entendemos, al igual que Del Prete y Redon Pantoja (2020), que el uso del espacio virtual es un "acto experiencial, donde el sujeto habita, se autodefine, se relaciona, llega a ser una o más identidades que habitan la red" (p. 2). El uso de memes en internet facilita la expresión y comunicación comunitaria, permite a los usuarios identificarse con una cultura o experiencia compartida y fortalecer la cohesión grupal a través del humor.

Imagen 7

Fuente: Incels Wiki (8 de julio de 2022).

La imagen 7 representa el síndrome de *acostarse y pudrirse* (el cual se menciona sobre todo usando el acrónimo "LDAR", del inglés: "*lay down and rot*"), un estado emocional o mental que se manifiesta cuando una persona considera que ya no tiene sentido buscar el éxito o alcanzar sus logros. En la última viñeta se ilustran sus consecuencias: un estado de apatía, desesperanza o resignación. Vemos a un individuo encerrado en su casa rodeado de cajas de pizza; se siente derrotado y cree que no hay esperanza de cambiar su situación o mejorar su vida amorosa o social, por lo cual elige no salir de su hogar.

Dentro de la comunidad *incel* se menciona el LDAR como un estado del ser que sucede cuando alguien dentro del espectro *inceldom*[5] llega a la conclusión de que sus rasgos socioeconómicos o físicos/fisiológicos son inmutables, y que los hombres que tienen un éxito social moderado no reciben muchas veces una recompensa sexual adecuada (Incels Wiki, 2022d). Es interesante cómo el humor en este caso surge como una manera de representar los efectos psicológicos de las creencias del grupo, sobre todo el malestar que les provoca. Otra vez aparece el rechazo sexual hacia los *incels* como núcleo central del problema. En este caso, se señala que es una forma de ostracismo que los lleva a estados de sufrimiento extremos.

Sin embargo, no todos los adultos masculinos que no son sexualmente activos son considerados *incels*. En la imagen 8, los *incels* distinguen cinco arquetipos de vírgenes: el Negador, el "¿Por Qué A Mí?", el de los *Mommy Issues*,[6] el Romeo y, por último, el Farsante.

---

5 *Inceldom* hace referencia a una subescala entre las personas que se encuentran en los tres deciles más bajos de la escala de atractivo, que puede catalogar distintos grados de la clasificación del *incel*. Podemos encontrar en el decil 3 a los *incelish, semicel, failed normie*; en el decil 2, *incel*, y en el decil 1, el *truecel*. Este es el decil más bajo teniendo en cuenta el valor de los hombres dentro del mercado sexual (Incel Wiki, 2022c; 2024a; 2024b).

6 Forma de referirse a quien tiene problemas o traumas relacionados con su madre.

Imagen 8

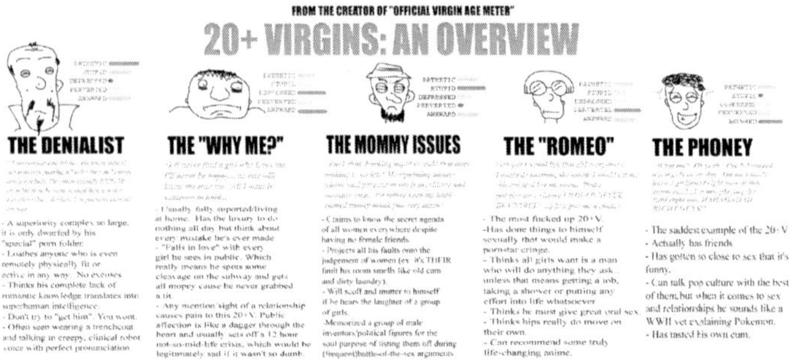

Fuente: Incels Wiki (9 de noviembre de 2021).

Es crucial destacar que este meme no representa a los *incels,* sino a los vírgenes. En la entrada "Virginidad" de Incels Wiki (2021) podemos ver que la comunidad diferencia explícitamente entre unos y otros, como se ve en el siguiente extracto:

> comparar *incels* con vírgenes y asumir que son lo mismo es equivalente a decir que un niño hambriento en una hambruna en Etiopía es lo mismo que un chico de clase media que está a dieta. Técnicamente están pasando por lo mismo (es decir, evitando la comida), pero aparte de eso, tienen poco en común.

Si se lo mira en contexto, es un claro intento de determinar un adentro y un afuera de la comunidad *incel.* Hay una variable clave que distingue a ambos grupos: la voluntad. Quien es *incel* es virgen aunque no quiera serlo, pero quien es simplemente virgen lo es por voluntad propia. A través del humor, los *incels* destacan una y otra vez que esta falta de voluntad es consecuencia de fenómenos incontrolables por ellos mismos, como lo es su propia biología (y, por ende, sobre todo, la apariencia física) y la opresión que sufren por parte de las mujeres, acrecentada por el feminismo.

Por estas razones, un eje importante de la identidad *incel* gira en torno al sufrimiento. La imagen 9 muestra de forma humorística una representación de la muerte de un *incel* y una mujer a la que este le ha disparado.[7] En la parte superior se muestra que, debido a todo el sufrimiento experimentado en su vida, el varón *incel* finalmente llega al cielo, donde Dios le asigna una *Stacy*, la primera de 71 más que le esperan. Mientras tanto, su víctima desciende al infierno, quizás por haberle causado sufrimiento a su asesino por ser mujer.

Imagen 9

Fuente: Incels.is (2024a).

[7] No es un dato menor que la ideología *incel* haya escalado recientemente a hechos violentos. Un ataque de febrero de 2020 en Toronto se convirtió en el primer caso de violencia en ser procesada como un acto de terrorismo *incel*.

Para analizar el humor empleado en este meme es interesante traer dos conceptos que Fabbri (2021) diferencia. Uno es el de masculinidad como dispositivo de poder orientado a la producción social de varones cis hetero como sujetos dominantes en las tramas de poder generizadas. El segundo es aquel que se refiere a la masculinidad arquetípica entendida como una serie de características y atributos que se le asignan a la masculinidad tradicional. En el contexto del grupo *incel*, a través del humor parecen negar y distanciarse de su implicación en las tramas de poder generizadas. Según Fabbri, las masculinidades que no se identifican con la masculinidad arquetípica tradicional tienen la capacidad de distanciarse estratégicamente de su papel como sujetos dominantes en las tramas de poder generizadas. Este distanciamiento les permite posicionarse como víctimas del feminismo, alegando que las mujeres reciben privilegios indebidos y minimizando las desigualdades de género.

Su configuración como víctimas de las mujeres y la sociedad en general es un punto central para el grupo (Failla, 2022). Los comentarios que acompañan el meme reflejan cómo la identidad grupal es validada y reforzada por la comunidad. En el foro alguien comenta "Real" y "Ojalá Dios fuera tan basado",[8] a lo que otro usuario responde "Él quiere que suframos".[9]

Conclusiones

Durante el recorrido realizado se muestra la importancia del humor para la consolidación de la identidad colectiva

8 El término "basado" suele usarse en el mundo *online*. Surgió en Estados Unidos, de la mano de distintos grupos de extrema derecha, para describir a una persona que da su opinión o postura sobre algún tema sin importar lo polémica que sea o lo mucho que rompa con cierta armonía establecida por el común de la gente.

9 Traducción propia.

de la comunidad *incel*, especialmente sintetizando sus ideas a través del recurso del meme. Esto es visible en cómo dicha comunidad no solo explica su ideología a través de los memes, sino que también la desarrolla colectivamente por ese medio. En este sentido es también muy importante su "Incel Wiki", una enciclopedia virtual escrita por miembros de la comunidad *incel* para explicar en sus propias palabras sus terminologías y memes más comunes.

Esta comunidad ha desarrollado en las últimas décadas una reclasificación del mundo (Failla, 2022), configurando una ideología característica propia. Postulan que son incapaces de acceder a tener relaciones sexuales por varias razones, entre ellas las que analizamos en este artículo: que tienen un bajo estatus en el mercado sexual debido a limitaciones biológicas, y que las mujeres los oprimen. Esto último sucedería por culpa del feminismo, que impulsa a las mujeres a estar en pareja solamente con hombres de alto estatus. En otras palabras, hay un mercado sexual en el cual una minoría de hombres y la mayoría de las mujeres experimentan una gran acumulación de oferta y demanda de relaciones sexuales, mientras que los *incels* son forzosamente expulsados del sistema.

Este sistema es a veces definido por la comunidad como *hipergamia*, el grado de libertad en la elección de pareja es alto y las mujeres buscan una pareja de mejor estatus que el propio, de modo que dejan fuera de juego a aquellos de baja jerarquía. Desde esta perspectiva, las mujeres se mercantilizan sexualmente, por lo que el sexo se convierte en un recurso en sí mismo al que los hombres pueden acceder a partir de privilegios biológicos y de la acumulación de bienes valiosos, entre los que se encuentra la fama. Entonces, el estatus dado por el aspecto y la capacidad económica permite cubrir el valor de cambio necesario para acceder a relaciones sexuales con las mujeres (Failla, 2022).

La mirada humorística de los *incels* sobre las mujeres se puede leer en particular como una crítica de un grupo oprimido hacia su opresor (según su visión), pero también es un síntoma de la misoginia que empapa a la comunidad en general. A través de los memes, los miembros de esta comunidad hacen humor no solo naturalizando su visión de la realidad, sino también haciéndola más llevadera. Esto se debe a que, según se señala en varias viñetas y publicaciones de su autoría, en un principio el *incel* reniega de su condición, pero a su pesar termina aceptándola porque ser parte de este grupo está fuera de su control. Construcciones como el "síndrome de acostarse y pudrirse" dan cuenta de la existencia de una sensación de impotencia dentro de la comunidad, consecuencia de lo rígida que es la teoría *incel* sobre quién tendrá o no tendrá la posibilidad de establecer un vínculo sexual o romántico en la sociedad.

Bibliografía

Acuña, B. P. (2011). La socialización a través de las redes. *Redmarka: revista académica de marketing aplicado*, (7), 3-24.

Aulia, M. P. y Rosida, I. (2022). The phenomenon of involuntary celibates (Incels) in internet meme culture: A reflection of masculine domination. *International Journal of Media and Information Literacy*, 7 (1), 4-17.

Berger, P. (1999). *Risa redentora. La dimensión cómica de la experiencia humana*. Barcelona: Kairós.

Burkart, M. (2018). Claire Bretécher en la *Revista Hum®* (1979-1984) (O Cómo hacer para que el humor gráfico argentino deje de ser una cuestión de hombres). Revista *Artemis*, vol. xxvi (1), 6-28.

Cardoso, G. C. y Atwell, J. W. (2011). Directional Cultural Change by Modification and Replacement. *Evolution*, 65, 295-300. doi:10.1111/j.1558-5646.2010.01102.

Carrasco Hermida, S. E. y Sarmiento Cedeño, G. A. (2020). Análisis de los memes en torno a la emergencia sanitaria por el COVID-19 y su efecto en la conversación de la ciudadanía Cuencana. Bachelor's thesis, Universidad del Azuay.

Davison, P. (2009). The Language of Internet Memes. *The Social Media Reader*, 120-35.

Del Prete, A. y Redon Pantoja, S. (2020). Las redes sociales on-line: Espacios de socialización y definición de identidad. *Psicoperspectivas*, 19 (1), 1-11. https://tinyurl.com/3ecxjnxy.

Fabbri, L. (2021). La masculinidad como proyecto político extractivista. Una propuesta de re-conceptualización. En Fabbri, L. (comp.), *La masculinidad incómoda*. Rosario: Editorial de la Universidad Nacional de Rosario/Homo Sapiens.

Failla, A. (2022). Incels: disputas sobre la opresión. *Revista Horizontes Sociológicos*, 13 (9), 49-68.

Gothard, K. C. (2020). Exploring Incel Language and Subreddit Activity on Reddit. UVM ScholarWorks. https://scholarworks.uvm.edu/hcoltheses/408/

Houellebecq, M. (1999). *Ampliación del campo de batalla*. Anagrama.

Incels Wiki (2021). Virginity. https://incels.wiki/w/Virginity.

Incels Wiki (2022a). Femoid. https://incels.wiki/w/Femoid.

Incels Wiki (2022b). Incel. https://incels.wiki/w/Incel.

Incels Wiki (2022c). Inceldom spectrum. https://incels.wiki/w/Inceldom_spectrum.

Incels Wiki (2022d). Lay Down and Rot. https://incels.wiki/w/Lay_down_and_rot.

Incel Wiki (2022e). Redpill. https://incels.wiki/w/Redpill.

Incels Wiki (2024a). Decile. https://incels.wiki/w/Decile.

Incels Wiki (2024b). Truecel. https://incels.wiki/w/Truecel.

Incels Wiki (2024c). Gymcel. https://incels.wiki/w/Gymcel.

Incels.is – Involuntary Celibate Forum (2024a). An old meme I found when browsing. https://incels.is/threads/an-old-meme-i-found-when-browsing-here.654029/.

Incels.is – Involuntary Celibate Forum (2024b). Old but gold incel meme. https://incels.is/threads/old-but-gold-incel-meme.649418/.

Incels.is – Involuntary Celibate Forum (2024c). I created meme about gymcel. https://incels.is/threads/i-created-meme-about-gymcel.626568/.

Machado, E. S. (2017). Ciberfeminismo: disidencias corporales y género itinerante. *Revell-Revista de Estudos Literários da UEMS*, 3 (17), 47-75.

Malosetti Costa, L. (2002). Don Quijote en Buenos Aires. Migraciones del humor y la política. *V Jornadas de Estudios e Investigaciones del Instituto de Teoría e Historia del Arte "Julio E. Payró"*, Facultad de Filosofía y Letras, UBA, Buenos Aires.

Rolán, X. M. y Otero, T. P. (2017). El uso de los memes en la conversación política 2.0, una aproximación a una movilización efímera. *Prisma Social*, (18), 55-84.

Van Dijk, T. A. (2005). Ideología y análisis del discurso. *Utopía y praxis latinoamericana*, 10 (29), 9-36.

Vargas, M. J. (2021). "Chads, Normies, e Incels": La construcción de masculinidades mediante el lenguaje de la comunidad incel. Tesis de grado, Pontificia Universidad Javeriana, Facultad de Ciencias Sociales.

Young, O. (2019). *What Role Has Social Media Played in Violence Perpetrated by Incels?* Chapman University Digital Commons. https://tinyurl.com/485b8hka.

Yoon, S. (2008). Using memes and memetic processes to explain social and conceptual influences on student understanding about complex socio-scientific issues. *J. Res. Sci. Teach.*, 45, 900-921. doi: 10.1002/tea.20256.

El Humor Hipermediático en los procesos de identificación colectiva[1]

DAMIÁN FRATICELLI

1. Lo reidero[2] y los colectivos de identificación

Con este escrito nos proponemos hacer un aporte al conocimiento de los procesos de identificación colectiva hipermediatizados.[3] De ellos, nos enfocaremos en el conjunto

---

1 Las investigaciones que dieron origen a este escrito fueron realizadas en el marco del proyecto UBACyT "La mediatización en el entretejido de los vínculos sociales", dirigido por Mario Carlón, y de los proyectos "El Humor Hipermediático en el arte, el entretenimiento y la política. Las circulaciones de sus modalidades, géneros y estilos" (CONICET-IIEAC-UNA) y "El humor político hipermediático. Sus circulaciones, operaciones y modalidades" (PRII-UBA), dirigidos por quien escribe. Una versión anterior de este escrito fue publicada bajo el título "Dime de qué ríes y te diré quién eres. El Humor Hipermediático en los procesos de identificación colectiva", en el *dossier* "Humor, lingüística y discurso. Un estado de la cuestión", coordinado por Cristian Palacios para el número 44 de la revista *Signo y seña*.

2 Continuando la propuesta de Traversa (2009), entenderemos por "reidero" y "risible" al vasto campo semiótico que promueve la risa (procedimientos discursivos, géneros, tipos, etc.). Por "humor" indicaremos un modo particular de generar lo risible: el que implica una enunciación reflexiva que incluye al enunciador y enunciatario en el blanco de la burla. También mantendremos "humor" cuando forme parte de un sustantivo compuesto, como "humor político" o "humor negro", nombrando géneros o estilos. Si utilizamos el término con mayúscula, nos referiremos a una específica mediatización reidera dada en un tiempo histórico, como lo es el Humor Hipermediático.

3 A lo largo del artículo, los adjetivos hipermediático e hipermediatizado hacen referencia al sistema mediático que se ha instalado con internet y que Carlón (2020) ha caracterizado como compuesto por tres sistemas: el sistema de medios de comunicación masiva, internet (sistema integrado por portales de noticias, redes sociales mediáticas, plataformas, etc.) y *Under-*

de procedimientos semióticos y mediáticos por los que los enunciadores hipermediáticos se definen y son definidos en relación con colectivos identitarios. Nuestra contribución será describir dos operaciones de identificación comunes, en la contemporaneidad, que tienen como disparador al Humor Hipermediático.[4]

Que lo reidero activa procesos identitarios no es una observación novedosa. Ya en 1899, Bergson (2009) señalaba que para participar de lo cómico había que pertenecer a la parroquia, a una comunidad de saberes, valores, hábitos y normas. La razón se debe a que una propiedad básica de lo reidero es que expone incongruencias con respecto a ese universo. Eco (1998), justamente, distingue el humor de lo cómico por la forma en que transgreden las normas.[5] Y Andacht (2022) define la sorpresa risible como efecto de ese quiebre de la terceridad,[6] el hábito, la regla. Compartir los presupuestos que hacen a la identidad colectiva es condición de producción y reconocimiento de lo reidero.[7]

---

ground (sistema de medios con restringido acceso al contenido (como sucede en WhatsApp, Zoom, Telegram, etc.).

4 Comprendemos por Humor Hipermediático la producción risible que resulta de la interacción entre los medios de comunicación masiva y los medios soportados por internet y la telefonía. En Fraticelli (2023), hemos desarrollado sus principales cualidades y lo hemos diferenciado de otros dos modos anteriores de articulación de lo mediático y lo reidero: Humor Mediático y Humor Mediatizado.

5 Para Eco, lo cómico transgrede la regla sin explicitarla en el discurso, porque postula enunciativamente que es conocida por su enunciatario (figura del receptor construida en el texto). El humor, en cambio, comenta la regla que transgrede en la enunciación "como la voz del autor que reflexiona sobre las disposiciones sociales en las que el personaje enunciado debería creer" (Eco, 1998, p. 376).

6 La terceridad es una de las tres maneras en que, para Peirce (1974), se experimenta el mundo. Las otras dos son la primeridad (posibilidad) y la segundidad (hecho).

7 Siguiendo la teoría de los discursos sociales de Verón (1987a, 2013), comprenderemos por condiciones de producción las restricciones que han posibilitado la generación de un discurso y que pueden postularse por relaciones de marca-huella. Las condiciones de reconocimiento son las que han restringido las producciones discursivas que están en la instancia de los efectos del discurso de análisis. Ellas también se postulan por relaciones de

A su vez, las regulaciones de lo reidero también hacen a los procesos identitarios. La identificación con un grupo, por ejemplo, supone compartir límites morales y gustos estilísticos para bromear (Fine y De Soucey, 2005). Pero el fenómeno no se agota en estas cuestiones, sino que existe otro elemento, tal vez más relevante para los procesos de identificación: el placer reidero.

Freud (2006) sostenía que quien reía de un chiste se encontraba en un estado proclive a acordar con sus enunciados.[8] Palacios (2017), ocupado en la construcción de las identidades nacionales, observa que participar de lo reidero involucra un doble movimiento: el de *inclusión* del receptor al universo cultural del productor (porque implica un acuerdo ideológico que habilita el placer) y el de *exclusión* de quienes no ingresan en ese acuerdo.

Los análisis etnográficos y pragmáticos de conversaciones demuestran que esos juegos de inclusión y exclusión son dinámicos, se construyen en el intercambio y tienen la complejidad propia de lo reidero como marco metacomunicacional,[9] cuya principal característica es poner en suspenso la lógica de lo serio (Boxer y Cortés-Conde, 1997; Partington, 2006). Así, un sujeto hablante que en lo serio se construye a favor de la igualdad de géneros, puede reírse con un chiste machista. Esa tensión momentánea entre ambas construcciones identitarias se corrige, acentúa o queda irresuelta en las siguientes manifestaciones de habla.

¿Qué ocurre con estos procedimientos cuando el intercambio es mediático? Por empezar, podemos sostener que

---

marca-huella. La síntesis de las operaciones que implicaron las condiciones se denominan gramáticas de producción y reconocimiento.

8 Escribe Freud (2006): "Estamos inclinados a acreditar al pensamiento lo que nos agradó en la forma chistosa, y desinclinados a hallar incorrecto –y así cegarnos una fuente de placer– algo que nos deparó contento" (p. 127).

9 Bateson (1985) comprende la metacomunicación como un nivel de la comunicación verbal humana cuyo tema es la relación entre los hablantes. La frase "Esto es un juego" sería un ejemplo de ello entre participantes que realizan alguna actividad lúdica. En Fraticelli (2021), hemos desarrollado la idea de que lo reidero se trata de un marco metacomunicacional.

se complejizan. Toda mediatización implica saltos de escalas espaciales y temporales que inciden en el estatuto de los enunciadores y la circulación del sentido.[10] Los estudios que se ocuparon de este tema en la hipermediatización lo hicieron privilegiando dos niveles de observación: uno que describe el discurso reidero, concluyendo qué tipos de identidades propone, y otro que atiende a los intercambios que generan esas producciones en alguna cuenta de alguna red social mediática. Acordamos que esos niveles son necesarios, si queremos conocer cómo se dan los procesos identitarios. Pero consideramos que, además, debe atenderse a otro nivel, que es el de la circulación hipermediática, es decir, el de la circulación del sentido que se da en los intercambios entre el sistema de medios de comunicación masiva y los medios soportados por internet y la telefonía (Carlón, 2020). Las descripciones que siguen son resultado de la articulación de estos niveles de observación.

2. Colectivos identitarios, crisis e hipermediatización

La perspectiva que adoptamos para la indagación de los colectivos identitarios es la elaborada por Verón en su lectura crítica de los escritos de Pizzorno (Verón, 2013; 2012; 1997; 1994; 1987b). Verón (2013) define a los colectivos identitarios o de identificación como "clases de actores sociales que una sociedad reconoce como tales en un momento" (p. 421). En calidad de clasificación, su generación se da en la comunicación y supone operaciones lingüísticas de denominación y de establecimiento de cualidades o comportamientos específicos.[11] Ejemplos de colectivos nombrados por Verón son: demócratas, republicanos, nazis, católicos, amantes del

[10] Por "circulación" comprendemos el desfase entre la instancia de producción y reconocimiento de los discursos (Verón, 1987).

[11] Verón no excluye operaciones extralingüísticas en su construcción, pero subraya las lingüísticas por ser una clasificación.

rock, estudiantes, padres de familia, homosexuales, ricos, pobres. Como puede apreciarse, la identificación que generan los colectivos se da en un amplio abanico de posibilidades. Identificación con respecto a partidos políticos, movimientos sociales, religiones, gustos estéticos, niveles de escolarización, roles en los lazos familiares, diversidades de género, de poder adquisitivo, etc.

En su teoría, los colectivos ocupan un lugar relevante por el desfase que existe entre la instancia de producción y reconocimiento (circulación). Apropiándose de la teoría de los sistemas de Luhmann, Verón comprende a la sociedad y sus subsistemas como sistemas autopoiéticos y autoorganizantes cuyo entorno está constituido por otros sistemas, entre los que se encuentran los sistemas socioindividuales.[12] Cada uno de ellos presenta lógicas específicas, por lo que, para los subsistemas sociales, los sistemas socioindividuales son caos, y lo mismo ocurre en sentido contrario. ¿Cómo se da entonces la articulación entre los sistemas si cada uno presenta lógicas propias? Es aquí donde los colectivos identitarios cumplen un rol relevante.

Según Verón (2013), comúnmente los colectivos de identificación son generados por las instituciones sociales con el fin de ordenar su entorno (ver p. 422). Así, una universidad organiza su entorno en profesores de grado y posgrado, estudiantes de grado y posgrado, personal docente, personal no docente, etc. Si un joven se inscribe en una universidad para iniciar una carrera, la institución actuará sobre él siguiendo los protocolos destinados a "estudiante de grado", que se diferencian a los elaborados para "profesores", "no docentes", etc. Los colectivos de identificación, entonces, les permiten a los subsistemas sociales hacer coherente su entorno y procesar bajo su lógica relaciones de interpenetración con otros sistemas.

---

12 Verón reemplaza el término *sistema psíquico* de Luhmann por el de *sistema socioindividual*, de modo que se aparta de la perspectiva *psi* adoptada por el autor alemán.

¿Qué ocurre si cambiamos el punto de vista y lo ubicamos en los sistemas socioindividuales? Para ellos, los colectivos de identificación también cumplen un rol significativo, porque les posibilita articularse con los subsistemas sociales. El joven que ingresa a la universidad podrá interactuar con la institución por identificarse con el colectivo "estudiante de grado". Vale aclarar que esto no implica una anulación de los desfases entre la instancia de producción y reconocimiento, porque entre ambos sistemas siguen existiendo lógicas autoorganizantes diferentes (ver Verón, 2013, p. 302). Pero sí puede sostenerse que, para ambos sistemas, los colectivos de identificación son, en términos de Peirce (1974), interpretantes[13] que posibilitan el vínculo entre representámenes, objetos y la semiosis (ver Verón, 1994, p. 23).

Ahora bien, para Verón la generación de colectivos identitarios es histórica y sus cambios están íntimamente ligados a la mediatización. En un primer período, los medios de comunicación masiva se constituyen en instituciones sociales y así crean sus propios colectivos ("lectores de diarios", "radioescuchas", "televidentes", etc.); a la vez, refuerzan la producción y estabilidad de los colectivos identitarios generados por los subsistemas sociales. Dentro de esos subsistemas, el político es el que administra los conflictos que surgen entre los distintos colectivos. Pero, a medida que las instituciones políticas entran en crisis,[14] los medios las desplazan en el control de la evolución de las identidades colectivas. Ellos ofrecen el sentido que se le

---

13 Entre las definiciones que da Peirce de "interpretante" aludimos aquí a la que lo comprende como un signo suscitado en la relación de un representamen con un objeto según algún fundamento.

14 La crisis de las instituciones políticas es comprendida por Verón como resultado de múltiples factores, entre ellos, el rol que cumplen los medios y la disociación creciente entre el sistema político y el económico. En Francia, la crisis se hace evidentemente grave a comienzos de 1990 al aumentar el número de ciudadanos indecisos en las situaciones electorales y el descenso de los votantes (Verón, 2012).

debe atribuir a la relación del individuo con la familia, el dinero, la sexualidad, la nación, la edad, etc.

Este desplazamiento, observa Verón, es por demás inquietante porque, al estar los medios articulados al mercado del consumo, la construcción de colectivos identitarios estaría condicionada por una lógica unidimensional, regida por el corto plazo y destinada a manejar lo mejor posible el cambiante imaginario cotidiano de los consumidores; lo que reduciría el colectivo de los ciudadanos a un colectivo de meros receptores-consumidores "trabajados" por el *marketing* político.

Sin embargo, es el propio Verón quien advierte que tal conclusión sería excesiva, porque el creciente peso del individualismo ha hecho que el vínculo entre la instancia de producción y reconocimiento se complejice. Asistimos a una etapa de ese proceso en el que "la identidad del individuo no reenvía a otra cosa que a sí mismo" (Verón, 1994, p. 35), lo que trae cada vez más problemas a la lógica del *marketing*. Verón encuentra en esto el desafío de las sociedades democráticas: "Se trata de lograr que la complejidad creciente a nivel individual alimente la sociedad civil" (Verón, 1994, pp. 35-36). Y es aquí donde nuevamente señala la mediatización como clave en el desarrollo de la vida social. En su último libro, se pregunta si no es internet justamente la que posibilitaría esa introducción de la complejidad al espacio público (ver Verón, 2013, p. 429).

Pasada una década de investigaciones, podemos afirmar que Verón no estaba errado. Internet, con las redes sociales mediáticas, ha traído un trascendente cambio en la construcción de colectivos identitarios, porque ha multiplicado los enunciadores mediáticos que los generan (Carlón, 2018; 2020). Cada vez que un individuo o un colectivo abre una cuenta en una red social se constituye en un medio de comunicación con capacidad de producir o activar colectivos identitarios si se dan las condiciones necesarias. ¿Y cuáles son esas condiciones necesarias? Al menos podemos identificar dos básicas: que conformen un colectivo de comunicación hipermediático, y que se den relaciones intersistémicas entre el sistema de cuenta y su entorno.

Comencemos con la primera condición. ¿A qué llamamos colectivo de comunicación hipermediático? Al *agrupamiento de enunciadores hipermediáticos concentrados en un discurso de las redes sociales mediáticas o medios digitales abiertos a la interacción colectiva.*[15]

Cada vez que se abre una cuenta en una red social o se instituye un medio digital abierto a la interacción se conforma un Enunciador Hipermediático[16] habilitado a intercambiar discursos con otros Enunciadores Hipermediáticos que pueden conformar su colectivo de comunicación. Los reiterados intercambios que se establecen entre ellos conforman un sistema definido por gramáticas productivas que presentan una lógica diferente a la del entorno. Ese entorno está conformado por otros sistemas de cuentas, medios digitales y medios de comunicación masiva. En Fraticelli (2019) lo hemos graficado de la siguiente manera:

---

15 La definición parte de la noción de colectivo de comunicación de Verón (2011), quien lo define como un agrupamiento de individuos concentrados en un foco de interés. Cuando el agrupamiento se da por la producción de los medios masivos, Verón agrega el adjetivo *mediático*. En Fraticelli (2019) nos hemos dedicado a las diferencias entre esta noción y las de colectivo de identificación, colectivo hipermediático (Carlón, 2018) y colectivos hipermediáticos en reconocimiento. Por otra parte, siguiendo a Carlón (2021), comprendemos por redes sociales mediáticas a las redes de medios que surgen con internet, como Facebook, Twitter, YouTube, etc.

16 Comprendemos por Enunciador Hipermediático "a la condensación de dos figuras enunciativas: el enunciador de la cuenta y el propietario de la cuenta. La primera figura es efecto del nombre de la cuenta y otros componentes que se asocian permanentemente a él en cada enunciación. Estos pueden ir desde la imagen del perfil hasta las modalidades enunciativas que se sedimentan a través de las sucesivas publicaciones y construyen un horizonte de expectativas con respecto al intercambio discursivo. La figura del propietario de la cuenta remite a la correlación con un ente extradiscursivo que se presupone desde la instancia de reconocimiento. Su materialidad se encuentra en las propiedades del enunciador de la cuenta que indican al reconocimiento la asociación con una particular red interdiscursiva" (Fraticelli, 2023, p. 66).

Gráfico 1. Sistema de cuenta

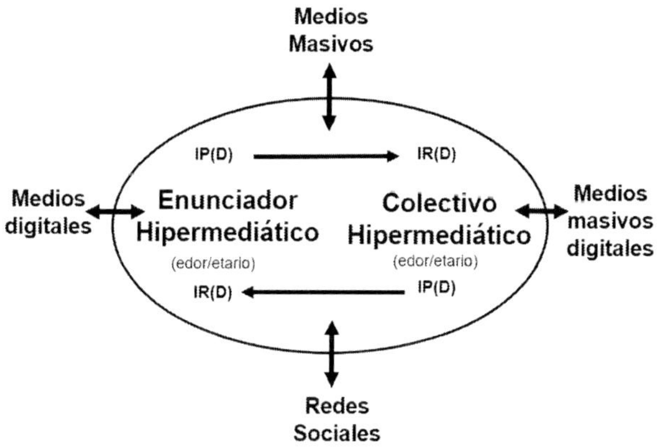

Fuente: elaboración propia.

En el sistema de cuenta, el Enunciador Hipermediático y su colectivo de comunicación hipermediático actúan tanto en instancia de producción como de reconocimiento. Y sus discursos los construyen como enunciadores y enunciatarios alternativamente. Ni el sistema de cuenta ni los sistemas que conforman su entorno están aislados, sino que mantienen relaciones de interpenetración que pueden generar la activación y producción de colectivos de identificación que se propaguen y hasta lleguen a conformar movimientos sociales.

En esta nueva etapa de la mediatización de colectivos identitarios, ¿qué lugar ocupa el Humor Hipermediático? Según nuestros estudios, un lugar destacado porque actúa como un interpretante cotidiano de la pertenencia a colectivos. En lo que sigue describiremos dos procedimientos del Humor Hipermediático que hacen a esa identificación y se han expandido en la contemporaneidad.

3. El Humor Hipermediático, un operador relevante de los procesos de identificación colectiva

3.1. Lo reidero como representamen/interpretante de inclusión/exclusión a colectivos

Los estudios que realizamos sobre el Humor Hipermediático nos permiten sostener que la producción reidera se dirige más hacia el propio grupo que hacia el ajeno. Esto se evidencia en la producción reidera del *live tweeting* de eventos políticos. En los gráficos de abajo puede observarse la distribución de publicaciones risibles en Twitter durante las transmisiones televisivas del primer discurso de apertura de las sesiones legislativas del presidente argentino Alberto Fernández, en marzo de 2020, y el debate de la Ley de Interrupción Voluntaria del Embarazo (Ley IVE) en diciembre del mismo año.[17] En cada uno de ellos se distinguió el antes, el durante y el después de la transmisión de los eventos en directo.

---

[17] Los resultados del estudio de ambos casos pueden leerse en Fraticelli (2021). El corpus de análisis estuvo conformado por *tweets* risibles de los *hashtags* principales de Twitter y los publicados por cuentas de enunciadores reideros con un máximo de 200.000 seguidores (25 cuentas para el discurso de Fernández y 20 para el debate de la Ley IVE). En ambos casos, el período estudiado fue desde las 9 a. m. del día en que ocurrió el evento hasta las 12 p. m. del día siguiente. Sobre el corpus se efectuó un análisis cuantitativo usando el RStudio, para extraer los datos de Twitter, y, en el análisis cualitativo, utilizamos el modelo de la teoría de los discursos sociales de Verón (1987, 2013), el de la circulación hipermediática de Carlón (2020) y el de los niveles enunciativos de las interfaces de las redes mediáticas (Fraticelli, 2021).

Gráfico 2. Distribución de tuits reideros con y sin *hashtags* del discurso de Fernández

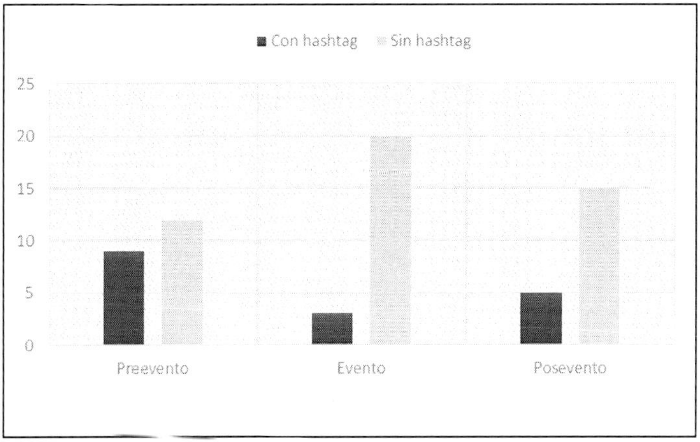

Fuente: elaboración propia.

Gráfico 3. Distribución de tuits reideros con y sin *hashtags* del debate sobre la Ley IVE

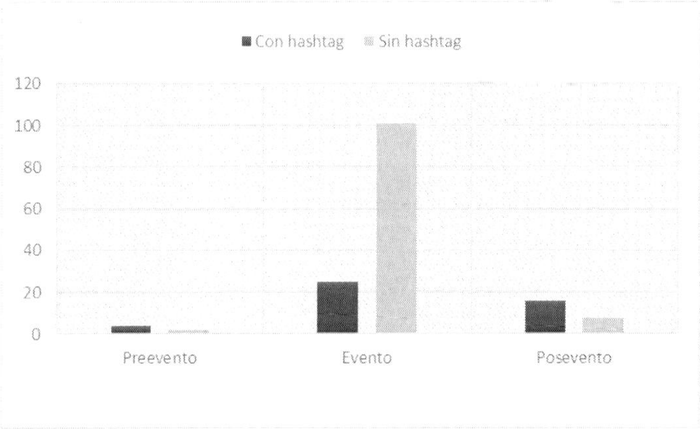

Fuente: elaboración propia.

Los gráficos 4 y 3 nos muestran que en ambos casos fue mayor la proporción de publicaciones reideras sin *hashtags* que con *hashtags*, lo que significa que carecieron de enlaces que las pusieran en diálogo con otras publicaciones bajo el mismo tema. Por lo tanto, podemos afirmar que los Enunciadores Hipermediáticos tendieron a dirigir su producción risible hacia el propio colectivo de comunicación hipermediático más que hacia los ajenos. Asimismo, si discriminamos la destinación de las publicaciones con *hashtags* vemos que, en ambos eventos, la mayoría se dirige hacia los *hashtags* identificados con el propio colectivo identitario, aunque también existe una proporción importante de producción risible dirigida hacia el colectivo identitario contrario atacándolo, tal como muestran los gráficos de abajo.

Gráfico 4. Destinación de publicaciones risibles en el discurso de Alberto Fernández

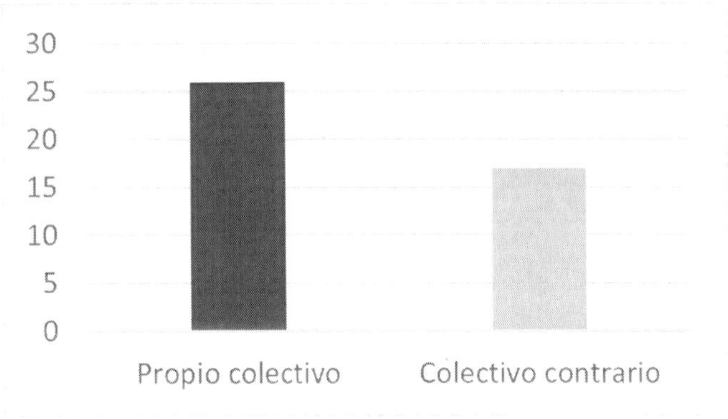

Fuente: elaboración propia.

Gráfico 5. Destinación de publicaciones risibles en el debate sobre la Ley IVE

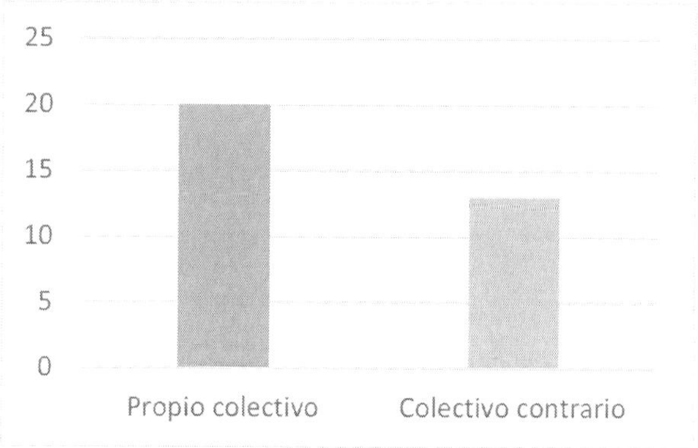

Fuente: elaboración propia.

Ahora, sea con una destinación u otra, en la producción risible, el Enunciador Hipermediático se posiciona políticamente afirmando su oposición a un colectivo identitario. Esto abre la posibilidad del efecto de sentido[18] de ser identificado con el colectivo opuesto al que ataca, si se activa el interpretante de la polarización política que le era contemporánea (si se ataca a los verdes, se es celeste;[19] si se ataca a los kirchneristas, se es macrista;[20] si se ataca a los peronistas,

18 Subrayamos que decimos que "abre la posibilidad", porque ignoramos su efecto de sentido hasta no analizar qué sucede en reconocimiento. Porque, siguiendo a Verón (1987), comprendemos que la producción de sentido no es lineal, sino que siempre existen desfases entre las instancias de producción y reconocimiento.

19 En Argentina, los que apoyaron la Ley IVE se identificaron con pañuelos verdes y quienes se opusieron, con pañuelos celestes. Esos colores representaron ambas posiciones en las construcciones que los medios informativos hicieron del acontecimiento.

20 El colectivo kirchnerista es el identificado con el espacio político liderado en principio por Néstor Kirchner y luego por Cristina Fernández de Kirchner. Y el colectivo macrista, con el espacio político liderado por Mauricio Macri.

se es antiperonista,[21] etc.). Donde más fácilmente puede observarse este procedimiento es en las enunciaciones de la sátira política y la burla. En ambas, la identificación se da en la degradación del colectivo identitario referenciado. En la sátira, la degradación se da mediante una crítica a su moral y, en la burla, por su desviación con respecto a verosímiles asociados a la naturaleza (formas del cuerpo, de los movimientos, etc.) y la vida social (modos de vestir, comportarse, etc.) (Fraticelli, 2019). Ambos procesos de identificación poseen la potencia de habilitar el placer de la agresión amparada por el marco protector de lo reidero.

Imagen 1. Sátira política

Fuente: @MalenaPichon.

21 El colectivo peronista es el identificado con el movimiento político que surge a mediados de 1940 liderado por Juan Domingo Perón.

Imagen 2. Burla

Fuente: @victorfyt.

Las imágenes de arriba muestran un ejemplo de sátira a la moral de los senadores que cambiaron su voto contra la Ley IVE (imagen 1), y un ejemplo de burla contra el dirigente gremial Roberto Baradel, aliado de Alberto Fernández (imagen 2), por la forma de su cuerpo. En ambos, los Enunciadores Hipermediáticos se enfrentan a los colectivos identitarios a favor de la ley y del gobierno, y promueven el efecto de sentido de ser identificados con el colectivo antiaborto y el colectivo opositor al gobierno.

Ahora bien, la construcción identitaria no se da únicamente en la sátira y la burla, sino también en toda producción risible mediante procedimientos que pueden tener una alta complejidad. Un ejemplo es la modalidad que denominamos humor del colectivo (Fraticelli, 2023). En ella el Enunciador Hipermediático se degrada, arrastrando con él al colectivo con el que se identifica, pero, a la vez, toma distancia de esa situación penosa habilitando el placer risible que Freud (2006) y otros autores (Rod, 2007) reconocen como propio del humor. Veamos un caso para describir su operatoria.

Durante el discurso del presidente Fernández, se propagaron, en las redes, memes que lo comparaban con el padre del Pinocho de la transposición de Disney, por el parecido de sus anteojos, bigotes y cabello canoso. Un internauta publicó el siguiente *tweet* en su cuenta:

Imagen 3. Humor del colectivo

Fuente: @gustavopecoraro.

El Enunciador Hipermediático Gustavo Pecoraro se construyó apropiándose de un meme que ridiculizaba al presidente, con quien se disculpaba por no soportar la tentación de hacer la humorada. ¿Por qué sostenemos que es una humorada y no una mera burla? Porque atendemos al *hashtag* y la identidad partidaria que fue construyendo el

Enunciador Hipermediático a lo largo del tiempo con sus publicaciones. El *hashtag* pertenece al colectivo identitario del Frente de Todos, coalición del gobierno, y la identidad partidaria al colectivo kirchnerista que forma parte de esa coalición. Esta identidad es clave para que se dé el reconocimiento del humor, tal como se evidencia en el siguiente comentario que respondió a la publicación de Gustavo Pecoraro.

Imagen 4. Comentario a la publicación de la imagen 3

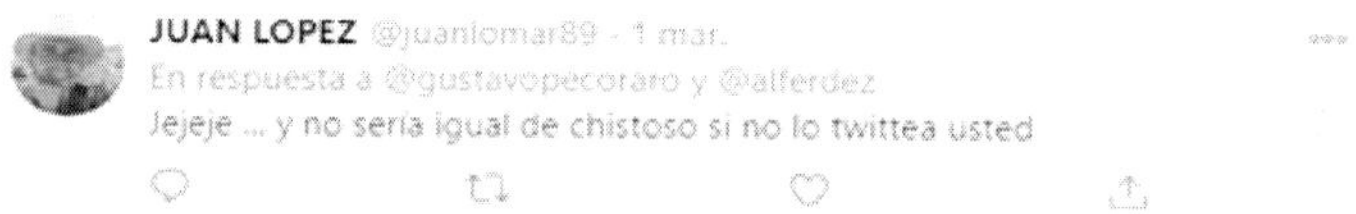

Fuente: @juanlomar89.

Como puede leerse, la publicación del Enunciador Hipermediático Gustavo Pecoraro fue reconocida como graciosa, porque actuó como condición de reconocimiento el saber sobre su identidad política. Con este ejemplo, se evidencia el rol fundamental que cumplen los sistemas de cuentas en la construcción identitaria mediante lo risible, porque son los intercambios discursivos anteriores entre el Enunciador Hipermediático y su colectivo de comunicación hipermediático los que habilitan juegos complejos como los del humor.

Finalmente, señalaremos otra operatoria del Humor Hipermediático en la construcción y activación de colectivos identitarios: su figuración. Es habitual que los colectivos identitarios contrarios sean burlados y, en esa burla, se edifiquen cualidades que confirman verosímiles.

Imagen 5. Figuración de colectivo identitario

Fuente: @victorfyt.

Imagen 6. Figuración de colectivo identitario

Fuente: @JefeGorgoryMx.

Las imágenes 5 y 6 ilustran figuraciones de colectivos identitarios mediante la burla. El Enunciador Hipermediático Dr. Víctor Tutú degrada a los seguidores del gobierno calificándolos despectivamente de pobres. Mientras que el Enunciador Hipermediático Jefe Gorgory ridiculiza a los colectivos opuestos a la Ley IVE comparándolos con los cazadores de brujas de 1600 representados en la novena temporada de *The Simpsons*.

En este breve recorrido, hemos descripto algunos procedimientos cotidianos de construcción identitaria que se da en las redes con la generación del Humor Hipermediático. Ahora nos ocuparemos de otros procedimientos, también de base, que competen a la regulación de esta generación.

3.2. La regulación de lo reidero como red de identificación colectiva

Hasta donde sabemos, la producción risible siempre ha estado sujeta a regulaciones. De qué se puede reír y de qué forma varía de sociedad en sociedad, de tiempo en tiempo y de un segmento socioestilístico a otro. Durante la hegemonía de los medios de comunicación masiva, la regulación de lo reidero mediático la ejercían las instituciones del Estado y los medios. Los colectivos sociales no accedían a esa regulación a menos que tuvieran algún peso en alguna institución poderosa.[22]

Con la hipermediatización, los colectivos sociales ya no dependen de las instituciones para ejercer una regulación de lo reidero sino de sus acciones en las redes,

22 Un ejemplo de ello es el caso analizado por Perdomo y Álvarez (2022) en el que la Fundación Argentina de Mañana, ligada a la Iglesia Católica argentina, logró que el programa cómico *Cha-cha-cha* se diera de baja por un *sketch* en el que parodiaba a los sacerdotes que daban el saludo de buenas noches en los canales de televisión cuando terminaban la programación.

y ellas no recaen únicamente en los productos risibles sino, también, en el productor.

En el apartado anterior, cuando describimos cómo opera la construcción identitaria en el humor político, observamos que frecuentemente se da en oposición a un colectivo. Esa oposición abre la posibilidad de que el Enunciador Hipermediático sea identificado con el colectivo que se ubica en posición de oponente en la lógica de la polarización. En términos semióticos, podríamos decir que el humor político actúa como un representamen que abre la posibilidad de que un interpretante vincule su enunciador a un colectivo de identificación (el objeto del signo). ¿Cuál es ese interpretante? Nuestra hipótesis se sintetiza en la siguiente fórmula: "Dime de qué ríes y te diré quién eres". Es decir que postulamos que *una gramática de reconocimiento que se ha expandido en las redes es identificar al Enunciador Hipermediático con el colectivo identitario vinculado a los verosímiles que afirma lo reidero*. Mientras que esta identificación se da en el marco metacomunicacional risible, fomenta intercambios que dan acceso al placer reidero. Ahora, si el reconocimiento se da en el marco metacomunicacional serio, se pueden generar giros del sentido que afectan los estatutos de individuos, colectivos y aun de instituciones. Analicemos un caso para desarrollar nuestra proposición.

El 14 de agosto de 2020, los medios masivos y los portales de noticias anunciaron la asunción de las nuevas autoridades de la Fundación ArteBA, la feria de arte contemporáneo de la Ciudad Autónoma de Buenos Aires, una de las más importantes de Latinoamérica. Como presidente asumió Juan Lynch, que fue presentado como director general de la consultora norteamericana Newlink, miembro del comité ejecutivo del Museo de Arte Contemporáneo de Buenos Aires MACBA, integrante del comité editorial de la revista internacional de cultura *BeCult* y coleccionista de arte. Como vicepresidenta asumió Matilde Grobocopatel, presentada como presidenta de la Fundación Los Grobo y accionista del Grupo Los Grobo, uno de los grupos empresarios más importantes de Argentina especializado en la venta de servicios para la producción y exportación agroindustrial alimentaria.

La noticia realiza un salto hipermediático descendente[23] desde el sistema de medios masivos hacia las redes sociales mediáticas. Al día siguiente, un Enunciador Hipermediático, con el nombre Estefanía Papescu, publica, en su cuenta de Facebook, varias capturas de pantalla de la cuenta de Instagram de Juan Lynch (imágenes 7 y 8). Todas ellas se tratan de memes risibles, acompañados por comentarios también risibles de Lynch, en los que los blancos de la burla son mujeres, afrodescendientes y obesos. La Enunciadora Hipermediática hace la publicación con la siguiente ironía: "Muy interesante el perfil del nuevo presidente de ArteBA". Su colectivo de comunicación hipermediático se indigna y acusa a Lynch de machista, misógino, gordofóbico, racista e inculto, y colabora con más capturas de pantalla afirmando estas calificaciones.

23 Siguiendo a Carlón (2020), existe un salto hipermediático cuando la circulación de sentido cambia de sistema mediático. Esos cambios pueden tener distintas direcciones verticales (arriba-abajo) y horizontales (dentro del mismo sistema). Carlón ordena los sistemas de arriba hacia debajo de la siguiente manera: sistema de medios de comunicación masiva, internet (redes sociales mediáticas, portales de noticias, etc.) y *Underground* (WhatsApp, Zoom, Skype, Telegram, etc.).

Imagen 7. Publicación en Facebook

Fuente: Estefanía Papescu.

Imagen 8. Capturas de pantalla de la cuenta de Lynch

Fuente: Estefanía Papescu.

La publicación sale del sistema de cuenta de Estefanía Papescu y se propaga en las redes sociales, lo que provoca otras publicaciones que también se indignan con el inapropiado sentido del humor de Lynch y se oponen a aceptar su designación como presidente de ArteBa. Dentro de ese conjunto de publicaciones, hay algunos enunciadores hipermediáticos que realizan una lectura política del nombramiento de Lynch acentuando una publicación risible contra la vicepresidenta de la nación, Cristina Kirchner, y rememorando autoridades que tuvo ArteBa ligadas al neoliberalismo. Sin embargo, el reconocimiento que predomina es el de Lynch como machista por sus chistes. En los intercambios que se van dando en los sistemas de cuentas, comienza a aparecer la demanda de que se pronuncie Nosotras Proponemos, colectivo feminista que lucha por la igualdad de las artistas mujeres y LGTB+.

Imagen 9. Captura de pantalla de intercambio en cuenta de Facebook

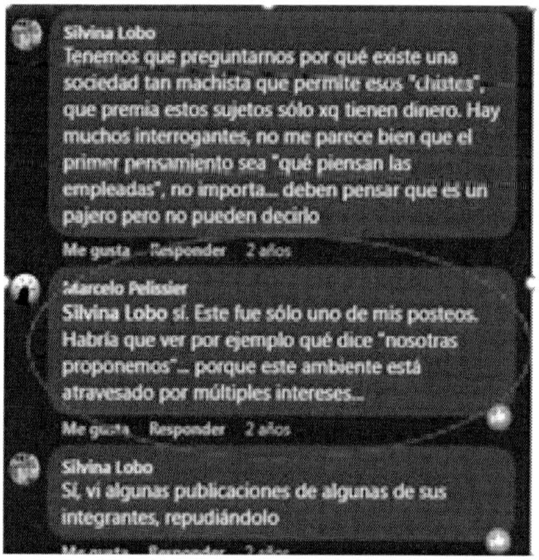

Fuente: Marcelo Pelissier.

El 16 de agosto, Nosotras Proponemos se manifiesta en sus redes sociales pidiendo la remoción de Juan Lynch por sus publicaciones sexistas, misóginas, racistas y gordofóbicas (imagen 10).

Imagen 10. Captura de pantalla de publicación de *Nosotras proponemos*

Como comunidad artística feminista repudiamos la designación del nuevo presidente de la fundación Arteba por sus posteos en redes con un alto nivel de sexismo, misoginia, racismo y gordofobia.

Tanto sus publicaciones como su designación son un retroceso para nuestras luchas contra las violencias, no nos representan como la comunidad que somos y queremos.

Pedimos el sensato replanteo al Comité de la Fundación y que urgentemente se retire Juan Carlos Lynch de ese puesto

nP nosotras

Ese mismo día, Juan Lynch responde desde su cuenta de Instagram disculpándose y reconociendo que su designación implicó un salto de escala en su mediatización: “Hay posteos que tienen sentido y contexto en un perfil personal de alguien sin compromisos y exposición pública, pero que ahora en este nuevo contexto pueden malinterpretarse, e incluso resultar ofensivos…” (imagen 11).

Imagen 11. Captura de pantalla de publicación de Juan Lynch

juanclynch

8 Me gusta

juanclynch Hola a todos!
Mi designación como presidente de @arteBA me ha generado una enorme e inesperada sobreexposición, que me halaga y espero honrar, pero que me obliga a ser muy cuidadoso.
Hay posteos que tienen que ver con temas personales y con mi familia y que es innecesario hacer públicos.
Hay posteos que tienen sentido y contexto en un perfil personal de alguien sin compromisos y exposición pública, pero que ahora en este nuevo contexto pueden malinterpretarse e incluso resultar ofensivos.
A partir de ahora voy a dejar de aceptar seguidores en este perfil.
Toda mi actividad en instagram se canalizará a través de la cuenta @juanquilynch.
Los que estén interesados en las cosas que estaré posteando, pueden seguirla.
Ya no voy a hacer posteos en esta cuenta, que volverá a estar activa recién cuando finalice mi gestión.

Al otro día, el 17 de agosto, las publicaciones de Nosotras Proponemos y Juan Lynch dan un salto hipermediático y ascienden a los medios de comunicación masiva y medios digitales. El portal de noticias *Infobae* replica ambas publicaciones y entrevista a los actores.[24] De lo que dice la representante de Nosotras Proponemos, retomamos unas líneas que hacen al tema que estamos tratando:

> [La designación de Juan Lynch] Nos tomó por sorpresa. Luego de ver las capturas de pantalla, realizamos una asamblea para escuchar la voz de todas y, en base a eso, hicimos esta placa para demostrar nuestro desacuerdo. En la asamblea nos llamó la atención que no conocíamos a esta persona, qué relación tiene con el mundo del arte. Y después el debate tuvo que ver en hacer hincapié en todo lo que vimos en los

24 https://www.infobae.com/cultura/2020/08/17/piden-la-renuncia-del-nuevo-presidente-de-arteba-por-posteos-sexistas-en-sus-redes-sociales/.

> posteos: una falta absoluta de respeto por las identidades y las subjetividades de cuerpos gordos, de mujeres principalmente. Él tiene una obsesión por referirse al cuerpo de las mujeres (Batalla, 2020).

Junto a las declaraciones, el medio y otros portales mostraron los memes risibles que había publicado Lynch, pero también otras publicaciones pertenecientes al régimen de lo serio, en las que se apreciaba una temática más diversa y en tensión con su producción reidera, en ellas defendía el matrimonio igualitario, la recuperación de los hijos de desaparecidos, se oponía a la violencia de género, repudiaba las desapariciones durante la dictadura, etc. (imagen 12).

Imagen 12. Captura de pantalla

Fuente: *Infobae.*

Durante ese mismo día, la circulación del caso sigue propagándose en las redes. Se suman al cuestionamiento de Lynch representantes de instituciones del mundo del arte, como Victoria Noorthoorn, directora del Museo de Arte

Moderno de Buenos Aires; Gabriela Rangel, directora de arte del Museo de Arte Latinoamericano de Buenos Aires y galeristas.

Junto con estas publicaciones, aparecen otras en Facebook realizadas por colectivos de artistas[25] e individuos que no se oponen solamente a la designación de Lynch sino también a la de Matilde Grobocopatel "[por ser] responsable directa de la sojización de la Argentina, promoviendo la tala de bosques nativos, la fumigación de escuelas y pueblos rurales" (Artistas Visuales Autoconvocados, 2020). Sin embargo, estas argumentaciones ecologistas contra la vicepresidenta no ascendieron a los medios de comunicación masiva ni a los portales de noticias.

El 18 de agosto, cuatro días después de haber asumido, los medios informativos anuncian las renuncias de Lynch y Grobocopatel y, con ellos, las de Jacobo Fiterman, uno de los fundadores de ArteBa y presidente del Comité Ejecutivo de la feria, y Julia Converti, gerenta general de la fundación. La razón que dan a tal vertiginosa crisis institucional es el repudio que recibieron los chistes machistas de Lynch. Los días siguientes seguirán más renuncias que paralizarán ArteBA por varias semanas.

De la síntesis que acabamos de hacer del caso, detengámonos en las cuestiones que nos interesan para justificar nuestra proposición. En primer lugar, debemos observar la activación del interpretante que sintetizamos en la oración: "Dime de qué ríes y te diré quién eres". De la complejidad identitaria que se construía en las publicaciones del Enunciador Hipermediático Juan Lynch, predominó el reconocimiento sobre su producción reidera. De ella, se sintetizó un enunciador homologado a los colectivos de identificación machista, misógino, racista, gordofóbico. Y, a su vez, se dio otra equivalencia entre la identidad del Enunciador

25 Agrupación de Artistas de Rosario, Gestores, Red y Encuentros de Trabajadoras de las Culturas y las Artes, Asamblea de Trabadores de las Artes de Mendoza.

Hipermediático y la del individuo *offline*. Esta equivalencia está soportada en otra gramática de reconocimiento extendida: el verosímil de que se dice ser *online* lo que se dice ser es *offline*.[26] Nótese que, en la entrevista de *Infobae*, el colectivo feminista Nosotras Proponemos admite haberse pronunciado contra Lynch sin conocerlo por fuera de su Instagram. Es decir, sus publicaciones bastaron para saber qué clase de individuo era.

Por otra parte, el caso nos permite ver la complejidad que trae la circulación hipermediática a la construcción de identidades mediante lo reidero. La producción risible de Lynch se desarrollaba sin mayores conflictos en su sistema de cuenta antes de ser nombrado presidente de ArteBa. En él, se fueron instalando gramáticas de producción y reconocimiento en las que los chistes con blanco en las mujeres, los obesos, los afrodescendientes activaban interpretantes bajo la lógica de lo reidero. Pero cuando se da su designación como presidente de ArteBA, su nombre da un doble salto hipermediático: asciende a los medios de comunicación masiva y portales de noticias, y luego, desciende a las redes sociales mediáticas. Allí, se multiplican los integrantes de su colectivo de comunicación hipermediático y se introducen en su sistema de cuenta nuevas gramáticas de reconocimiento que no estaban operando previamente, como ocurrió con las que activó el Enunciador Hipermediático Estefanía Papescu. Su reconocimiento de los chistes se dio bajo las gramáticas de lo serio y el feminismo. Esas mismas gramáticas se activaron en el colectivo de comunicación de su propio sistema de cuenta cuando hizo la publicación contra

26 Esta gramática ha sido descripta por Carlón (2020) al ocuparse de los actores/enunciadores auténticos, quienes "*dicen ser* en las redes quienes *dicen* ser en el *offline* (no solo lo dicen ellos, sino también el Estado), y, por otro, son reconocidos en ese estatuto por otros enunciadores que los reconocen en la circulación, es decir, a través de encadenamientos de operaciones de producción/reconocimiento" (p. 115). Observación que ha sido comprobada por diversas investigaciones (Baym, 2003; Meneses Naranjo, 2005; Van Doorn, 2010; Rosenberg y Egbert, 2011).

Lynch. Y fueron esas mismas gramáticas las que terminaron propagándose en las redes de los individuos, colectivos e instituciones del mundo del arte de modo que provocaron el giro de sentido de los chistes que llevó a la renuncia de Lynch y la crisis de ArteBa. Este tipo de procesos nos advierte que no pueden equipararse los sistemas de cuentas a los grupos de amigos o comunidades como frecuentemente se plantea. El carácter hipermediático de los colectivos de comunicación de los sistemas de cuentas hace que siempre puedan darse saltos de escala en la circulación del sentido. Tal posibilidad afecta íntimamente la probabilidad de que en lo reidero se den giros del sentido. Porque recordemos que los presupuestos de lo reidero están íntimamente ligados al emplazamiento donde se origina. Los discursos que se hayan sedimentado sobre la identidad del Enunciador Hipermediático en su sistema de cuenta, por ejemplo, son condición de producción y reconocimiento de los chistes que este pueda hacer.

Otra cuestión relevante que hace a nuestra proposición es que lo reidero no solamente configuró la identidad de Lynch sino también la del colectivo Nosotras Proponemos. Diferentes enunciadores hipermediáticos demandaron al colectivo que actuara en la regulación de los chistes de Lynch. Y esto fue habilitado porque los colectivos identitarios abren horizontes de expectativas de sistemas de acción (Carpentier, Melo y Ribeiro, 2019). La identificación de Nosotros Proponemos como colectivo feminista implicaba un repudio a los chistes de Lynch. En ese sentido, debe pensarse la identidad de forma performática, como sostenía Goffman (2006). La identidad se actúa, y una parte fundamental de esa actuación en las redes para muchos colectivos es la regulación de lo reidero hipermediatizado.

Con respecto a esto último, debe observarse el valor relevante que se le otorga a la regulación feminista sobre lo reidero. Porque, ante los cuestionamientos sobre Grobocopatel por temas tan importantes como la destrucción del medio ambiente y la salud pública, lo que se privilegió en la construcción del acontecimiento fue la crítica a los chistes machistas de Lynch. Ella dominó la propagación en las redes sociales, ascendió a los medios informativos y fue razón suficiente para la destitución del gobierno de ArteBA.

4. El Humor Hipermediático en la semiosis cotidiana de la identidad

En su lectura semiótica de Goffman, Andacht conceptualiza la matriz identitaria como una serie de signos generados al habitar en el mundo e interactuar con otros. Esa semiosis ocurre iniciándose con un *interpretante inmediato* que abre un horizonte de expectativas de interpretabilidad. Pero, en la interacción con otros surge, "de modo concreto *el interpretante dinámico:* se refiere a cómo somos entendidos en determinado contexto y momento, en tanto alguien con determinadas prerrogativas, y también, previsiblemente, cómo a menudo somos malentendidos" (Andacht, 2023, p. 8). Peirce mismo concebía al ser humano como un signo que se desarrollaba en la semiosis. No existe una identidad en sí, sino que ella se configura en la red semiótica.

Como hemos visto con Verón, en esa semiosis de la identidad, los medios de comunicación masiva fueron cumpliendo un rol cada vez más trascendente, y llegaron a producir y activar colectivos de identificación con la importancia que ello significa. Los colectivos identitarios son interpretantes claves para la vida social, porque con ellos los subsistemas sociales ordenan el entorno de sistemas socioindividuales y los sistemas socioindividuales pueden articularse con los subsistemas sociales.

Internet, con las redes sociales mediáticas, habilitaron una nueva era de la mediatización de colectivos identitarios. En la actualidad, ya no solamente las instituciones generan colectivos de identificación sino que también lo hacen los individuos y colectivos hipermediatizados, lo que implica, como había anunciado Verón, un aumento de la complejidad del espacio público.

Ahora bien, ninguna identificación es dada de una vez y para siempre, sino que se trata de un continuo proceso semiótico en el que lo reidero ocupa un rol relevante. Cotidianamente generamos y compartimos discursos risibles abiertos a la hipermediatización y, con cada uno de ellos, generamos interpretantes inmediatos que promueven redes discursivas que hacen a nuestra identificación con colectivos. En el humor político, observamos que los procedimientos risibles en esa constitución son variados. En la sátira y la burla predomina una identificación edificada en la degradación de los colectivos identitarios contrarios, mientras que, en el humor, la identificación transita por la degradación del propio colectivo.

A la vez, cuando observamos a quién se dirigen esas producciones, advertimos que prevalece como destinatario el propio colectivo de comunicación hipermediático. Lo reidero opera teniendo como condición los intercambios discursivos dados en el sistema de cuenta donde es publicado. Es allí donde preeminentemente los individuos, colectivos e instituciones hipermediáticos afirman su pertenencia a colectivos identitarios. Pero esa destinación no asegura una baja circulación de la semiosis. Con el caso de ArteBA pudimos ver cómo los saltos de escala y la hipermediatización provocan giros del sentido que pueden afectar la vida *offline* de individuos, colectivos e instituciones. Además, advertimos que la identificación por lo risible no se agota en su producción únicamente sino también en su regulación, porque existen individuos y colectivos sociales que comprometen su propia identidad si no participan de ella.

Por estas razones, nos atrevemos a sostener que el interpretante que sintetizamos en la oración: "Dime de qué ríes y te diré quién eres" se ha instalado en la semiosis hipermediatizada y que el estudio del Humor Hipermediático puede ofrecernos resultados relevantes para conocer la complejidad de los procesos de identificación colectiva contemporáneos.

Bibliografía

Andacht, F. (2021). Una leve travesía semiótica por el humor, el "musement" y la revolución inesperada. *ACTIO NOVA: Revista de Teoría de la Literatura y Literatura Comparada*, 5, 206-226. https://revistas.uam.es/actionova/article/view/14647.

Andacht, F. (2023). La relevancia de lo irrelevante. El pensamiento intempestivo de Peirce, Goffman y Borges. En M. Carlón (dir.), *Lo contemporáneo. Indagaciones sobre el cambio de época en/desde América Latina* (pp. 215-240). Buenos Aires: Instituto de Investigaciones Gino Germani. https://tinyurl.com/mv9hnydc.

Artistas Visuales Autoconvocados (2023). https://tinyurl.com/4ckd6y9p.

Bateson, G. (1985). *Pasos hacia una ecología de la mente*. Buenos Aires: Carlos Lohle.

Batalla, J. (2020). Piden la renuncia del nuevo presidente de arteBA por posteos sexistas en sus redes sociales. *Infobae*. https://tinyurl.com/yc6wbw7w.

Baym, N. (2003). La emergencia de comunidad online. En S. Jones (ed.), *Cibersociedad 2.0.*, 55-94. Barcelona: Editorial UOC. https://www.uoc.edu/dt/20414/20414.pdf.

Bergson, H. (2009). *La risa. Ensayo sobre el significado de lo cómico*. Buenos Aires: Losada.

Boxer, D. y Cortés-Conde, F. (1997). From bonding to biting: conversational joking and identity display. *Journal Pragmatics*, *27*, 275-294. https://www.academia.edu/6681033/From_bonding_to_biting_Conversational_joking_and_identity_display.

Carlón, M. (2020). *Circulación del sentido y construcción de colectivos en una sociedad hipermediati-*

zada. San Luis: Universidad Nacional de San Luis. http://www.neu.unsl.edu.ar/wp-content/uploads/2020/08/Circulacio%CC%81n-del-sentido.pdf.

Carlón, M. (2019). Individuos y colectivos en los nuevos estudios sobre circulación. *Inmediaciones de la comunicación, 14*, 17-26. https://tinyurl.com/ynr69n43.

Carlón, M. (2018). Medios individuales, medios colectivos y circulación transversal. Desde "adentro hacia afuera" y desde "afuera hacia adentro" (o cómo afecta la nueva circulación a las instituciones sociales). En P. Castro (org.), *Circulação discursiva e transformação da sociedade* (pp. 26-40). Campina Grande: Eduepb.

Carpentier, N.; Melo, A. y Ribeiro, F. (2019). Rescuing participation: a critique on the dark participation concept. *Comunicação e sociedade, 36*. http://journals.openedition.org/cs/1284.

Eco, U. (1998). Los marcos de la "libertad" cómica. *Revista del Fondo de Cultura Económica*. http://bibliotecaciechacabuco.weebly.com/uploads/7/6/3/3/7633830/eco_carnaval.pdf.

Fine, G. y De Soucey, M. (2005). Joking Culture: Humor themes and social regulation in group life. *Humor*, 18, 1-22. https://www.degruyter.com/document/doi/10.1515/humr.2005.18.1.1/html.

Fraticelli, D. (2023). *El Humor Hipermediático. Una nueva era de la mediatización reidera*. Buenos Aires: Teseo. https://tinyurl.com/y6ruata7.

Fraticelli, D. (2022). Humor político en el *live tweeting*. Sus clases y circulaciones en la construcción de acontecimientos. *RAE-IC, Revista de la Asociación Española de Investigación de la Comunicación, 17*, 1-24. http://www.revistaeic.eu/index.php/raeic/article/view/352.

Fraticelli, D. (2021). Enunciación y humor en las redes (o cómo estudiar memes sin perder el chiste). *La Trama de la Comunicación, 26*, 115-129. https://latrama.unr.edu.ar/index.php/trama/article/view/779.

Fraticelli, D. (2019). *El ocaso triunfal de los programas cómicos. De* Viendo a Biondi *a* Peter Capusotto y sus videos. Ciudad Autónoma de Buenos Aires: Teseo. https://tinyurl.com/mrxttryn.

Freud, S. (2006). *El chiste y su relación con el inconsciente. Obras completas. Tomo VIII*. Buenos Aires: Amorrortu.

Goffman, E. (2006). *Frame Analysis. Los marcos de la experiencia*. Madrid: Centro de Investigaciones Sociológicas.

Meneses Naranjo, J. (2005). Diez años de vida (cotidiana) en la pantalla: una relectura crítica de la propuesta de Sherry Turkle. *UOC Papers, 2,* 1-8. https://www.uoc.edu/uocpapers/dt/esp/meneses.html.

Palacios, C. (2017). El papel de lo irrisorio en las identidades nacionales latinoamericanas. En A. Flores (coord.), *El rumor del Humor. Jornadas de investigación: innovación, rupturas, transformaciones en la cultura humorística argentina* (pp. 14-38). Córdoba: Universidad de Córdoba. https://ffyh.unc.edu.ar/boletin/ediciones_anteriores/archivos/imagenes/e-books/EBOOK_HUMOR.pdf.

Partington, A. (2006). *The Linguistics of Laughter*. Nueva York: Routledge.

Peirce, C. (1974). *La ciencia de la semiótica*. Buenos Aires: Nueva Visión.

Perdomo, A. y Álvarez, M. (2022). *Humor enREDado. Análisis sobre el disciplinamiento y transformación de lo reidero en la sociedad contemporánea.* Tesis de Licenciatura. Universidad de Buenos Aires.

Rod, M. (2007). *The psychology of humor. An integrative approach.* San Diego: Elsevier Academic Press.

Rosenberg, J. y Egbert, N. (2011). Online impression management: personality traits and concerns for secondary goals as predictors of self-presentation tactics on Facebook. *Journal of Computer-Mediated Communication, 17,* 1-18. https://doi.org/10.1111/j.1083-6101.2011.01560.x.

Traversa, O. (2009). Notas acerca de lo reidero en las tapas de revistas. *Figuraciones. Teoría y crítica de artes*, 5, 49-63. https://repositorio.una.edu.ar/handle/56777/523.

Van Doorn, N. (2010). The ties that bind: the networked performance of gender, sexuality and friendship on MySpace. *New Media & Society, 12*, 583-602. https://tinyurl.com/vc5pmxec.

Verón, E. (2013). *La semiosis social, 2. Ideas, momentos, interpretantes.* Buenos Aries: Paidós.

Verón, E. (2011). El canto de las sirenas. En *Papeles en el tiempo* (pp. 74-76). Buenos Aires: Paidós.

Verón, E. (2012). Mediatización de la política: estrategias, actores y construcción de colectivos. En A. Mercier (coord.), *La comunicación política.* Buenos Aires: La Crujía.

Verón, E. (1997). Esquema para el análisis de la mediatización. *Diálogos de la Comunicación*, 48, pp. 9-17.

Verón, E. (1994). Mediatización, comunicación política y mutaciones de la democracia. *Semiosfera, 2*, 5-36.

Verón, E. (1987a). *La semiosis social*. Barcelona: Gedisa.

Verón, E. (1987b). La palabra adversativa. Observaciones sobre la enunciación política. En L. Arfuch *et al.*, *El discurso político. Lenguajes y acontecimientos* (pp. 19-26). Buenos Aires: Hachette.

Los autores

Fernando Andacht

Doctor en Filosofía por Bergen University (Noruega), magíster en Lingüística por Ohio University (Estados Unidos de América), licenciado en Letras (Facultad de Humanidades y Ciencias, Udelar, Uruguay) y profesor titular del Depto. de Teoría de la Comunicación, Facultad de Información y Comunicación. Sobre el humor publicó: "Una leve travesía semiótica por el humor, el 'musement' y la revolución inesperada" (2021); "Así en pandemia como en la vida: un acontecimiento en *Tiranos Temblad* 2021" (2021); "En pos de la 'deformidad perfecta': receta semiótica de la caricatura" (2019); "The imagined community revisited through a mock-nationalistic YouTube web series (2018)"; "*Tiranos Temblad*: Signos paródicos para una comunidad imaginada latinoamericana en la era de YouTube" (2017); "Nuevos signos del imaginario mediático latinoamericano: la serie uruguaya de YouTube *Tiranos Temblad*" (2017).

Carolina Baranowski

Licenciada en Ciencias Antropológicas con orientación Sociocultural y profesora en Enseñanza Media y Superior de Ciencias Antropológicas por la Facultad de Filosofía y Letras de la Universidad de Buenos Aires. Actualmente es becaria doctoral Agencia y trabaja en el Instituto de Ciencias Antropológicas de la Facultad de Filosofía y Letras (UBA) en el marco de un proyecto de investigación científica y tecnológica en el área de la antropología de las heterodoxias sociorreligiosas. Asimismo, integra diversos equipos de investigación en el campo de la antropología de la muerte y el morir, y de la antropología simbólica.

Mara Burkart

Socióloga. Doctora en Ciencias Sociales por la Universidad de Buenos Aires (UBA), magíster en Sociología de la Cultura y Análisis cultural por el Instituto de Altos Estudios Sociales, Universidad Nacional de San Martín (IDAES, UNSAM). Investigadora del Consejo Nacional de Investigaciones Científicas y Técnicas (CONICET) en el Centro de Investigaciones en Arte y Patrimonio (CIAP, UNSAM-CONICET). Coordinadora del Área de Humor gráfico, Historieta e Ilustración del CIAP (UNSAM-CONICET). Docente de Historia Social Latinoamericana en la Carrera de Sociología y de la Maestría en Estudios Sociales Latinoamericanos, Facultad de Ciencias Sociales, UBA. Editora responsable de la *Revista de la RIHALC*. Autora de *De Satiricón a HUMOR: Risa, cultura y política en los años setenta* (Miño & Dávila, 2017). Organizadora, junto a Damián Fraticelli y Tomás Várnagy, de *Arruinando chistes. Panorama de los estudios del humor y lo cómico* (Teseo, 2021) y, junto a Damián Fraticelli y Cristian Palacios, de *Arruinando chistes. Panorama de los estudios del humor y lo cómico.* Tomo II (Teseo, 2023).

Nicolás Canedo

Licenciado en Ciencias de la Comunicación, UBA, y docente de Semiótica de los Medios en la misma carrera. Investiga y escribe sobre memes y política en la academia, de forma independiente y en colaboración con elDiarioAR. Tiene, a su vez, más de diez años de experiencia como investigador cualitativo de opinión y ha trabajado para diversos dirigentes y partidos políticos, así como para organismos de gobierno y empresas privadas. En los últimos años también ha colaborado con la producción de contenido digital en campañas electorales y en la comunicación de marcas. Ha dado formaciones y charlas sobre memes y otras nuevas prácticas mediáticas para consultores, funcionarios y dirigentes políticos en contextos como la Cumbre Mundial de Comunicación Política, el Instituto de Formación Política y Gestión Pública del Gobierno de la Ciudad de Buenos Aires y el Consejo Federal de Inversiones.

Laura Cilento

Doctora en Letras, UBA, y profesora en Letras por la Universidad Nacional de Lomas de Zamora (UNLZ). Dicta Teoría y Crítica literaria I y II en el Profesorado Universitario en Letras (UNSAM) y Problemas de Historia Literaria y Cultural, Estéticas Comparadas y Literatura Argentina II en la carrera de Letras de la Universidad Nacional Pedagógica (UNIPE). Es investigadora del Instituto de Artes del Espectáculo de la Facultad de Filosofía y Letras (UBA), donde coordina el Programa de Investigación en Historia de las Ciencias de las Artes del Espectáculo. Publica en revistas especializadas de teatro y cultura. Integra el Consejo de dirección de *Boca de sapo. Revista de arte, literatura y pensamiento* (www. https://bocadesapo.ar/). Codirige junto a Oscar Conde la colección Autor/Fecha en UNIPE: editorial. Tiene en prensa para esa colección (y en colaboración con Judith Gociol) *1955. Acerca del Medisinal Brutoski*.

Andrea Failla

Licenciada en Sociología (UBA), miembro de los proyectos Ubacyt "Clasificaciones sociales y reclasificaciones sociológicas: un abordaje problemático de las propuestas de Archer, Boltanski, Honneth y Latour" y "Clasificaciones sociales y reclasificaciones sociológicas: un abordaje simultáneo de las propuestas de Callon, Fraser, Quijano y Rivera Cusicanqui", ambos con sede de trabajo en el Instituto de Investigaciones Gino Germani. Autora de "Incels: disputas sobre opresión" (2023).

Damián Fraticelli

Doctor en Ciencias Sociales y licenciado en Ciencias de la Comunicación por la UBA. Investigador del CONICET en el Instituto de Investigación y Experimentación en Arte y Crítica de la Universidad Nacional de las Artes (UNA). Profesor de semiótica en dicha universidad y en la Universidad de Buenos Aires. Es autor de *El humor hipermediático. La nueva era de la mediatización reidera* (Teseo, 2023) y de *El ocaso triunfal de los programas cómicos. De* Viendo a Biondi *a* Peter Capusotto y sus videos (Teseo, 2019). Compilador, con Mara Burkart y Tomás Várnagy, de *Arruinando chistes. Panorama de estudios del humor y lo cómico,* tomo I (Teseo, 2021); y con Mara Burkart y Cristian Palacios del tomo II (2023). Además, es guionista y escribe literatura infantil.

Bárbara Martínez

Doctora en Ciencias Antropológicas, licenciada en Ciencias Antropológicas con Orientación Sociocultural y profesora de Enseñanza Media y Superior por la UBA. Es investigadora del CONICET, docente en el Seminario de Investigación Anual y profesora titular del Seminario "Antropología de la muerte y el morir" (UBA). Desde el año 2003 ha venido desarrollando un vasto trabajo de campo sobre la temática, produciendo un nutrido corpus de informes y bibliografía académica publicados en diversos países como Francia, Brasil y Colombia, entre otros. Integra la Red de Cuidados, Derechos y Decisiones en el Final de la vida del CONICET. Ha sido parte de diversos comités editoriales de revistas académicas. Se desempeña como investigadora responsable y directora de numerosos proyectos de investigación.

Jorge Montealegre Iturra

Escritor y periodista. Licenciado en Comunicación Social por la Universidad de Santiago de Chile (USACH). Doctor en Estudios Americanos (USACH). Profesor adjunto del Departamento de Historia y de la Escuela de Periodismo, Facultad de Humanidades de la Universidad de Santiago de Chile. Fundador de la Red de Investigación y Estudios del Humor (RIEH). Cofundador de Dibujos que Hablan, Encuentro Internacional de Crítica, Historia y Estética de las Narrativas Dibujadas. Integrante del directorio de la Fundación Víctor Jara, miembro de la Unión Nacional de Artistas (UNA) y la Sociedad de Derechos de las Letras (Sadel). Integrante del Tribunal Nacional de Ética y Disciplina del Colegio Nacional de Periodistas de Chile. Sus ámbitos de investigación están referidos al imaginario, la memoria, la resiliencia comunitaria y el humor gráfico. En el campo del humor ha sido guionista de revistas chilenas emblemáticas como *Topaze* y *Condorito*. Como investigador es autor de *Historia del humor gráfico en Chile*, publicado por la Universidad de Alcalá; *Carne de estatua. Salvador Allende, caricatura y monumento*; *Sentido del rumor*, entre otros libros.

Thaís Batista Rosa Moreira

Historiadora. Magíster en Historia Social por la Universidad de San Pablo (USP, Brasil), doctoranda en Historia Social por la USP y becaria de la Fundação Coordenação de Aperfeiçoamento de Pessoal de Nível Superior (CAPES) bajo la dirección de la Dra. Stella Maris Scatena Franco. Integrante del Grupo de Pesquisa em Gênero e História (GRUPEG-HIST/USP), del Laboratório de Estudos de História das Américas (LEHA) y del grupo de estudios "Humor gráfico, Historieta e Ilustración" (CIAP/UNSAM - CONICET).

Cristian Palacios

Doctor en Lingüística, licenciado y profesor en Letras (FFyL, UBA), investigador del Instituto de Lingüística de la UBA y del CONICET. Ha publicado *El discurso humorístico. Aproximaciones al estudio del humor y lo cómico* y, junto a Pablo von

Stecher, *Discurso, memoria, identidad. Intervenciones sobre el fenómeno de la Violencia*. Cristian es también autor de *Hacia una teoría del teatro para niños. Sobre los hombros de gigantes* (2017), por el cual recibió los premios a los libros de investigación de ATINA y la fundación ALIJA-IBBY. Actualmente dirige el proyecto de investigación "*Ethos* cómico y constitución de la subjetividad humorística en los discursos irrisorios. Hacia una historia política y social del humor gráfico y audiovisual en Argentina". Es compilador junto a Damián Fraticelli y Mara Burkart de *Arruinando chistes. Panorama de los estudios del humor y lo cómico*. Tomo II (Teseo, 2023).

João Paulo Rodrigues

Se graduó en Historia en la Universidad Estadual de Campinas, donde también hizo Maestría y Doctorado en Historia. Profesor de Historia de América en el Instituto de Historia de la Universidade Federal do Rio de Janeiro (UFRJ, Brasil). Realizó una estancia posdoctoral en la Universidad Federal Fluminense (UFF). Es miembro del Grupo de Pesquisa História, Cultura e Política (CNPq). Sus temas de investigación son História da Argentina (1840-1930), temas de la historia de la prensa, de las sociabilidades intelectuales y de las representaciones; historia de la circulación, mediación y de las representaciones culturales entre Argentina y Brasil (1840-1930).

Juan Alfonso Samaja

Especialista en Metodología de la Investigación Científica por la Universidad Nacional de Lanús, licenciado en Artes (FFyL, UBA). Investigador (categoría III) y profesor de Epistemología, Metodología de la Investigación, Introducción al Pensamiento Científico, y Semiótica y Cultura Visual. Es autor principal de *La estructura subversiva de la comedia* (2010). Se especializa en la teoría de las formas cómicas y risibles, y es autor de numerosas publicaciones académicas.

Entre sus obras más recientes, caben destacarse: "Sobre una nueva lista de categorías: Cuestiones trascendentales en torno a las modalidades de la inadecuación cómica" (revista *Signo y seña,* 2024); "La inadecuación cómica en los nuevos contextos de la mediatización contemporánea: el meme como objeto cómico" (revista *Millcayac,* 2022); y "Licencia para matar (de risa). Identificación narrativa y diferencia epistemológica entre productor y receptor del efecto cómico" (*Arruinando chistes.* Tomo 1, 2021).

Jimena Schere

Licenciada y profesora en Letras (UBA), doctora en Letras Clásicas (UBA) y especialista en Ciencias Sociales con mención en lectura, escritura y educación (Facultad Latinoamericana de Ciencias Sociales, FLACSO). Se desempeña como investigadora del Consejo Nacional de Investigaciones Científicas y Técnicas en el Instituto de Investigaciones en Humanidades y Ciencias Sociales de la Universidad Nacional de La Plata (IdIHCS-CONICET). Jefa de Trabajos Prácticos de Lengua y Cultura Griega en la Facultad de Filosofía y Letras (UBA) y profesora adjunta del Taller de Lectura y Escritura en la Universidad Nacional Arturo Jauretche (UNAJ). Autora de *El par cómico: un estudio sobre la persuasión cómica en la comedia temprana de Aristófanes* (Santiago Arcos – FFyL, UBA, 2018); compiladora junto a Karina Savio de *La enseñanza de la lectura y la escritura en la universidad. Dificultades, propuestas y desafíos* (UNAJ, 2023) y traductora de obras de Sófocles, *Edipo Rey, Edipo en Colono, Antígona* (Colihue, 2008).

Bernardo Suárez

Magíster en Análisis del Discurso por la FFyL, UBA. Profesor en las asignaturas Semiología en el Ciclo Básico Común (UBA), Semiótica de los medios II en la FSOC (UBA) y del Seminario Discurso Humorístico en la Maestría en Análisis del Discurso, FFyL (UBA) Desarrolla tareas como investigador en el Instituto de Artes del Espectáculo (FFyL-UBA). En la editorial EUDEBA ha publicado *Discurso humorístico. Una mirada desde la polifonía enunciativa a los textos de Les Luthiers* (2013); y *The Beatles: Arte y vanguardia en la sociedad de masas* (2022).

Lucía Eugenia Villalba Cabreira

Licenciada en Sociología (FSOC, UBA), maestranda en Estudios Sociales de Latinoamérica (FSOC-UBA) y doctoranda en Ciencias Sociales (UBA). Miembro del proyecto Ubacyt "La apropiación de niños y niñas y el racismo en el marco de procesos genocidas: un análisis comparativo de los casos de Argentina y Guatemala (1976-1986)" y del proyecto PICT "PAÍSES AMIGOS. La formación militar centroamericana por las dictaduras de Argentina y Chile, 1976-1983", con sede de trabajo en el Instituto de Estudios de América Latina y el Caribe (IEALC, FSOC, UBA).

Made in United States
North Haven, CT
10 November 2026

22091506R00236